我国社会组织转型发展的地方经验：上海的实证研究

张良 ◎ 著

中国人事出版社

图书在版编目(CIP)数据

我国社会组织转型发展的地方经验：上海的实证研究/张良著. —北京：中国人事出版社，2014

ISBN 978-7-5129-0676-1

Ⅰ.①我… Ⅱ.①张… Ⅲ.①社会组织管理-研究-上海市 Ⅳ.①C916

中国版本图书馆 CIP 数据核字(2014)第 026672 号

中国人事出版社出版发行

(北京市惠新东街 1 号　邮政编码：100029)

＊

北京北苑印刷有限责任公司印刷装订　新华书店经销
787 毫米×1092 毫米　16 开本　14.75 印张　252 千字
2014 年 1 月第 1 版　2014 年 1 月第 1 次印刷
定价：38.00 元

读者服务部电话：(010) 64929211/64921644/84643933
发行部电话：(010) 64961894
出版社网址：http://www.class.com.cn

版权专有　　侵权必究

如有印装差错，请与本社联系调换：(010) 80497374

我社将与版权执法机关配合，大力打击盗印、销售和使用盗版图书活动，敬请广大读者协助举报，经查实将给予举报者奖励。

举报电话：(010) 64954652

目录

1 **第一章 总论**
2 　一、政府选择：我国社会组织行政化的"与生俱来"
13 　二、社会转型：我国社会组织发展空间的"有限松动"
25 　三、社会建设：我国社会组织转型发展的"重要契机"

33 **第二章 从摇摆不定到找准位置：多元空间中工会的属性新解**
34 　一、桥梁与纽带：传统体制下工会的认知困境
40 　二、金桥实践：工会组织在构建和谐劳动关系中的定位
50 　三、金桥工会联合会构建和谐劳动关系的主要创新做法
56 　四、主要结论

59 **第三章 从双重规制到自主空间：行业协会发展的体制重构**
60 　一、双重规制：我国行业协会发展的体制约束
69 　二、渐进改革：撑开行业协会发展的体制空隙
75 　三、直接登记：确定行业协会能动发展的空间
83 　四、主要结论

85 **第四章 从疑虑担忧到主动扶持：枢纽型社会组织的作用发挥**
86 　一、社会组织快速发展背景下的应对之策
93 　二、上海浦东新区团委承担枢纽型社会组织的角色演绎
102 　三、上海浦东新区团委作为枢纽型组织的实践案例
105 　四、主要结论

109	第五章　从康复救助到全面服务：残联组织的功能整合
110	一、我国残联组织的四重属性和三大功能
118	二、残联组织官本位理念偏差下的行为困境
127	三、功能整合：上海市残联组织的积极应对
135	四、主要结论

137	第六章　从行政依赖到内部治理：行业协会发展的动力重铸
138	一、去行政化：行业协会内部治理的提出
146	二、上海行业协会内部治理现状评价
153	三、协商治理：行业协会持续发展的动力
159	四、主要结论

161	第七章　从形态塑造到能力提升：科协建家的时代意蕴
162	一、体制内建家：科协建家走入困境
172	二、形态塑造：科技工作者之家形象展示
181	三、平台构建：科技工作者之家能力提升
185	四、主要结论

187	第八章　从无所适从到自主行动：社区社会组织的合作治理
188	一、矛盾和悖论：社区社会组织的模糊地位
191	二、社区治理：多元主体的合作式治理
204	三、自主行动：社区合作治理的活跃力量
216	四、主要结论

218	结语　我国社会组织转型发展的未来走向
219	一、内部治理：夯实社会组织持续发展的制度基础
220	二、能力建设：提升社会组织公信力的社会基础
221	三、推动策略：注入社会组织健康发展的优质资源

224	参考文献
230	后记

第一章
总 论

一、政府选择：我国社会组织行政化的"与生俱来"

（一）相关概念的演化及评析

在论及社会组织这一概念时，往往有许多近亲或近似的概念相互纠缠，如民间组织、社会团体、中介组织、民办非企业单位、非政府组织、非营利组织、第三部门等。事实上，目前我国学术界对这些概念的选择和理解还处于相当"混乱"的状态。在我国，学者对具体词汇的选择和偏好，常常取决于其对某个西方概念的理解、对本国社会组织发展状况的判断和发展取向的期盼。[①]而政府对具体词汇的选择和偏好，则取决于政治环境变化和政府管理目标的考量。本文根据新中国成立以来，学者和政府对具体词汇使用的时间顺序，对相关概念的演化过程进行分析。

1. 社会团体

从新中国成立一直到20世纪80年代末，在我国的官方文件中只有"社会团体"的概念。自1950年9月原政务院发布《社会团体登记暂行办法》起，社会团体就是我国政府管理中的主要用词。根据1998年10月25日国务院发布的《社会团体登记管理条例》规定，社会团体是指由中国公民自愿组织，为实现会员共同意愿，按照其章程开展活动的非营利性社会组织。在我国，根据实际情况及相关文件规定，社会团体分为以下几类：（1）政治类，如工会、妇联、共青团等；（2）学术类，如学会、研究会等；（3）行业类，如工业协会、行业协会、商会等；（4）专业类，如花卉协会、烹饪协会等；（5）联合类，如联合会、联谊会、促进会等。

在我国的社会团体中有一个特殊的类别，即人民团体。人民团体是一个中国独有的概念，特指1949年前后由中国共产党领导建立起来的，在全国人民政治协商会议中拥有议政席位的群众组织，最初包括中华全国总工会、中国共产主义共青团、中华全国妇女联合会、中国科学技术协会、中华全国归国华侨联合会、中华全国台湾同胞联谊会、中华全国青年联合会、中华全国工商联合会八个群众团体。后来又把中国文学艺术界联合会、中国残疾人联合会、中国作家协会、中国法学会、中国人民对外友好协会、中国国际贸易促进委员会、宋庆龄基金会、中华全国新闻工作者协会、黄埔军校同学会、中国人民外交学会、中国红十字总会、中国职工思

---
① 谢海定. 中国民间组织的合法性困境. 法学研究，2004（2）

想政治工作研究会、欧美同学会、中华职业教育社等群众组织也归入人民团体之列。与一般的社会团体不同，人民团体具有政治性和群众性双重属性。各人民团体章程都明确规定其是中国共产党联系群众的桥梁和纽带。《社会团体登记管理条例》也规定，这些群众组织不必在民政部门登记注册，经费主要来自国家财政拨款，工作人员是国家事业编制乃至公务员编制。以上22个人民团体的主要任务、机构编制和领导职数由中央机构编制管理部门直接确定，它们虽然是非政府性的组织，但在很大程度上行使着部分政府职能。

2. 民办非企业单位

20世纪90年代初，在政府与市场组织之外开始出现一种有别于社会团体的"民办事业单位"。由于事业单位是国家举办的，而民间不应再称事业单位，1996年后，国务院办公厅发文将"民办事业单位"称为"民办非企业单位"，与社会团体相并列。这是在官方文件中正式命名为"民办非企业单位"。

根据1998年10月25日国务院颁布的《民办非企业单位登记管理暂行条例》（国务院令第251号）规定，民办非企业单位（non-governmental non-profit units）是指企业事业单位、社会团体和其他社会力量以及公民个人利用非国有资产举办的，从事非营利性社会服务活动的社会组织。

一般而言，民办非企业单位具有以下五个主要特点。[①] (1) 民间性。民办非企业单位是由企业事业单位、社会团体和其他社会力量以及公民个人举办的，而不是由政府或者政府部门举办的。其中，企业包括所有以营利为目的、在工商管理机关登记注册的公司、合伙、个体等各类企业；事业单位是指国家为了公共目的，由国家机关举办或者其他组织利用国有资产举办的，从事教育、科技、文化、卫生等活动的社会服务组织；社会团体是指由公民自愿组成，为实现会员的共同愿望，依法成立并按照其章程开展活动的非营利性社会组织。(2) 社会性。民办非企业单位是利用非国有资产举办的，这是民办非企业单位与事业单位的一个重要区别。国有资产是指所有权属于国家的一切财产形式，而非国有资产是指国有资产以外的其他财产形式，可以是个人财产、集体所有财产，也可以是国外的财产。(3) 非营利性。民办非企业单位提供的服务具有社会事业的特点，其宗旨是追求不同范围、程度的公共利益和促进社会进步，这一性质体现在民办非企业单位的目的和宗旨上，也体现在其财务管理与财产分配体制上。民办非企业单位的盈余与清算后的剩余财产只能用于社会事业，不得在成员中分配。非营利性是民办非企业单位与企业的重要区

---

① 娄成武，郑文范，司晓悦. 公共事业管理学. 第二版. 北京：高等教育出版社，2008，第12页

别。(4) 独立性。民办非企业单位自主决定人员聘用、业务活动，不需机构编制管理部门核定编制。(5) 实体性。民办非企业单位是由固定专业、固定场所和固定人员构成的一个单位实体。

3. 民间组织

1998年，民政部原社会团体管理司改名为"民间组织管理局"，地方民政部门也将社会团体管理部门更名为"民间组织管理办"等，"民间组织"一词首次出现在政府机构名录中。此时的"民间组织"是包含社会团体与民办非企业单位的共同体概念。2000年4月10日，国家民政部发布《取缔非法民间组织暂行办法》（民政部令第21号），"民间组织"概念正式用于政府规章的表述。

学术界把"民间组织"理解为：概称在社会转型过程中由各个不同社会阶层的公民自发成立的，在一定程度上具有非营利性、非政府性和社会性特征的各种组织形式及其网络形态。这些组织中通常包含各种冠以"学会""研究会""协会""商会""促进会""联合会"等名称的会员制组织，以及包括基金会和各种民办学校、民办医院、民办社会福利设施等各类公益服务实体在内的非会员制组织。[①]

一般而言，民间组织类似于西方语境下的"公民社会组织"或"非政府组织"，属于独立于国家体系之政府、市场体系之企业以外的公民社会部门，或称为非营利部门或第三部门。[②]

4. 社会组织

2006年10月，党的十六届六中全会通过的《关于构建社会主义和谐社会若干重大问题的决定》，第一次提出并系统论述了"社会组织"的概念。2007年10月，党的十七大报告全面论述以民生为核心的社会建设，进一步重申"社会组织"的概念。之后，社会组织成为我国官方的正式用语。

2012年10月，党的十八大报告提出"加快形成政社分开、权责明确、依法自治的现代社会组织体制"，强调要深入推进政社分开、加大社会组织党建工作力度、发挥基层各类组织协同作用、鼓励引导社会力量兴办教育、支持发展慈善事业、鼓励社会办医、加强民间团体的对外交流、引导社会组织健康有序发展等要求。

在社会学中，社会组织（social organization）是指由一定数量的社会成员按照一定的规范并围绕一定的目标聚合而成的社会群体。在社会学研究中，社会组织分为广义与狭义两种。广义的社会组织，是指为了实现特定的目标而有意识地组合起

[①] 王名. 中国民间组织30年——走向公民社会. 北京：社会科学文献出版社，2008，第1—2页
[②] 王名. 中国民间组织30年——走向公民社会. 北京：社会科学文献出版社，2008，第2页

来的社会群体,如企业、政府、学校、医院、社会团体等,是人们为了特定目的而组建的稳定的合作形式。① 狭义的社会组织,是指在政府、市场、社会之间发挥服务、沟通、协调、公证、监督等作用的非政府、非营利的社团、行业组织、社会中介组织、志愿者团体等。如果没有特别说明,本书所论的社会组织即是从狭义角度来界定的。

社会组织具有非营利性、非政府性、独立性、志愿性、公益性等基本特征。(1)非营利性。社会组织不以追求利润的最大化为目的,而是以为社会提供专业性和公共性服务为目的。非营利性是社会组织区别企业的根本特性。(2)非政府性。社会组织在组织机构上与政府相分离,不具有政府的行政权力,理事会或董事会的成员不应由政府官员担任。非政府性强调的是社会组织的民间特性。(3)独立性。社会组织以内生型的动力自我组织、自我管理、自我教育、自我发展。(4)志愿性。社会组织的使命感和愿景促使组织成员对所从事的事业锲而不舍、兢兢业业、乐于奉献。志愿性是社会组织健康发展的最主要的动力和财富。(5)公益性。社会组织的作用和功能要体现出代表社会整体利益和反映社会发展方向的公共利益。

按照国家相关法律法规的规定,目前具有合法性的社会组织有两大类。第一大类是正规性组织,即在政府登记管理部门正式登记注册的社会组织,如社会团体、民办非企业单位、基金会等。第二大类是自发性组织,即公众自发形成、得到相关政府部门认可的组织。

在我国官方文件中将正规性的社会组织分为三类,即社会团体、基金会和民办非企业单位。社会团体是由公民或企事业单位自愿组成、按章程开展活动的社会组织,包括行业性社团、学术性社团、专业性社团和联合性社团。基金会是利用捐赠财产从事公益事业的社会组织,包括公募基金会和非公募基金会。民办非企业单位是由企业事业单位、社会团体和其他社会力量以及公民个人利用非国有资产举办的、从事社会服务活动的社会组织,分为教育、卫生、科技、文化、劳动、民政、体育、中介服务、法律服务、其他十大类。

近年来,我国出现"新社会组织"一词,特指改革开放以来,我国在社会主义市场经济发展过程中新涌现出来的相对于传统计划经济体制下的政党、政府、事业单位、官办社会组织等组织形态之外的各类民间性的社会组织,以民间为主体自我发育、自我运作、自我发展。

---

① 王思斌. 社会学教程. 简明版. 北京:北京大学出版社,2012,第76—77页

5. 中介组织、非政府组织和非营利性组织

（1）中介组织。广义的中介组织（亦称为社会中介组织），是指在市场经济范畴中，包括从生产到消费，一切为其服务的社会机构。社会中介组织这一概念几乎涵盖了介于各种不同社会主体之间的所有社会组织。

狭义的中介组织（亦称为市场中介组织），是指那些介于各市场主体（政府、企业、个人）之间，不直接从事市场客体（商品、服务等）的交易活动，以独立的第三者身份为市场主体在市场进入、市场竞争、市场交易秩序、市场纠纷等方面，提供咨询、事务代理、交易场所、验证公证、评估、协调仲裁等中介服务的专门机构[①]。

（2）非政府组织。非政府组织（non-governmental organization，简称NGO）是在政府体系和市场体系之外的庞大社会组织体系。广义的非政府组织是指政府机构和营利机构以外的一切社会组织，包括事业单位、社会团体、各类非营利性中介组织和各种民办非企业，甚至包括一些党派和宗教组织。如根据《联合国宪章》第71条规定的含义，非政府组织是指在国际范围内从事非营利性活动的政府以外的所有组织，包括慈善机构、青年团体、宗教组织、工会、合作协会等。

狭义的非政府组织是指在特定法律系统下，不被视为政府部门的协会、基金会、慈善信托、非营利公司、其他法人等。但是，工会、商会、政党、利润共享的合作社均不在此列。

（3）非营利性组织。非营利性组织（non-profit organization，简称NPO）是指不以营利为目的向社会提供服务的组织，是在公众支持下以实现公共利益为目标而存在的组织。非营利性组织执行不产生利润的社会职能，专门提供那些不能由企业及政府充分提供的社会服务。[②]

对非营利性组织进行区分可采用多种标准，而这些标准界定的非营利性组织的范围并不相同。1）从法律规定上定义：美国税法第501条中有26个条款对各类组织免征所得税，凡是符合这些条款的就可定义为非营利性组织。2）从资金来源上定义：联合国国民收入统计系统规定，如果一个组织的收入主要不是来自以市场价格出售的商品和服务，而是来自其成员缴纳的会费和社会的捐款即视为非营利性组织。3）从目的或功能上定义：如果一个组织的目的是促进"公众利益"或"特定公益事业"，就可视为非营利性组织。4）从结构和运作上定义：凡是满足组织性、

---

① 孔云龙，李美云. 中介组织的发展特点及对策研究——以广州市为例. 商业经济文荟，2003（6）
② 陈昌柏. 非营利机构管理. 北京：团结出版社，2000，第2页

民间性、非营利性、自治性和自愿性这五个条件的就算是非营利性组织。①

根据上述不同的定义可以认为，非营利性组织是一个巨大的制度空间，包含各种不同类型的组织和机构。美国约翰·霍布金斯大学非营利机构比较研究中心设计了一个分类体系。②其分类标准遵循以下原则：一是尽量与各国非营利性组织的实际情况相结合；二是尽量靠近联合国国际标准产业分类体系（ISIC），以便研究者能充分利用联合国收集的各国国民收入数据。该研究中心设计的非营利性组织国际分类体系（IC-NPO）把非营利性组织分成12个大类，24个小类。这12个大类是：1）文化与休闲：文化与艺术；休闲；服务性俱乐部。2）教育与科学研究：中小学教育；高等教育；其他教育；研究。3）卫生：医院与康复；诊断；精神卫生与危机防范；其他保健服务。4）社会服务：社会服务；紧急情况救助；社会救济。5）环境：环境保护；动物保护。6）发展与住房：经济、社会、社区发展；住房；就业与职业培训。7）法律、推进与政治：民权与推进组织；治安与法律服务；政治组织。8）慈善中介与志愿行为鼓动。9）国际性活动。10）宗教活动和组织。11）商会、专业协会、工会。12）其他。

6. 比较和评析

在国际上，由于各国在文化传统和语言习惯方面存在着较多差异，社会组织在不同的国家和地区有多种不同的称谓，如非政府组织、非营利组织、公民社会、第三部门或独立部门、志愿者组织、慈善组织、免税组织等。从学术的角度来看，这些不同的称谓在内涵上区别并不大，其本质就是公益性、非营利性和民间性。公益性反映的是这类组织的社会价值，非营利性反映的是这类组织与其他组织相区别的特征，民间性反映的是这类组织所具有的社会基础。

但是，从政府管理的角度来看，不同称谓背后有着政治取向的区别。新中国成立后，我国长期使用社会团体的提法，尤为强调其是由目的和志趣相同的人们以一定形式所组成的"集体"的含义。如果这里的"目的和志趣相同的人们"被冠于"人民"的概念，那么社会团体自然就为"人民团体"。2007年，我国开始正式用"社会组织"代替"民间组织"，被看成是"对传统的非政府组织、非营利组织、第三部门或者民间组织等称谓的改造"，③是符合中国特色的定义。因为"民间组织"的"民间"是与"政府""官方"相对应的，反映了传统社会政治秩序中"官"与

---

① 陈昌柏．非营利机构管理．北京：团结出版社，2000，第2页
② 陈昌柏．非营利机构管理．北京：团结出版社，2000，第2—3页
③ 李学举．用十七大精神统一思想　充分发挥社会组织在现代化建设中的重要作用——在全国社会组织建设与管理工作经验交流会上的讲话．中国社会报，2007年11月23日

"民"相对应的角色关系,容易让人误解民间组织是与政府相对应甚至是相对立的。社会组织称谓的提出和使用,有利于纠正社会上对这类组织存在的片面认识,形成各方面重视和支持这类组织的共识。①

(二)革命的逻辑:社会团体的政治性要求

新中国的成立标志着我国政治制度发生了根本性的变化,广大劳动人民真正成为国家和社会的主人,开始享有参与管理国家和社会事务的民主权利。中国共产党人以"革命"的逻辑着手新的国家政权建设。"建国初期中国共产党的国家政权建设的最大特点,就在于它对新国家的性质有充分的认识。它清楚地认识到,必须彻底清除旧的社会结构及其社会性基础,并在清除旧的过程中,以底层民众为核心重构社会,重塑国家理念,构建新国家自己的社会结构与人民基础"。② 在新的政权看来,所有旧式行业性、职业性社团都是反动统治的工具,必须彻底消灭,而代之以直接隶属于国家的人民团体。③ 也就是说,在"革命"的逻辑思维下,对社会组织是一个"推倒重来"的过程,即:废除旧的组织,重新建立新的人民团体。④

新中国成立后,对于被认定为反动性质的旧的社会组织(如行会、商会、会道门等)以直接取缔的方式消灭之。对于非政治性的旧的社会组织(如慈善组织、科技组织等)则以不同的方式逐渐取消。1950年9月,原政务院根据《中国人民政治协商会议共同纲领》的规定,制定了《社会团体登记暂行办法》,并授权原内务部于1951年3月制定了《社会团体记暂行办法施行细则》。这两部有关社团组织法规的制定和实施,是中国共产党取得执政地位后,在更大范围内调整社会关系、实现社团组织结构变革的重要依据和措施。

例如,对于科技社团就经历了一个从最初承认到最终消亡的过程。从1912年至1949年,在上海成立的各类科技社团(学会)有100多个。这一时期在上海创建的综合性和全国性的科技社团(学会)主要有中国科学社、中华医学会、中华学艺社、中国工程师学会、中华农学会、中国纺织工程学会、中国药学会、中国建筑师学会、中国数学会、中国技术学会等。地方性学会有上海纺织学会、上海化学化工学会、上海制革技术协会、上海建筑师学会等。许多全国性的学会的总部都在上海。1949年5月27日,上海解放的硝烟还未散尽,由10余个团体发起和参加的

---

① 瞭望. 2010年9月
② 郭圣莉. 城市社会重构与国家政权建设. 天津:天津人民出版社,2006,第263页
③ 郭圣莉. 城市社会重构与国家政权建设. 天津:天津人民出版社,2006,第265页
④ 郭圣莉. 城市社会重构与国家政权建设. 天津:天津人民出版社,2006,第65页

"上海科技团体联合会"筹备会召开。1949年6月5日，上海科学技术团体联合会宣告成立，参加该联合会的科技团体共有26个。在成立大会上，选举中国科学社、中国科学工作者协会、中国工程师学会、中国技术协会、中华自然科学社、中国纺织学会、中华医学会、中华农学会、中华化学工业会组成会务委员会。上海科学技术团体联合会的成立，标志着上海的科技团体在中国共产党的领导下有序地开展工作，其宗旨是：加强联系、配合工作、服务人民，协助政府发展科学及技术，建设新中国。上海科学技术团体联合会成立之后，受军管会委托，配合和协助有关部门对上海的科技工作者进行登记和审查。与此同时，上海科学技术团体联合会各会员单位纷纷行动起来，响应党的号召，积极开展活动。

为了调动广大知识分子和科技工作者的积极性，团结在党的周围，为建设新中国而奋斗，经中共中央批准，1950年8月18日至24日在北京召开"中华全国自然科学工作者代表会议"（简称"科代会"）。会议决定成立"中华全国自然科学专门学会联合会"（简称"全国科联"）和"中华全国科学技术普及协会"（简称"全国科普"）两个全国性的组织，以协助党和政府围绕着新中国的各项建设事业开展工作。为了贯彻落实"科代会"的精神和决定，1950年11月30日，中华全国自然科学专门学会联合会上海分会（简称"上海科联"）筹委会成立；1951年1月28日，上海市科学技术普及协会（简称"上海科普"）筹委会成立。1952年1月20日，上海科普正式成立；1954年4月11日，上海科联正式成立。上海科联和上海科普的成立，标志着上海完成了对原有科技社团的调整，旧社会留下的科技社团（学会）通过搬迁、重组、自行解散等方式被强行调整。

• 搬迁。原在上海的一些全国性社团，如医学、纺织、造船、数学、解剖等10多个学会迁至北京。其中唯一特殊的是中华化学工业会，因历史悠久、影响较大，在上海科联领导下改组成为上海科联的一个分会。

• 重组。一些学科相近的学会，在平等的基础上联合筹组成新的上海分会。如中国无线电学会、中国动力学会（动力部分）与中国电机工程学会上海分会联合组成新的"中国电机工程学会上海分会"；中国动力学会（机械部分）、中国自动机工程学会上海分会、中国机械制造工作者协会、中国机械工程师学会上海分会联合组成"中国机械工程学会上海分会"；中华医学会联合分会与14个医科专门学会联合组成"中华医学会上海分会"；上海市生物化学会、中国生理学会上海分会、上海药理学会合并成立"中国生理科学会上海分会"等。

• 自行结束。一些按规定可改组为全国性学会的地方分会，因条件不具备而宣告结束。如中华农学会上海分会因上海农业科技人员较少无法筹组，中国水利工程学会上海分会、中国矿冶工程学会上海分会均因多数筹委调离上海而中止筹建。一些综合性学会，如中国科学社、中国工程师学会、中华自然科学社、中国技术协会等按规定自行结束，其财产、档案移交给上海科联或上海科普。此外，按照1949年全国科代会筹备时的规定，经济管理及其他社会科学类的学会，如中医师、中药工作者协会，因不属于自然科学工作者的登记范围也宣告结束。

经过上述调整，参加上海科联的学会共有23个，其中除中华化学工业会为地方性学会外，均为全国性学会的上海分会（见表1—1），会员约1.1万人。

表1—1　　　　　　　　　上海科联会员学会一览表

序号	学会名称	成立时间
1	中国造船工程学会上海分会	1951年2月25日
2	中国植物学会上海分会	1951年9月9日
3	中国气象学会上海分会	1951年9月9日
4	中国物理学会上海分会	1951年9月22日
5	中国海洋湖沼学会上海分会	1951年10月14日
6	中国植物病理学会上海分会	1951年10月20日
7	中国动物学会上海分会	1951年10月21日
8	中华医学会上海分会	1951年12月9日
9	中国生理学会上海分会	1951年12月23日
10	中国数学会上海分会	1951年12月30日
11	中国电机工程学会上海分会	1952年1月6日
12	中国化学会上海分会	1952年2月3日
13	中华化学工业会（地方性学会）	1952年9月5日
14	中国药学会上海分会	1952年9月5日
15	中国地理学会上海分会	1952年10月16日
16	中国昆虫学会上海分会	1952年11月30日
17	中国天文学会上海分会	1953年1月11日
18	中国机械工程学会上海分会	1953年2月16日
19	中国解剖学会上海分会	1953年4月19日
20	中国微生物学会上海分会	1953年5月3日
21	中国土木工程学会上海分会	1953年7月12日
22	中国建筑学会上海分会	1953年7月26日
23	中国畜牧兽医学会上海分会	1953年8月30日

1958年9月，全国科联、全国科普根据社会主义建设事业对科技团体和科学技术发展的要求，合并为一个组织，并召开了全国科协第一次代表大会，成立中华人民共和国科学技术协会，明确"中国科学技术协会是中国共产党领导下的、社会主义的、全国性的科学技术群众团体，是党动员广大科技工作者和广大人民群众进行技术革命和文化革命、建设社会主义和共产主义的一个有力的工具和助手。"中国科协的基本任务是密切结合生产开展群众性的技术革命运动。同年11月，上海科联、上海科普也合并成立上海市科学技术协会，并召开市科协第一次代表大会。至此，所有的科技社团（学会）必须成为科协的会员，对旧有科技社团（学会）的改造以全部将其纳入人民团体性质的科协而告结束。

（三）赶超的战略：社会团体的行政化趋向

新中国成立后，政府动员一切资源，实现军事、工业赶超目标的国防优先和重工业优先的战略。为了确保这一战略的实现，对社会生活实行了全面干预与控制。因此，一些学者将1949—1978年的中国称为总体性社会。① 在总体性社会中，社会的政治中心、意识形态中心、经济中心重合为一，国家与社会合为一体，资源和权力高度集中，国家具有很强的动员与组织能力，但结构较为僵硬、凝滞。②

在总体性社会，我国建立起集中统一的计划经济体制。国家对所有的企业、事业单位进行直接管理，整个社会由一个个"单位"所构成，国家则通过"单位"覆盖社会、管理社会。绝大部分社会成员都归属于某一"单位"而成为"单位人"，其生产、生活、福利等都处于"单位"封闭式的统一管理之中。"单位制的高度组织化使得全部社会生活呈政治化、行政化趋向，社会的各个子系统缺乏独立运作的条件，而且单位通过严格控制单位成员的社会自由流动，造成了单位成员空间的封闭，最终造就了依赖性的人格"。③在计划经济体制下，形成了高度集权的政府管理制度，建立起"条块结合"的管理体制，即：在纵向上，形成从中央到地方的垂直"条条"管理体制；在横向上，形成以某一层级地方政府对其管辖区域的网状"块块"管理体制。

经过"革命"改造后以人民团体面貌出现的新的社团组织（社会组织），也自然纳入到"条块结合"的行政管理体制之中。在纵向上，基本依据国家行政区划建立从中央到地方的垂直管理体制。例如，科协的组织结构就由中国科协、省（市、

---

①③ 何海兵.我国城市基层社会管理体制的变迁：从单位制、街居制到社区制.管理世界，2003（6）
② 黄粹.总体性社会中社团组织发展特征浅析.辽宁行政学院学报，2011（8）

自治区）科协、区（县）科协所构成，形成自上而下的金字塔形状的组织结构，如图1—1所示。

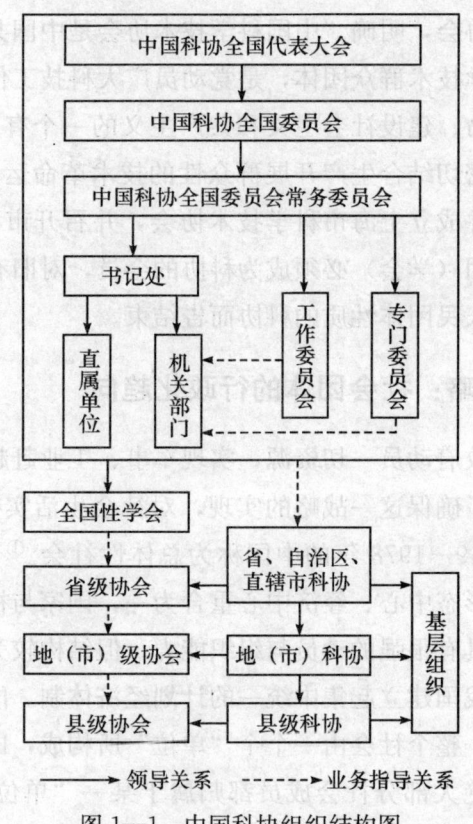

图1—1 中国科协组织结构图

在横向上，社团组织与地方政府形成"块块"管理体制，地方政府提供社团组织所需的绝大部分"资源"，包括确定编制、任命领导、明确身份（社团组织工作人员具有政府机关干部的身份）、提供经费等。

在总体性社会中，政府控制了绝大部分"自由流动资源"和"自由活动空间"，政府权力通过单位组织控制个人生活的方方面面，使得真正意义上的自主性社团实际上基本没有存在的空间。因此，总体性社会的制度环境决定了社团组织的存在状态大多为政府供给型的（即官办性的）。① 我国社团组织"条块结合"的管理体制也意味着，各类社团组织事实上是计划经济体制的一个子系统，具有典型的"单位制"特征，受制于政府，服务于政府，新中国成立后对社团组织的政治性要求最终

---

① 黄粹.总体性社会中社团组织发展特征浅析.辽宁行政学院学报，2011（8）

落实为行政化趋向。虽然到1965年,我国的全国性社团组织发展到近百个,地方性社团组织发展到6 000多个。① 但是,这些社团组织所具有的政治性和行政化特征,使其更接近于政治组织或行政组织。从社会学的视角观察,从新中国成立到20世纪90年代,我国社会组织处于"似有实无"的状态。

二、社会转型:我国社会组织发展空间的"有限松动"

(一) 社会转型带来的变革和挑战

20世纪70年代末期开始的经济改革和对外开放,推动社会主义市场经济体制的逐步完善,由经济转型传递到社会转型,转型的进程不断加快,我国经济社会的许多方面出现了重大转变。

1. 转型社会中新的发展趋势

第一,利益结构从高度整体性向竞争化转变。改革开放以后,随着资源配置体制出现重要变化,社会的整体性利益结构开始瓦解。首先,利益源泉多元化。在打破了公有制一统天下的呆滞局面后,社会利益源泉迅速涌现,一些利益意识觉醒较早的人们毅然告别"大锅饭"和"铁饭碗",到充满机遇和风险的广阔天地谋求发展。其次,利益单元个体化。改革开放使社会的利益单元迅速从集体性的组织缩小到能切实感受利益得失的家庭和个人,尤其是个人利益主体地位的确认,使社会利益单元因获得个人逐利本性支持而充满活力,这是一个社会经济发展所必不可少的最强大、最根本的内源动力。再次,逐利行为公开化。伴随着利益意识的觉醒,人们的逐利行为日趋公开化,人们开始正当地追求利益,并逐步成为社会的共识。最后,利益关系矛盾化。由于利益单元在利益确认和追求上的差异性,利益单元之间在根本利益一致基础上的具体利益矛盾渐趋活跃,激励着利益单元作出持续不断的努力谋求自身利益最大化。由利益矛盾引发的利益竞争是一种具有积极意义的社会现象,它使我国社会摆脱了动力缺乏状态,进入欣欣向荣的良性发展轨道。②

第二,社会结构从金字塔型向网络型转变。在传统的计划经济条件下,整个社会结构呈现出明显的科层制特征,表现为由上而下的金字塔型的形态。随着经济体制改革的不断深入,单位体制被逐步打破,传统的纵向型行政控制的体制框架逐步

---

① 吴忠泽. 社团管理工作. 北京:中国社会出版社,1996,第5页
② 徐邦友. 社会变迁与政府行政模式转型. 浙江学刊,1999(5)

消解，产生由"单位人"向"社会人"的转变。在市场经济的大潮中，新型的经济组织和社会组织大量涌现，大量社会成员进入新型的经济组织和社会组织就业或工作，与传统体制进一步"疏远"，社会结构愈来愈呈现横向型的网络状结构的发展趋势。

第三，社会成员的需求从单一化向多元化转变。在社会转型过程中，社会成员的需求出现了重大变化。首先，社会利益要求出现分化。计划经济体制下的单位人转变为市场经济体制下的社会人，逐步形成具有不同经济地位、社会地位和不同利益特点的多层次的社会阶层。其次，思想观念和价值取向发生重大变化。随着市场经济的发展、社会结构的变化和利益格局的调整，人们的思想观念和价值取向出现多样性趋势，越来越倾向于实现自我价值与获取经济利益的并重。最后，社会需求日益多样化。人们的社会需求内容由单一的生存需求向精神享受等综合需求发展；需求水平由低层次向低、中、高多层次并列发展；越来越多社会成员的需求向政治参与、志愿奉献等较高层次的需求发展。

第四，公众的社会心理从依附型向自主型转变。在市场经济发展过程中，公民的主体意识开始觉醒并日趋成熟，公众的社会心理从依附走向自主。首先，绝对集体主义的观点被抛弃。在集体和个体关系上，那种绝对集体主义取向的观点被越来越多的人所否弃，公民以及社会开始承认并尊重个体独立的价值，集体之中个体地位日见凸现。其次，自主意识和责任感明显增强。利益源泉的多元化及政府行政控制的弱化，使公民个体的行为自由度大大增加，人们根据市场和社会需要进行自我设计、自我选择，以谋求自我生存和发展，长期的自主性社会实践锻炼了人们的自主能力，也增强了人们的自主意识、独立意识以及个人对自主行为负责的责任感。这反过来又促使人们更进一步要求在政治、经济、文化和其他社会生活中有更多更大的选择自由。最后，权利观念逐渐普及。改革开放明确肯定了个人利益的价值，承认逐利行为的正当性和道德性，在人们对个人利益的不懈追求中，逐渐产生了作为民主政治内在精神底蕴的公民权利观念。人们逐渐了解宪法和法律所赋予的诸多权利，认识到个人利益的价值，进而要求他人、社会和政府予以尊重，一旦发现其权利受到非法侵害，就会诉诸各种手段加以维护。[①]

2. 转型社会中新的矛盾挑战

在经济体制和社会体制双重改革的推动下，经济转型和社会转型接踵而至，使我国的社会结构演变出现新的特点，同时也带来新的矛盾和挑战。

---

① 徐邦友. 社会变迁与政府行政模式转型. 浙江学刊，1999（5）

第一，社会转型中社会成员的"脱单位化"与"再组织化"并行。在社会主义市场经济体制逐步完善的过程中，公民的主体意识开始觉醒并日趋成熟，公民的权利得到彰显，个人的利益得到凸显，使个人可以相对独立于单位，单位的覆盖面和功能不断弱化，大量社会成员从传统的"单位制"中摆脱出来，投入"脱单位化"大潮而成为"社会人"，"单位制"则在逐渐萎缩中濒于解体。

在社会转型中，作为"社会人"的社会成员在获得更多选择自由和高速流动能力的同时，却又陷入某种焦躁和茫然之中。"单位制"解体后，社会成员与所任职的单位之间的关系转变为一种"契约"性质的关系，单位只是根据"契约"的约定提供相应的报酬和资源，社会成员在工作之外的社会需求往往缺乏表达的渠道、实现的机会和展示的平台。同时，社会成员在现实生活中面临许多单靠个人力量无力解决的"公共问题"，社会成员因普遍感到缺少归属感、价值感和成就感而茫然若失。也就是说，由分散的"原子化"状态的个人所构成的社会是缺乏结构化或组织化的社会，既不能为社会成员个人的发展提供足够的支持，又无力有效保障社会成员的基本权利，更无法实现与国家的良性互动和动态平衡。

在现实社会中，多样化的利益需要协调整合，多样化的资源需要组合配置，处于"原子化"状态的个人需要整合为新的社会共同体，以获得归属感和安全感。不同的思想观念需要在求同存异和包容多样性中通过协商对话和平等交流，形成社会共识和扩大社会认同。因此，在社会转型发展中，处于"原子"状态的社会成员有了"再组织化"要求。需要强调的是，这里的"再组织化"并不意味着重新回到传统的"单位制"中，而是作为"社会人"的社会公众以社会组织、社会团体等为平台或形式进行的重新结合，也就是说具有"重建社会共同体"的含义。在组织化的社会共同体中，社会公众以集体行为的方式在公共领域表达自身的利益诉求和意愿。由此，社会的再组织化不仅有利于社会成员有序的政治参与，保障公民的合法权益，也有利于社会成员认同自身的社会"标签"，体现特定的社会价值和社会地位，更有利于社会成员凝聚广泛的社会共识，为有效整合社会资源提供新的组织基础。

第二，信息化急剧发展中社会结构的"扁平化"与"虚拟化"并重。20世纪90年代全球"信息高速公路"热潮兴起以来，"地球村"已经从一种愿景变成了现实，完整地呈现在世人面前，以计算机、通信、互联网为基础的信息社会日益成型。信息技术的发展与普及已远远超出作为一种传播媒体的意义，它既是虚拟而实在的"影子社会"，又对现实社会中人们的生产、生活和交往方式产生了巨大的影响。"虚拟生存""智慧生存"作为人类有史以来最具革命性的生存方式，正在全球兴起并日趋显化。

伴随着信息社会的发展，社会组织结构及运作方式发生了深刻的变化。一方面，信息技术革命要求减少组织管理的层次，扩大管理的幅度，使组织结构从金字塔型向扁平型发展，并且体现出更强的有机性、灵活性和适应性。从人类社会诞生以来，在所有组织结构形式中，占绝对统治地位的是金字塔型的、自上而下的科层制组织结构形式。这种组织结构形式在工业社会具有效率优势，但它也存在对环境适应僵化和迟钝的弊端。在信息社会中，组织生存的环境变得更为多样化和复杂化，社会公众的需求趋于更加多元化和个性化，而传统科层制固有的弊端难以适应新的变化要求。因此，在信息技术得到广泛应用的过程中，组织结构的扁平化是自然的结果。另一方面，信息技术的应用使任何组织管理行为的边界逐步弱化甚至不复存在，人们交往和活动的空间扩展到整个地球和结成网络的群体之间。组织的虚拟化意味着可以把不同地区的现有资源迅速组合成为一种没有围墙、超越空间约束的整合模式，依靠网络技术手段的链接实现统一协调。从某种意义上说，组织的虚拟化就是将他人的资源为己所用，从而突破组织的有形界限，扩展组织功能，提升组织价值。

（二）社会组织转型发展的基本内涵和理论依据

1. 社会组织转型发展的内涵解读

在改革开放和市场经济大潮的推动下，我国社会组织发展的社会环境发生了根本性的变化，呈现出有利于社会组织自我发展的大好局面：无论是宏观的国家与社会关系，还是微观的利益群体多元化；无论是"单位制"的瓦解，还是融入国际经济一体化，都为社会组织的大发展扫除了障碍。同时，"自由流动资源"逐渐形成、"自由活动空间"日益拓展，为社会组织的蓬勃发展提供了现实的物质基础。[①]

在我国，社会组织的发展正当其时，"中国的社团革命"似乎呼之欲出，[②]但同时现实中却遭遇"社会组织在哪里"的追问。当从理论的世界回到现实世界之时，发现在我国现实中社会组织似有似无。一方面，在我国社会中确实存在着形式上的社会组织，如工会、共青团、妇联、科协、工商联、残联等人民团体。另一方面，这些社会组织或人民团体因偏于政治性和行政化而被视为等同于政府，不仅社会公众有此思维定式，而且这些人民团体的工作人员也内心认同自己的"公务员"

---

① 孙立平. "自由流动资源"与"自由活动空间"——论改革过程中中国社会结构的变迁. 探索，1993 (1)

② 王绍光，何建宇. 中国的社团革命：勾勒中国人的结社的全景图. 浙江学刊，2004 (11)

身份，并且在许多场合下特别强调这一身份。在此情形下，有关我国现实中是否存在社会组织的争论往往会陷于似是而非、无的放矢的境地，而至于推倒重来、另起炉灶的观点因与政治制度相抵触而无可行性。

1984年，中共中央和国务院下发《关于严格控制成立全国性组织的通知》，国家体制改革委员会根据通知精神制定相应的规定，针对社团组织发展中出现的一些问题进行政策性调整。与此同时，广东、北京等省市制定地方性社团组织法规，对社团组织活动进行法律规范。这些文件与其后出台的许多针对社会团体或社会组织的文件有着相似的主题：即清理整顿。这些文件的出台意味着政府管理部门认为，从全局来看社团组织发展中存在多头审批和擅自成立并存的情况，担心对社团组织管理的失控，并判断原有的管理体制已经不能适应新的要求，必须建立新的社团管理体制。1989年10月，国务院发布《社会团体登记管理条例》，对社团组织的成立条件、登记审批程序、开展活动的原则、管理机关的职责等内容作了原则规定，为新的历史条件下社团组织的成立和运作提供了重要的法律依据，确立了对社团组织的"双重管理"体制。

这一过程表明，虽然经济转型和社会转型造成的社会结构变化，在一定程度上"拧松"了社会组织与政府之间的关系，在政府传统的严格管控体制中露出了一个缺口，撑开社会组织发展的体制空隙，使社会组织的发展有了比较有限的"自由活动空间"。但是，在20世纪80—90年代，对于社会组织的发展仍然存在很大的疑虑，社会组织"有害论""无用论""补充论"还有很强的影响力，对社会组织发展"不放心""不理解"等想法大有市场。因此，对于我国社会组织发展可能的进展，许多人抱着谨慎的态度，即使认为社会组织改革从政府选择转向社会选择是必然的趋势，但是，对于改革路径选择的指导思想还是取"渐进"之意。[①]

在上述环境条件的约束下，我国社会组织要回到"现实"之中寻找发展路径。在大量实践探索中，我国社会组织发展路径似乎"无意"间从经济体制改革的成功经验中得到灵感，走了一条"增量性"变革之路，即：在维持既有的制度框架下鼓励积极的改革探索，以改革实际成效不断积累所形成的势能推动制度的变革。由此，我国社会组织转型发展具有两重内容。

第一，传统的行政或依附性社会组织向能动性社会组织转型。计划经济体制下的社会组织或表现出行政性或依附性，显然这些社会组织因其僵硬性已经不能适应

---

① 王名，刘国翰，何建宝.中国社团改革：从政府选择到社会选择.北京：社会科学文献出版社，2001

社会变化的要求,如果这些社会组织不做变革和调整,自然会被不断边缘化。因此,这些社会组织走上转型之路已是势在必行,其转型的方向是成为能动性社会组织。根据组织社会学理论,任何组织都必须使其自身适应社会的发展。就此意义而言,所谓能动发展是指一个组织基于自身系统的有效性,能够主动、及时地对外界或内部的刺激或影响作出积极的、有选择的反应或回应,以体现组织的功能和实现组织的更新。[①] 因此,能动性社会组织就是具有主动及时地对外部环境或内部条件变化作出积极回应,以体现组织功能和实现组织更新的社会组织。与此同时,在既有制度框架的边缘已经成长起许多具有充分自主活力的新型社会组织,这些社会组织展现出的生命力,在相当程度上给传统社会组织转型发展提供了标杆和信心。

第二,政府管理职能和管理方式的转型。政府职能是指政府在社会活动中固有的功能,是适应国家的根本目的而形成的政府活动的基本方向和基本内容。加快政府职能转变要求按照转变后的政府职能及定位对政府机构进行精简和归并,形成"小政府、大社会"格局。在社会组织转型发展中,政府职能转型的方向是推动形成现代社会组织体制,即"政社分开、权责明确、依法自治",重点是改革社会组织管理体制。

2. 社会组织转型发展的理论依据

(1) 治理理论。"治理"一词始现于世界银行1989年的一份报告中。这份报告中使用了"危机治理"(crisis governance)的术语,用以描述当时非洲紧张的环境局势。此后,"治理"被不断赋予新的含义,不再局限于其本身词义——统治、管理、控制或统治方式、管理方法,而被广泛运用于政治、社会和经济的各个层面。

20世纪90年代以来,西方学者,尤其是政治学家和社会学家,对"治理"这一概念作出了许多新的界定,其中被广泛运用的是"全球治理委员会"的定义。1992年"全球治理委员会"(Commission on Global Governance)成立时,W·勃兰特在《我们的全球近邻》(Our Global Neighborhood)报告中将"治理"定义为:治理是各种公共和私人机构管理其共同事务的诸多方式的总和,它是使相互冲突的或不同的利益得以调和,并且采取联合行动使之得以持续的过程。治理既包括有权迫使人们服从的正式制度和规则,也包括各种符合人们共同利益的非正式的制度安排。概括起来,"全球治理委员会"对"治理"界定具有如下四个特征:1) 治理不是一整套规则,也不是一种活动,而是一种过程;2) 治理不是控制,而是协调;3) 治理既涉及公共部门,也包括私人部门;4) 治理不是一种正式的制度安

---

① 于显洋. 组织社会学. 第二版. 北京:中国人民大学出版社,2009,第368页

排,而是持续的互动行为。①

20世纪90年代,西方的政治学家和管理学家之所以陆续提出治理的概念,并主张用治理替代统治,是因为他们注意到,在当今的社会资源配置中,市场和政府的作用均已失效。市场失效意味着仅运用市场的手段无法达到经济学中的帕累托最优,市场在限制垄断、提供公共品、消除外部性影响、约束个人的极端自私行为、克服生产的无政府状态等方面存在着内在的局限,单纯的市场手段不可能实现社会资源的最佳配置。同样,从政治和行政学理论角度,建立在统一基础上的国家只能有一个权力中心,但是,实际上不但国家的权力中心不止一个,而且地方、地区和国际上的权力机构也形形色色。而政府机构的每一项职能被条块严重分割,不但使原本就不简单的权力局面更为错综复杂,还致使中央政府处于被"架空"的状态。因此,仅仅依靠政府的计划、命令等手段,也无法达到资源配置的最优化,最终不能促进和保障公民的政治利益和经济利益。正是鉴于政府和市场的双重失效现象,愈来愈多的人热衷于以治理机制对付市场和国家协调的失败。②

治理理论的兴起意味着社会管理的重心正在发生改变:从统治走向治理,从"善政"走向"善治"。③ 治理的核心要素是平等、互信、协商、共识、合作,更加强调多主体之间共存共生、互动合作。

(2) 市场失灵理论和政府失灵理论。市场失灵是指市场无法有效率地分配商品和劳务的情况,④ 或市场力量无法满足公共利益的状况。与本书中政府失灵对应的应该是第二层解释。早期自由主义经济学家认为经济发展无须政府干预,只要通过市场这只"看不见的手"的调节就能保证经济正常运行,因此,主张"大社会、小政府",⑤ 政府只要扮演"守夜人"的角色。但是,从西方市场经济的实际情况来看,仅靠市场的力量是无法有效提供公共物品,以及应对外部性、自然垄断和信息不对称等问题的,由此产生了市场失灵问题。而市场失灵问题的存在成为政府在社会经济活动中发挥作用的历史前提和逻辑前提。

市场机制不是万能的,政府作用同样也不是万能的。市场经济实践证明,市场不能调节或调节不好的事情,政府并不必然就能调节或调节得比市场更好。也就是说,政府调节同样也存在失灵问题。所谓政府失灵,是指政府政策或政府采取的政

---

① 黄丽. 国外大都市区治理模式. 南京:东南大学出版社,2003,第5—6页
② 黄丽. 国外大都市区治理模式. 南京:东南大学出版社,2003,第10页
③ 俞可平. 经济全球化与治理的变迁. 哲学研究,2000 (10)
④ 赵建国. 政府经济学. 第二版. 大连:东北财经大学出版社,2001,第17页
⑤ 张建东,高建奕. 西方政府失灵理论综述. 云南行政学院学报,2006 (5)

策不能改善经济效率或道德上能够接受的收入分配的状态。在西方有关政府失灵的研究中，较为系统的是公共选择及公共政策学者的理论。不过，国内有些学者对此以"经济人"假设出发的政府失灵理论有所怀疑。

西方研究非营利组织的学者受到公共选择理论的影响，对非营利组织存在的原因作出解释，认为正是由于政府和市场在提供公共物品方面的局限性，导致了对于非营利部门的功能需求，这是非营利部门存在的主要原因。①

（3）法团主义和多元主义。目前，在研究民间组织上的主要理论之一就是法团主义和多元主义。在《布莱克维尔政治学百科全书》中，法团主义被解释为"社团主义""社会合作主义"，是国家和社会功能组织间制度化的互动机制："这个利益代表系统由一些组织化的功能单位构成，它们被组合进一个有明确责任（义务）的、数量限定非竞争性的、有层级秩序的、功能分化的结构安排之中。它得到国家的认可（如果不是由国家建立的话），并被授权给予本领域内的绝对代表地位。作为交换，它们在需求表达、领袖选择、组织支持等方面受到国家的相对控制。"② 显然，这种理念试图提供关于社会结构的若干理想模型，用来描述国家和社会不同部分的体制化关系，它的重心在功能单位和体制的合法化关系。

法团主义传统思想主题是提倡和谐、一致的社会秩序，其源自欧洲经验，针对多元主义而产生，希望在多元主义支配模型之外提供一个可供选择的方案。"法团主义可以被界定为利益代表的体系，在此体系中，构成单位被组织成一些单一的、义务性的、非竞争的、层级有序的、功能有别的有限团体，这些团体由国家认可并被赋予在其同行中的垄断代表权，以此为交换，国家对其领导人选择、需求和支持的表达实行一定程度的控制。"③ 而作为一种复杂理论综合体的多元主义，可以从不同的角度对其进行定位：一种关于权力配置状态的理论、一种经验民主理论、一种关于政策制定过程的理论、一种国家与社会关系的理论。④

（三）社会组织转型发展的三种模式：上海的实践

对于我国社会组织转型发展的特点可以从不同的角度作出分析。本书以转型驱动力特点的不同，认为20世纪90年代以来上海社会组织转型发展出现三种不同的模式。

---

① 田凯. 西方非营利组织理论述评. 中国行政管理，2003（6）
② 张静. 法团主义. 北京：中国社会科学出版社，1998，第24页
③ 刘为民. 法团主义与中国政治转型的新视角. 理论与改革，2005（4）
④ 戴维·赫尔德. 民主的模式. 北京：中央编译出版社，1998，第254—265页

1. 双动力驱动型模式：以人民团体为代表

人民团体是由中国共产党领导的，按照其各自特点组成的从事特定的社会活动的全国性群众组织。人民团体具有双重属性，既是人民群众自己的组织，又是中国共产党联系人民群众的纽带和桥梁。在长期的实践中，人民团体因为偏重于政治属性而忽视其群众属性，与其所代表的群众渐行渐远，成了脱离群众、高高在上的领导机关或政府部门。在社会转型带来巨大变化的形势面前，人民团体僵硬的组织理念、"长颈鹿"式的组织架构已经无法有效地做出应对和调整，出现被边缘化的危机。在此情况下，人民团体被迫启动转型，但受到"体制惯性"的影响，其转型发展的动力呈现进取型和防御型并驾齐驱的双动力驱动模式。

所谓进取型动力，是指人民团体作为党的群众组织，在党提出新的战略目标和重要任务时，积极呼应并转换为行动方案。在政治性考量下，人民团体主动行动的动机来自三个方面。第一个方面，作为政治性组织特有的政治敏锐性，对所有来自于党的号召，人民团体都要结合自身实际做出创造性的转换，以显示其政治可靠性。第二个方面，在通过明确的政治表态得到政治认可的同时，人民团体试图以此获取新的资源，以扩大自身的活动空间和资源范围。第三个方面，在一些具有全新特征的社会空间或社会领域，人民团体传统的"建组织"方式无法进入，而当新的社会空间或社会领域的重要性被得到普遍承认时，人民团体则会尝试新的方式以利其进入。例如，党中央提出建设社会主义和谐社会目标时，全国总工会强调以竭诚为职工群众服务作为维权宗旨，并规定各级工会都要建立职工维权服务机构；上海浦东新区金桥开发区工会联合会正视开发区无行政依托的事实，创造性地探索开发区工会组建和工作覆盖的做法；中国科协迅速确定"三服务一加强"的口号，并要求各地科协加快组建企业科协；残联组织则要求不断提升其为残疾人服务的能力。当党和政府提出建设创新型国家任务时，中国科协自觉地把自己视作建设创新型国家的主力军之一，并要求各级科协主动进入高科技园区建科协组织。

所谓防御型动力，是指当人民团体传统的优势范围或领域遭到其他组织侵蚀而感到有被蚕食的威胁时，通过一些主动的公共关系行为，如反映、呼吁、展览会、纪念会等方式，强调自己传统的"势力范围"边界和历史上的辉煌业绩，试图以此唤回社会认可而稳固其传统"阵地"。例如，上海科协组织在意识到自己传统的优势领域——国际学术交流的影响力日渐式微时，即提出国际化战略，邀请世界级的科学大师到上海，参加科学讲座和发表演讲，并广为宣传，以显示其"主阵地"的地位。

虽然，人民团体被迫启动转型发展的主要动因不是源自于其内在自觉认识下的主动行为，而是环境变化所迫的被动行为，但其行为过程所产生的影响毕竟对人民团体带来了某些变化，并且呈现出许多积极的因素。例如，科协组织提出"哪里有科技工作者，科协组织就延伸到哪里"的口号，科协组织的网络体系不断向非公有制企业、高科技开发区、大学等延伸。在日积月累的变化过程中，科协组织从传统的垂直形、长颈鹿式的科层制组织结构正在向垂直形与网状形相结合的组织结构转变，如图1—2和图1—3所示。

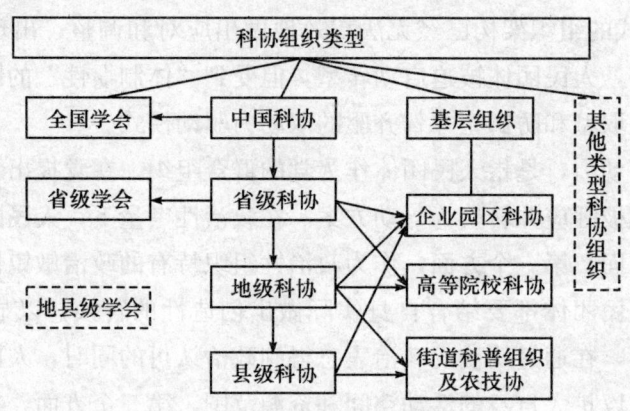

图1—2 科协系统组织网络图

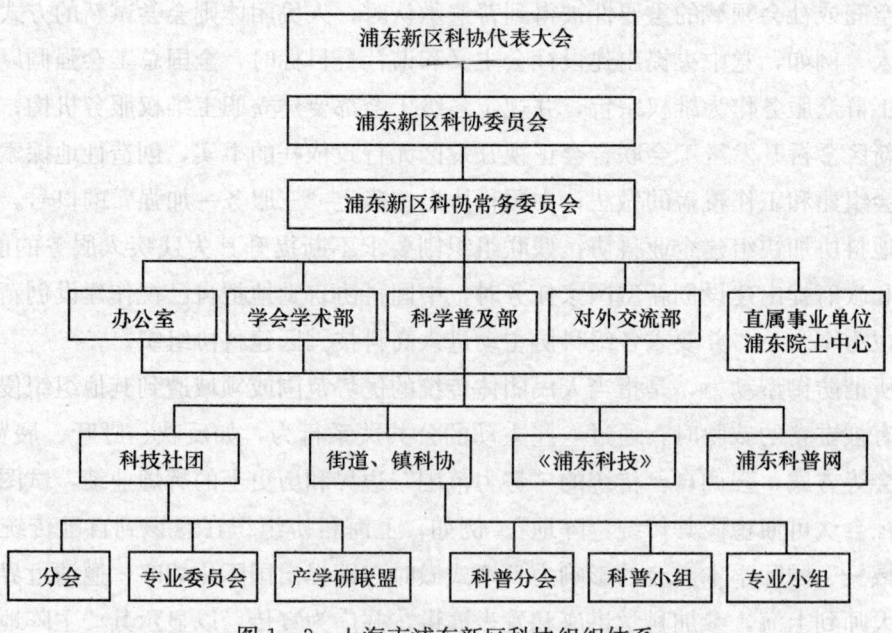

图1—3 上海市浦东新区科协组织体系

2. 政府为主驱动型模式：以行业协会为代表

行业协会是市场经济发展到一定阶段的产物，其本质是为了实现行业治理而自发生成的行业性、会员性、非营利性、非政府性、自律性和互益性的经济类社会组织。行业协会作为政府、企业、市场之间联系的纽带和桥梁，既是企业走向市场的向导，也是企业权益和社会经济秩序的拥护者。但是，20世纪80年代以来，上海行业协会的发展却是政府主导"自上而下"地建立起来的，而在不同的阶段，政府的动机却并不相同。

20世纪80—90年代，政府对行业协会发展采取实用主义的态度。在加快政府职能转变的压力和减轻政府财政负担的要求下，开始着手政府机构改革。随着政府机构改革的展开，政府需要为其转移出来的职能寻找合适的承接主体。长期行政管理的习惯思维使得政府在转移其部分职能时，总是希望承接主体既要有能力很好地承担起政府转移的职能，又要保持政府对原来的经济领域的管理权力。因此，政府主动地"打造"行业协会作为承接政府职能的承接主体，把机构撤销后的一部分管理权力、资产、人员等平移到行业协会，并把行业协会看成是其行业管理的辅助工具，借此干预行业协会的运作，使自己对行业管理的权利得到"合法"延伸。这些行业协会与其说是联系企业和政府、市场和政府的社会中介组织，还不如说是挂着行业协会名号的政府机构，其"天生"具有行政化特征就不足为奇了。

进入到21世纪初，上海的行业协会出现了又一波发展的高潮，其背后还是政府的推手在起作用。在这个阶段，政府的动机来自于我国加入WTO的影响。WTO对政府管理体制提出了新的挑战，要求用WTO的法律框架来约束成员国政府在经济活动中的行政职能和行政程序。在WTO框架下，行业协会以非政府组织身份在国际贸易争端中发挥作用，同时，各国反倾销、反补贴、保障措施立法也多将行业协会列入"利害关系方"。以行业协会作为行业利益的代言人在国际贸易争端的诉讼和谈判中作为重要的对话主体，被看成是国际惯例。对于急切希望融入世界经济一体化的中国政府而言，遵守国际惯例是现代化政府应有的选择，大力发展行业协会已然成为显示我国政府遵守国际惯例的标志。作为把发展目标定为建设成为国际化大都市的上海，自然会自觉地认为在遵守国际惯例方面要走在全国的前列。因此，这一阶段上海行业协会出现的一波发展高潮，其背后还是"政府选择"在起作用，当然其进步意义在于，政府已经体现出遵循市场经济客观规律行事的意愿。

到2010年前后，以上海市人大常委会《关于修改〈上海市促进行业协会发展规定〉的决定》的通过和施行为标志，上海行业协会进入能动发展的新阶段。在社会建设的政治任务面前，政府及社会认识到，行业协会在政社合作中可以扮演特殊的重要角色，行业协会可以通过制度性的对话渠道，反映成员企业的利益诉求，代表一定的阶层、行业、利益集团参与集体谈判；政府则可以通过行业协会听取各方意见，平衡多元利益关系，凝聚共识和力量。此时，虽然"政府选择"的作用仍然十分明显，但是，"社会选择"的作用已经得到显现。行业协会作为现代市场经济社会中的"第三部门"，其与政府、企业相平行、独立行使职能的现代化建设推动力量的地位得到广泛认可。

从上海的行业协会转型发展历程中可以看到内在的逻辑：在"政府选择"所创造的空间中，行业协会首先得到政府的信任，由于政府具有较强的公信力，政府的信任如同给行业协会套上"正统"可信的外衣，进而赢得企业和社会的信任。在信任的基础上，行业协会获得政府、企业、社会的"三重赋权"，实力和能力不断提升，其在社会结构中的权利配置更趋合法化和合理化，初步形成得到社会认可的行业协会自己的权利体系。也就是说，上海的行业协会发展颇有"无心插柳柳成荫"的效果。

3. 三种动机合力驱动型模式：以社区社会组织为代表

在社会转型过程中，大量的社会成员和社会问题被下放到城市社区，社区成为各种矛盾的交汇点和聚焦点。由于在传统的"单位"体制中，街道、居委会等社区组织处于体制的边缘地带，组织羸弱、资源贫乏、能力有限，因而在大量的社会成员和社会问题蜂拥而入时，社区中原有的行政组织和准行政组织猝不及防，无力应对。在此情况下，社区社会组织的作用被"突然"发现并开始得到重视。目前，在上海各城市社区，社区社会组织有四个来源。第一，由原有准行政的社会组织改造而来。第二，由街道政府部门所建的具有官方性质的社会组织。第三，社区居民自发建立的社会组织。第四，专业性的社会组织（NGO）进入社区提供服务。不管是哪一种来源的社会组织，其发展的动力可以分成四种类型。

第一种是理想推动型。一些社区居民或社会成员出于为社会奉献的理想，以志愿者的身份自愿无偿地发起和管理社会组织，主要是慈善组织、帮扶组织等。

第二种是事业守成型。政府出于为社区居民提供公共服务的需要，组建具有政府背景或官方性质的社会组织，委派双强（能力强、责任心强）人员为社会组织的负责人。这些社会组织的负责人将其视作组织的信任，并将其作为一个"事业"而兢兢业业管理好社会组织。这类社会组织主要是政府转移职责且具有一定管理权利的社会组织，如各街道的老年协会等。

第三种是自娱自乐型。一些社区居民为丰富文化生活、健体强身、陶冶情操，根据爱好志趣而自发形成的文化体育团队。这种自发型的文体团队往往有几位得到拥戴的"群众领袖",而"群众领袖"在很大程度决定着团队的活动质量、活动频率和活动影响力。

第四种是机会主义型。这里的机会主义是指一些社会成员看到社会变化中社会组织发展的机会,试图抓住这一机会争取得到某种价值,既包括经济利益,也包括个人威望;既包括专业认同,也包括社会认可。目前许多进入社区开展活动的NGO就属于这一类型。但是,一旦发现并没有或较少得到希冀的价值时,这些人员或这类组织就可能心生去意,甚至不辞而别,产生损害社区社会组织信誉的后果。

在上述四种类型动力相互交织的合力作用下,社区社会组织得到不同程度的发展。在上海,社区社会组织已经成为重要的主体力量推动社区自治的成长。

三、社会建设:我国社会组织转型发展的"重要契机"

(一) 社会建设背景下的政社合作趋向

党的十七大报告把社会建设列入社会主义和谐社会建设的总体布局,提出要加快推进以改善民生为重点的社会建设,"要健全党委领导、政府负责、社会协同、公众参与的社会管理格局"。发展社会组织是社会建设的重要内容之一,具有不可替代的作用和独特优势。

首先,大力发展社会组织是适应建设服务型政府的要求。政府要从以直接的经济管理为主转变为以社会管理和公共服务为主要职能,就必须把属于企业、社会组织职能归还企业、社会组织。建设服务型政府要从两个方面同步推进,一方面要加快推进行政管理体制改革,优化政府机构设置,更加注重履行社会管理和公共服务职能;另一方面要进一步健全市场体系,发展和规范社会组织,积极支持社会组织参与社会管理和公共服务。由此而言,社会组织的良好发展是加快政府职能转变的必要条件之一。

其次,大力发展社会组织是适应构建参与式社会管理体系的要求。改革开放以来,我国经济体制、社会结构、利益格局都发生了深刻变化,社会成员活动方式多样化、经济利益主体多元化,在极大地促进经济社会发展的同时,也带来了不少新的社会矛盾和社会问题,特别是利益矛盾和利益冲突日益显现化和尖锐化在相当程度上造成社会的紧张，原有的社会管理体系已经不能全面、充分地反映社会各方面的诉求。社会组织具有通过合法渠道反映特定群体诉求的功能，可以起到多渠道、多层次地反映不同群体不同利益诉求的作用，尤其是关注容易被忽视的弱势群体的诉求，从而有利于促进社会和谐稳定。另外，社会组织还具有规范其成员行为的功能，可以充分发挥社会组织自治机制的作用，通过社会组织的宗旨、章程和自律，引导其成员遵守国家法律法规、社会行为规范和社会公德。

最后，大力发展社会组织是适应提升公共服务能力的要求。改革开放以来，虽然我国经济有了巨大发展，但目前政府公共服务的供给能力与城乡居民对公共服务日益增长的需求之间存在着很大差距，成为目前中国社会的主要矛盾之一。社会组织可以在缓解并逐步解决公共服务短缺的矛盾中发挥重要作用，社会组织在募集社会资金、动员公众参与、吸引志愿人员、专注专业服务等方面具有显著优势，可以为广大公众提供更有实效性、针对性、专业性的公共服务。

近年来，学术界在对行业协会的比较研究中，对于传统的政府与社会、政府与市场"二元"对立的理论提出质疑，认为在公共管理和社会管理领域，面对国家—社会—市场之间关系所发生的多样性变化而出现的许多新情况，单一地依靠计划方式或市场方式已经无法有效做出解释，也不适合单一地运用行政命令或市场机制进行调整。在此情况下，治理理论所提出的政府与社会组织之间合作的设想得到广泛的认可。在经济社会及科学技术快速发展和变化的当下，社会运作的复杂程度和社会利益的分化程度大大提高，政府统管社会的传统管理方式越来越力不从心。所谓现代社会治理，是指不仅需要社会组织来协助政府实现社会治理，而且需要通过政府与社会组织的合作实现社会共治。也就是说，社会治理所强调的不再是以政府为中心、社会组织为辅助的失重型治理结构，而是政府与社会组织在相互平等基础上的合作型治理结构。也就是说，政社合作既是和谐社会建设中应有之义，也是社会建设的重要价值取向。①

学术界对于我国社会组织发展问题已经形成了重要共识，即消除"出身论"，淡化社会组织的"出身"，② 不管是"自上而下"生成的社会组织，还是"自下而上"生成的社会组织，在社会建设的大背景下，都要朝着提升能动性和自主性的方向加快转型进程。同时，社会组织转型发展与政府职能转变之间是一个良性互动过程。从上海的行业协会转型发展过程来看，行业协会的发展是一个与市场经济不断

---

① 张良. 政社之间应为"竞合"关系. 上海人大，2010（7）
② 郁建兴等. 在参与中成长的中国公民社会——基于浙江温州商会的研究. 杭州：浙江大学出版社，2008，第211页

成熟和政府职能不断转换相适应的渐进的过程，为社会组织转型发展展示出如下一幅图景：一方面政府适度放权，给社会组织创造充分发展的空间；另一方面社会组织主动"要权"，寻找政府管理的空白区域，寻找社会需要与政府供给不足的结合区域，不断拓展能动发展和自主发展的空间。社会组织与政府之间的这种"竞合"状态，有利于在实践层面上形成社会组织与政府之间的良性互动，并在良性互动中发展出有效的合作型社会治理形态。

近十多年来，全国各地在不同层面上对于社会组织作用及对社会组织管理体制改革的认识出现了许多鼓舞人心的新变化。第一，一些地方制定地方性法律法规，鼓励和规范社会组织的发展。例如，2002年1月，上海市政府出台《上海市行业协会暂行规定》和《关于本市促进行业协会发展的指导意见》。同年10月，上海市人大常委会颁布《上海市促进行业协会发展规定》，这是我国省市第一部促进行业协会发展的地方立法，对推进上海行业协会的规范发展起到了积极作用。2010年7月，上海市人大常委会在全面总结7年多来上海促进行业协会规范发展所取得经验的基础上，审议并通过《关于修改〈上海市促进行业协会发展规定〉的决定》，这为上海行业协会的深化改革提供更为充分的法律支持和稳定的制度框架，使上海行业协会的持续发展获得更大空间。第二，在传统体制之外的社会组织大量涌现。随着人民生活水平的提高，在全国城乡出现了许多未正式登记、组织活动方式比较松散随意的群众自发性活动群体，表现出勃勃生机。第三，全国社会组织发展大幅提速。2012年6月21日，民政部发布《2011年社会服务发展统计公报》显示，截至2011年年底，全国共有社会组织46.2万个，比上年增长3.7%。其中，全国共有社会团体25.5万个，比上年增长4.0%；民办非企业单位20.4万个，比上年增长3.1%；基金会2 614个，比上年增加414个，增长18.8%，其中公募基金会1 218个，非公募基金会1 370个，境外基金代表机构26个。民政部登记的基金会183个。公募基金会和非公募基金会共接收社会各界捐赠219.7亿元。[①]

（二）政社合作背景下社会组织转型发展的几个认识问题

1. 社会组织的"社会需要"与"政府需要"关系的解析

在社会转型深度发展中，"社会化"后的社会成员提出了"再组织化"的需求，为社会组织持续发展注入了"社会需要"的积极因素。与此同时，社会组织的发展还要受制于政府政策的牵引。虽然从总体利益上说，对于社会组织发展的"社会需

---

① 新华网：2012年6月21日

要"与"政府需要"的方向是一致的。但是，由于"社会需要"具有分散性、个体性、多向性等特点，在某些情况下，与站在宏观高度视角的"政府需要"会产生不一致。社会组织的"社会需要"与"政府需要"之间出现不一致有其合理性，但如果处理不妥，就会对社会组织发展产生一定的阻滞影响。社会组织只有以其清晰的合规性，才能有助于其在政府、社会及成员中形成良好的"信任关系"，为"社会需要"与"政府需要"之间的平衡打下可信的基础，实现社会组织政治性、社会性和服务性的协调发展和全面发挥。从上海社会组织转型发展的实践来看，社会组织的政治性、社会性和服务性之间存在着相互支撑的关系：政治性隐含或渗透于社会性之中，有利于形成社会组织的凝聚力；社会性通过服务性得到体现和发挥，有利于提高社会组织的吸引力；在社会性和服务性得到充分发挥的基础上其政治性得到有效展示，有利于扩展社会组织的影响力。

因此，社会组织首先要有清晰的合规性。社会组织必须认真按照法律法规要求合法注册并具有完备的组织机构和管理体制，必须严格遵守法律法规的规定开展活动，必须努力实现其组织宗旨以赢得社会的认同，必须有效满足其成员的诉求以增强成员的信任。

2. 社会组织"桥梁纽带"的时代内涵的理解

我国的社会组织，特别是人民团体都把自己定位于桥梁纽带作用。例如，科协组织提出，作为党的群众组织必须按照党的群众工作的路线和方针，成为党联系广大科技工作者的桥梁和纽带；同时，作为科技工作者的群众组织，成为社会各方面与科技工作者联系的桥梁和纽带。在政社合作的新形势中，应当赋予"桥梁纽带"新的时代内涵。

在政社合作过程中，社会组织要积极搭建与社会公众联系的四通八达的"立交桥"。要在党和政府同社会公众之间建立畅通稳定的双向沟通渠道，准确把握新形势下不同社会公众群体的新变化新趋势，倾听他们的意见和呼声，帮助他们及时了解、准确把握党和国家的方针政策；社会组织要及时准确掌握社会公众的真实需要，为社会公众提供良好服务。

在政社合作过程中，社会组织要精心编织与社会公众心灵相通的"情感纽带"。如果说桥梁是硬件，则纽带是软件；如果说桥梁是外显的，则纽带是内蕴的。社会组织的桥梁作用侧重于载体、渠道等的构造，而社会组织的纽带作用则更加强调情感、心灵的共通。人们的心灵则因交流而相通、而共鸣，心心相通、心手相连，可谓"心有灵犀一点通"。心通则诚，心诚则灵，社会组织就可筑起雄厚的群众基础而长成巍然大树。

3. 社会组织主要功能的界定

政府职能与社会组织职能的最终界定和归位，是一个与市场经济不断成熟、现代社会不断发展和政府职能不断转换相适应的渐进的过程。界定社会组织的职能实际上就是在政府与社会组织之间筑起一个识别区，使政府与社会组织在各自的职能范围内发挥作用。因此，社会组织要不断拓展作用领域和范围，明确其主要功能，扩大活动空间和社会影响力，进而强化其社会合法性基础。

第一，促进民主政治建设功能。(1) 利益综合和表达。向政府部门反映问题，沟通信息。(2) 提供咨询。对社会政策和公共项目提供专业咨询。(3) 监督和制约政府管理部门的权力及其行为。社会组织的监督往往比分散的个体群众的监督更有力和有效。社会组织可以利用自己的组织优势，通过给政府管理部门施加压力，抵制政府的不合理或者违反国家法律甚至是侵害公民合法权益的政策的颁布和实施；特别是人民团体的领导人可以利用自己的社会地位和声望，代表人民团体通过人大、政协和新闻媒体发表意见和建议，行使监督权。

第二，促进经济发展功能。社会组织中集中了一批专业人才，对经济发展有着重要的促进作用。(1) 在市场经济发展中，发挥中介、调节、服务和监督保证功能。(2) 在加强国内外的交流合作和扩大对外开放中，开展广泛的民间国际合作，发挥引进技术、资金、人才、项目等功能。

第三，促进社会和谐功能。(1) 协调矛盾冲突。社会组织反映所联系群众的要求和呼声，有利于党政部门及时做出政策调整。(2) 关注社会弱势群体。社会组织可以利用自己的专业优势为社会弱势群体提供帮助和支持。

第四，促进精神文明建设功能。社会组织的宗旨和目的与社会主义精神文明建设息息相关，社会组织通过开展社会互助活动、献爱心活动以及社会公益活动，在倡导精神文明活动中发挥重要的促进作用。

第五，参与地方公共治理功能。社会组织对地方公共治理的参与体现在对委托授权事项的管理、对政府日常行为的监督、对社会公共利益的维护三个方面。

第六，提供部分公共服务功能。社会组织有较强的能力和灵活性，在文化、非义务教育、医疗、慈善以及部分交叉性科学研究领域，提供专门化、个体化、差异化的公共服务。

(三) 上海推动社会组织转型发展的主要经验

近十多年来，上海各级政府在推动社会组织转型发展的过程中形成了一些有效的经验。

1. 增强认识，提炼发挥社会组织作用的基本思路

充分发挥社会组织的积极作用，是我国经济社会发展进入到新的阶段所提出的新要求、新任务。要从增强政府感召力的高度出发，增强对培育发展社会组织重要性的认识，积极探索、认真试点、不断总结，提炼出发挥社会组织积极作用的基本思路，为社会组织的成长发展和作用发挥确定方向。上海在实践探索中形成了许多有效的工作思路，如："政府推动、党建渗透、民间运作、社会参与"的社会组织培育发展思路；"社会组织进一步、党和政府退一步"的腾出社会组织作用空间思路；"围绕大局、着眼发展、以人为本、服务群众、整合资源、共建共享、循序渐进、用于改革"的加强群众文化团队建设思路等。

2. 建立枢纽，形成促进社会组织发展的管理合力

在社会组织成长发展中，一方面因其具有民间性质而要求注重自身的独立；另一方面其发展能力相对较弱，许多社会组织处于相对分散弱小状态，需要政府部门提供必要的服务和管理。但是，传统政府行政管理中条线分割的问题，难以适应具有横向发展特点的社会组织的要求，因此，需要根据社会组织的特点构建新型管理体制。上海按照"以民管民"的原则，建立新型的社会组织管理枢纽，目的在于动员和依靠社会力量加强社会组织的培育发展和规范管理，引导和促进社会组织健康发展，密切社会组织之间的联系和信息交流，推进社会组织的自律与互律，扩大社会组织与其他组织之间的交往与合作，同时争取政府有关部门和社会各界的支持。

3. 分类指导，提供发挥社会组织作用的资源支持

上海着眼于社会组织自身发展的需要，以满足社会公众不断增长的多元化需求为目标，坚持对口培育、分类指导的原则，重点培育专业化社会组织，协助政府管理社会、服务社会。政府则根据社会组织的不同类别和状况，采取"补贴＋奖励＋购买"等方式，提供人才、资金、场地等资源性条件的支持。

4. 强化建设，激发社会组织作用发挥的内在活力

社会组织积极作用的发挥取决于其所具备的内在动力和活力，需要通过加强组织建设注入持续的动力并激发出活力。上海按照自我组织、自我管理、自我教育、自我发展的"四自"原则，进一步加强社会组织的制度建设和能力建设，完善管理体制、治理机制、决策程序、财务制度。

5. 完善监督，构筑规范社会组织发展的制度保障

由于社会组织自身的自发性，在发展初期有可能出现一些不规范的现象，有时甚至会出现利用社会组织的身份谋取自身利益的现象，这种"第三部门失灵"在相当程度上损害社会组织的形象和声誉。因此，对社会组织进行多方面监督是十分必要的。上海通过制度创新和载体构建形成有效的监督机制，如社会组织重大活动报告制度、社会组织信息联络员制度、社会组织负责人培训制度、社会组织档案管理制度等，及时掌握社会组织发展的动态信息，从源头上匡正社会组织的公益性和公平性。

第二章
从摇摆不定到找准位置：
多元空间中工会的属性新解①

---

① 本章主要内容来自上海金桥开发区工会联合会委托项目：上海金桥开发区构建和谐劳动关系实践与探索，2012年

一、桥梁与纽带：传统体制下工会的认知困境

（一）人民团体的政治属性

人民团体是一个中国独有的概念，特指1949年前后由中国共产党领导建立起来的，在全国人民政治协商会议中拥有议政席位的群众组织，具体包括中华全国总工会、中国共产主义共青团、中国科学技术协会、中华全国工商联合会、中华全国妇女联合会、中国全国归国华侨联合会、中华全国台湾同胞联谊会、中华全国青年联合会八个群众团体。与一般的社会团体不同，人民团体具有政治性和群众性双重属性。各人民团体章程明确规定它们是中国共产党联系群众的桥梁和纽带。《社会团体登记管理条例》也规定，这些群众组织不必在民政部门登记注册，经费主要来自国家财政拨款，工作人员是国家事业编制乃至公务员编制。近年来，人民团体的范围出现了"非正式"的扩展，除了上述八大人民团体外，中国残疾人联合会、中国文学艺术界联合会、中国作家协会等群众组织也被认同为具有人民团体的性质。

由于中国革命的特殊性，作为先于国家和社会取得政治合法性的中国共产党，在取得国家的领导权之后高度国家化或行政化，在组织体系和资源配置方面实行高度集权。这种集权不仅表现为党政不分，也表现为对人民团体的集中统一领导。在此背景下，人民团体的政治属性得到了片面和过度强调。1956年，党的八大报告第一次明确指出："各种群众组织是我们党联系群众的必要的纽带"。此后，党的多次代表大会报告，都要求人民团体在密切党同群众的联系方面发挥重要作用。

改革开放后，党对人民团体的社会属性逐步加以重视和强调。1987年，党的十三大报告在强调工会、共青团、妇联等群众团体的"桥梁"和"纽带"作用的同时，明确指出要"使各种群众团体能够按照各自的特点独立自主地开展工作，能够在维护全国人民总体利益的同时，更好地表达和维护各自所代表的群众的具体利益"。1989年，《中共中央关于加强和改善党对工会、共青团、妇联工作领导的通知》中进一步明确指出，人民团体是国家政权的重要社会支柱。1997年，党的十五大报告指出，工会、共青团、妇联等群众团体，要在管理国家和社会事务中发挥民主参与和民主监督的作用，成为党联系广大人民群众的桥梁和纽带。人民团体在公共事务的管理活动中，既要体现党的政治性的要求，又要获得广大人民群众的认可与支持，从而发挥组织、参政、监督、教育等功能。党的十六大更是首次提出要

支持人民团体"依照法律和各自章程开展工作"。党的十八大提出要强化人民团体在社会管理和服务中的职责。

但是,由于体制的束缚和观念的影响,当前人民团体无论是群众属性还是政治属性都没有得到应有的体现,人民团体的功能也没有很好地发挥出来,其自身的发展面临十分尴尬的局面。具体表现在:第一,组织结构僵化。层级式组织结构使人民团体普遍行政化,形式层级变成了实质层级,在处理与下级组织和群众的关系时,表现出比较严重的官僚化倾向。有的人民团体过分依赖和依附党和政府,甚至把群众组织简单等同于党和政府的机关,做群众工作时习惯于发号施令。第二,功能作用退化。刚性的行政化结构产生的"号召"效应的逐级放大,掩盖了"响应"效果的逐步递减,人民团体对变化的形势和目标群体的现实需求不敏感,缺乏及时做出适应性反应和调整的能力。在获得经济资源、争取社会支持,运用媒体力量、提供公共服务等方面,人民团体缺乏成熟的现代社会组织必备的技术和能力。第三,联系对象精英化。能否将社会精英吸收进人民团体,固然是衡量人民团体工作能力的一个重要指标,但一些人民团体津津乐道于成为少数社会精英的俱乐部甚至是精英集团的代言人,忽视了人民团体作为党的群众性组织更主要的责任在于联系广大的普通群众。第四,工作内容空洞化、形式化。人民团体工作内容的空洞化、形式化表现为"三多三少",即:习惯于根据面上情况制定相关工作规划多,深入细致地帮助基础群众解决实际问题少;习惯于自上而下的指令性工作部署多,深入细致地对基层进行分类指导和服务少;习惯于"号召型""活动型"的工作方式多,深入细致地开展有针对性的工作少。

(二) 传统体制下工会的认知困境

1. 我国工会的组织特征和体制特征

我国工会是中国共产党领导下的工人阶级群众组织,在政治上始终坚持党的领导;在组织目标、宗旨上始终与党的目标、宗旨高度一致,坚持全心全意为人民服务,全心全意依靠工人阶级。我国工会组织的特征主要体现在以下几个方面:(1)独立性。《中国工会章程》规定:中国工会以宪法为根本活动准则,按照《中华人民共和国工会法》(以下简称《工会法》)和《中国工会章程》独立自主开展工作,依法行使权利和履行义务。这表明了工会区别于政府和企业的独立性特征。(2)正规性。《工会法》明确规定了中国工会的社团法人资格。具有法人资格的工会组织依法独立享有民事权利,承担民事义务。(3)自愿性。工会会员在入会和退会的问题上是完全自由的。根据《中国工会章程》规定:凡在中国境内企业、事业单位、机关中以工资收入为主要生活来源的体力劳动者和脑力劳动者，不分民族、种族、性别、职业、宗教信仰、教育程度，经本人自愿申请，都可以加入工会成为会员。(4) 互利性。我国工会的基本职责是维护职工合法权益。在活动方式和工作方法上，主要采取引导、协商、教育、服务等方式。

在长期的计划经济体制下，政府对于国有企业的管理体现出高度的一致性，表现在政府的行政职能和所有者职能合一，所有权与经营权合一，国有资产管理者职能和法人财产运用者职能合一，对国有企业实行的是以行政手段为主的管理方式。企业并不是一个完整意义的劳动关系主体，而是一个基本的"社会"单位，企业办社会的模式为职工提供了长期稳定的工作岗位，企业与职工之间并不存在严格意义上的劳动关系。工会组织在这种情况下主要的任务是协助企业行政完成各项生产任务、丰富职工业余文化生活、做好有关职工生活福利、后勤保障等工作。

随着社会主义市场经济体制逐步建立和完善，企业劳动关系发生了深刻变化，劳动合同制度普遍推行、国有企业改革改制不断深化、产业结构和所有制结构加快调整，企业与职工之间已经逐步建立起适应市场经济要求的用工制度。伴随着公有制实现形式的多样化、非公经济的迅速发展以及职工队伍发生的深刻变化，对工会组织切实承担起其应有的职责提出了新的要求，传统体制下的工会组织表现出诸多不适应。

第一，国有资产管理方式变化对工会组织体制产生不利影响。随着国有资产管理方式的变化，国有企业转改制工作逐步深入，对工会系统的组织体制产生了较大的不利影响。一方面，产业和行业工会建设受到影响。由于党政机构和国资国企改革的不断深化，一些传统的产业、行业工会的组织架构随之发生了较大的变化，造成工会工作行业协调、指导的针对性减弱，部分企业工会工作出现空白。另一方面，在企业改革改制中，有的企业不按《工会法》等规定，随意拆并企业工会和调动工会主席的现象时有发生。有的企业将工会划归党群部或者办公室，有的随意调动或任免任期内工会主席、副主席的工作岗位、职务，对基层工会工作的开展带来诸多困难。

第二，非公企业工会组建和农民工入会工作遭遇瓶颈。目前非公企业的工会"组建难"问题仍然十分突出，还有相当数量的非公企业，特别是外资企业、私营企业尚未建立工会组织，使这些企业的职工权益维护工作困难重重。此外，外来务工人员的入会比例还不高。由于吸纳外来务工人员的企业属地复杂、分布面广，加之外来务工人员劳动关系不规范、流动性大、会籍管理困难等原因，相当数量的外来务工人员尚游离在工会组织之外。而外来务工人员群体在权益维护上存在着用工不规范、劳动强度大、安全生产问题突出、权益易受侵犯等突出问题，迫切需要各级工会通过外来务工人员入会工作，把他们切实组织起来，更好地维护他们的合法权益。

第三，就业形式发生重大变化造成不规范用工现象加剧。非正规就业、非全日制就业、劳动派遣、自由职业等多种灵活就业形式以及其他不具劳动合同形式的就业大量增加。随着劳动用工形式的多样性，直接导致劳动合同签订率不高，劳动合同条款不规范，履约率低。有的企业大量使用外来务工人员，不签订劳动合同现象较普遍。部分企业规避法律法规，与职工签订短期劳动合同、滥用试用期、随意解除劳动合同等现象日益普遍。

第四，部分企业收入分配过程缺乏公平，严重侵害职工权益。大多数企业分配方案都由企业经营管理者决定，职代会讨论决定企业收入分配方案仅局限在部分国有企业中，大部分非公有制企业员工根本谈不上民主参与、平等协商。在劳动力市场供求失衡的情况下，政府推动的最低工资制度被一些企业变相为标准工资，严重侵害了职工的劳动经济权益。

2. 非公有制企业"强资方、弱劳方"格局下工会组织"无所作为"

20世纪80年代后期，我国跨入市场经济时代，在市场经济不断完善的同时，劳资关系领域开始发生巨大转变，我国劳资关系由政府直接运用行政手段进行管理转变为间接使用法律和经济手段进行引导，走上法制化、规范化的轨道。与此同时，伴随着城市化的进程加快，农村大量剩余劳动力涌入城市，成为一支庞大的农民工群体。此外，我国人口基数大，劳动力相对充裕，总体上劳动力的供给大于需求，而同时期的资本则是一种相对稀缺的资源，各地政府为了促进当地经济的发展和迫于政绩考核体制的压力，纷纷推出不同形式的优惠政策以吸引资本，这一做法对推动当地经济社会发展起到了重要作用，但也使得非公有制企业"强资方、弱劳方"的劳资关系格局长期存在。

在非公有制企业，资方掌握企业全部的所有权和控制权，企业产权高度集中在资本所有者一方。被雇佣者是通过出卖个人劳动力获得劳动报酬的一方，在产权私有化的情况下，资方凭借生产资料的私有制支配使用劳动力，无偿地占有劳动者创造的剩余价值。劳动者只能获得与自身劳动力价值相当的劳动报酬，劳动者工资报酬的增长速度远低于企业利润的增长速度。也就是说，非公有制企业劳资关系是一种以资本为导向的关系，资方凭借掌握的资本在劳动力市场购买劳动力，可以任意支配及使用劳动力，决定劳动者的劳动报酬。资方为了赚取超额利润不惜牺牲劳动者的合法权益，任意拉长工作日，增强劳动强度，甚至让劳动者在一些高危的环境下作业。而基于我国劳动力供给大于需求的现实情况,劳动者们不得不接受资方提出的不平等要求。

与此同时,部分地方政府采取"亲商不亲工"的态度,对劳动者合法的利益诉求视而不见,认为非公有制企业中工人合法权利被侵害的现象是经济发展过程中必然要付出的代价。政府对劳动监察方面投入的力量相当薄弱,劳动监察的作用未能有效发挥。有些地方的劳动监察部门甚至为了部门的利益成为一些非公有制企业不法行为的纵容者。政府的不作为使得劳动者的合法权益不能受到应有的保护,劳动者长期处于劣势的地位,有权难维。

我国工会自产生就具有政治化、行政化的特征。在市场经济条件下,工人希望工会能真正代表劳动者的利益,保护劳动者的权益。但我国非公有制企业中多数至今都没建立起工会,有些企业即使建立了工会,但是实际作用不大,基本是形同虚设。工会作用的失效,主要是同工会自身的身份有关。我国工会在计划经济体制下被纳入国家的政治体制,享有特定的行政级别,实质上是一个官僚政治团体。这种行政建制一直延续至今,工会在这种行政建制的格局中更多扮演的是一个国家工具的角色,它首先要服从和服务的是国家的目标,并非是工人的利益,这样就弱化了工会对劳动者利益的代表性。另外,工会由上而下的授权使得工会不必通过劳动者的肯定就拥有某种权威,大大削弱了工会为工人维权的积极性[1]。

在非公有制企业"资方强、劳方弱"的格局下,劳资矛盾层出不穷并呈现出一些比较明显的特征:因劳动矛盾激化而出现劳资群体性事件的频率越来越高,涉及的人数也大大增加,事件的规模呈现出扩大和上升的趋势。劳资冲突爆发的突发性较强。劳资矛盾爆发的表现形式呈现多样化。劳资矛盾爆发后劳资双方的对抗性越来越强。这些问题对巩固党的执政基础和维护社会和谐发展都带来严峻挑战。

(三) 构建多元空间中党与工会的合作格局

加强执政党能力建设必须清醒地认识到当前执政环境的变化对执政合法性和权威性的挑战。在市场经济的推动下,人们的利益开始出现分化,产生了个体政治参与的具体诉求。随着政治社会与经济领域之间的公共空间的日益扩大,现代社会的自我发育能力将不断增强,社会公众的活动空间不断得到扩张和充实。现代社会具有两个重要的特征:一是社会利益多元化,以及由此导致的社会矛盾增多,冲突可能性的增加。二是多元化社会组织的发育和壮大,不但对政府权力形成强有力的制

---

[1] 董婷婷. 私营企业劳资矛盾协调机制研究:[学位论文]. 长春理工大学 (2009),第17页

约，而且提高了社会组织自身的参与能力，一些权力从国家权力体系中分离出来，变成社会自主自治权的一部分。

在我国，党和政府等权威形态具有优越性和先进性，是科学引导和规范社会的必要力量。但是，在市场经济和现代社会条件下，党的领导的实现不能再简单地通过把国家和社会纳入自身的组织体系来实现，而必须通过积极地进入社会领域并在其中赢得主导权来实现。党只有融入社会，围绕更好地、更准确地表达和综合公众多元化的利益要求、协调和整合这些利益要求来行使自己的权力，充分利用党的强大组织资源，扩大执政党的社会基础，才可以发挥其整合社会、凝聚社会、主导社会的作用，促进党与社会的良性互动。① 具体而言，一方面，执政党要从先前对社会的全方位渗透与控制中抽身，通过弱化对社会的政治控制以增强社会的自组织能力、自主性和自足性，鼓励和发展社会组织参与治国事务。另一方面，执政党必须改变原有的将人民团体等群众组织的力量仅仅作为政治桥梁和纽带力量来运用的政治传统，在执政层面上将其纳入治理体系之中，加强与人民团体的合作。②

事实上，在现代社会的多元空间中构建党与人民团体的合作格局存在许多有利条件：首先，我国是在中国共产党领导下行政主导型的国家，作为后发国家，需要发挥政府的主导作用以赶超发达国家。因此，党和政府对社会组织的控制是未来国家与社会关系演变的初始条件。由于路径依赖的作用，在近期内建立一个具有高度竞争性的国家与社会关系是不现实的，因此，作为党的群众组织的人民团体具有在政府和社会之间形成互动关系的"天然"信任优势。其次，我国的国家性质与执政党的特点决定了人民团体与国家、执政党在根本利益上的一致性，不存在根本的利益冲突，人民团体能够各自从自己独特的角度、用充分体现自己组织特点的方式方法，为实现党和国家的目标而发挥特定的作用。最后，我国人民团体经过长期的发展具有了一定的汲取社会资源的能力和管理的经验，如果人民团体的职能得到真正发展，提高其社会代表性，人民团体就有较好的基础代表自己的成员参与决策，发挥其应有的功能。

正是基于这样的认识，我国工会组织从社会转型的大背景下重新确定其作用定位，提出双重属性相统一的要求。全国总工会强调要牢固树立以职工为本、主动依法科学维权的中国特色社会主义工会维权观。要坚持维护全国人民总体利益与维护职工群众具体利益相统一的维权原则；坚持竭诚为职工群众服务的维权宗旨；坚持

---

① 倪先敏. 公民社会的兴起与中国共产党执政合法性的构建. 学术论坛，2006（11）
② 刘建军，陈超群主编. 执政的逻辑：政党、国家与政治（复旦政治学评论第 3 辑）. 上海：上海辞书出版社，2005，第 16 页

和谐发展、互利共赢的维权理念;坚持统筹兼顾、突出重点的维权方法;坚持党政主导、工会运作的维权格局。

二、金桥实践:工会组织在构建和谐劳动关系中的定位

(一) 金桥开发区劳动关系面临四大挑战

1. 金桥开发区发展历程概述

开发区作为我国改革开放的产物,承载着推动区域经济发展、加快经济发展方式转变的历史使命。同时,开发区也是各种要素资源高度集聚区域,在快速集聚过程中出现的冲撞和调适,使开发区遭遇一系列发展中的"烦恼",劳动关系面临的新情况、新要求是其中较为突出的问题。而国内外经济社会形势的急剧变化,给劳动关系带来众多不稳定因素和一系列重大影响。

上海金桥经济技术开发区的前身是 1990 年经国家批准成立的国家上海市级经济技术开发区——上海市金桥出口加工区;2012 年 10 月,经国务院批准更名为上海市金桥经济技术开发区(本书简称金桥开发区)。金桥开发区位于浦东新区北部,总规划面积 27.38 平方公里,分为金桥北区和南区两部分。经过 20 多年的开发和建设,金桥开发区已从昔日的农村赫然崛起为高科技、现代化、多功能的现代产业园区,创造了先进制造业和生产性服务业快速发展的奇迹,成为开发建设速度快、能级档次水平高、综合产出效益好,体现浦东开发开放特色的国家级开发区,走在全国开发区发展的前列。

金桥开发区成立以来,共引进项目 1 247 个,累计吸收投资总额 194.6 亿美元,其中合同外资 76.8 亿美元。据 2010 年《财富》统计,62 家世界 500 强公司在金桥投资了 107 个项目。跨国公司云集的金桥开发区,科技引领特色鲜明,产品创新与世界同步,重点聚焦发展以高新技术产业为主导的先进制造业,形成了电子信息、汽车及零部件制造、现代家电、生物医药与食品加工四大主导产业,已成为中国重要的先进制造业基地。在这里,汇聚着通用汽车、贝尔股份、日立电气、西门子等世界 500 强,其下属的跨国公司有 80 多家。2011 年,金桥开发区工业总产值达 2 275.66 亿元,占浦东新区工业总产值的 24.6%;营业收入达 3 557.68 亿元,同比增长 10%;利润总额达 354.57 亿元,同比增长 20.4%;税金总额达 291.15 亿元,同比增长 15.6%。其产业规模、工业产值、综合效益在全国开发区

中名列前茅。吸纳就业人口达16.8万人。①

2. 金桥开发区劳动关系的新情况

金桥开发区是资本要素的快速聚集区，目前集中了近2 000家企业，具有三个特点。一是企业性质非公化。非公企业占到规模以上企业的90%以上，规模以上企业中，外资企业有四分之三，民营企业有四分之一，如图2—1所示。二是企业规模不平衡。世界500强企业与小微企业并存、高科技企业与劳动密集型企业并存、总部经济与个体经济并存。三是经营状态复杂化。企业注册地不一，有经营地在本区域而注册地在外省市或跨区域的，也有注册地在本市、本区而经营地在外省市或跨区域的。

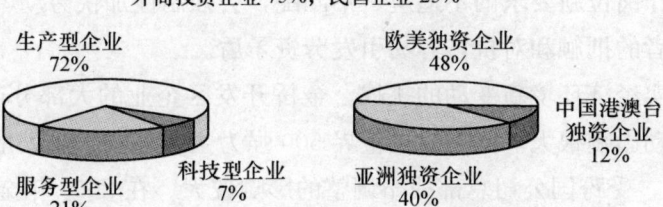

图2—1 金桥开发区规模以上企业性质结构图

与此同时，金桥开发区也是劳动者要素的高度集聚区，目前从业人员有17万人之多，也具有三个特点。一是用工形式多样化。农民工、劳务派遣工、外包工、小时工、退休工、学生实习工等众多用工形式并存。二是劳动力流动常态化。劳动者流动频率高，流动性大，稳定性不强。三是职工层次多元化。外来务工人员众多，外籍人士也不少，由于文化和地域、国情不同，需求层次不一，在文化交融和观念沟通方面相对困难。

3. 金桥开发区构建和谐劳动关系的四大挑战

在跨入新世纪之际，金桥开发区也进入"二次开发"的新阶段，国内外经济社会形势的急剧变化给劳动关系带来一系列重大影响，金桥开发区构建和谐劳动关系面临四大新挑战。

第一，劳资矛盾焦点新变化的挑战。作为当今社会三大基本矛盾之一的劳资矛盾，已经成为影响企业生产和经济发展的重要因素。劳资矛盾的焦点主要表现在：一是在维权形式上，从过去单一的劳动者个别维权转变为劳动者个别维权与劳动者集体维权并存的状态；二是在维权途径上，劳动者从过去注重走法律途径转变为法

---

① 上海市金桥经济技术开发区管委会网站

律途径与非法律途径并存的状态;三是在维权诉求上,劳动者从过去权利争议诉求更多地向利益争议诉求方向转移,部分利益争议诉求已经演化为群体性劳资纠纷。劳资矛盾焦点出现的新变化,带来影响劳动关系因素的多样性,而这些因素的相互作用又进一步加剧现实劳动关系的复杂性。

第二,产业转型发展新趋势的挑战。金桥开发区是上海最大的现代制造业集聚区,产业升级换代的速度较快,在全球科技创新日新月异发展的推动下,金桥开发区产业转型不断提升,给劳动者带来许多不确定的影响,尤其是伴随着产业转型的过程,对劳动者的整体素质和基本能力提出了新的要求,劳动者队伍必然朝着高技术、强能力、优素质的方向更新。但是,在劳动者队伍持续更新的过程中,劳动者个体状况与工作岗位新要求的不适应、不匹配,会强制性加快劳动者的流动,极有可能造成劳动者的抵触和对抗,容易引发劳资矛盾。

第三,现实经济环境新变动的挑战。金桥开发区企业的大部分产品出口海外,受海外经济波动影响很大。同时,以世界500强为主的外资企业大量集聚,占园区企业比例75%,受跨国公司总部战略调整的影响较大。在2008年金融危机以及后续影响和2011年欧债危机的影响下,国内经济增长下行压力加大、企业搬迁关闭增加,加之社会保险政策调整导致企业刚性支出的增加等因素,使得一部分企业经营困难,金桥开发区实体经济遭受较大冲击。由此引发的部分企业搬迁关闭、停产减员、欠薪、拖欠社保等行为导致了一系列的劳资纠纷出现,处理稍有不慎,都极易引发群体性劳资矛盾。

第四,劳动者诉求多元化新特点的挑战。金桥开发区的产业结构决定了劳动力的快速聚集,大量的劳动力从全国各地、四面八方进入开发区寻找就业机会。劳动力的聚集本身带来了劳动力的高流动性,也带来了矛盾产生和发展扩大的可能性。目前,劳动者利益诉求日益多元化:从就业岗位需求转变为薪酬福利要求、从整体职工诉求转变为个别职工诉求、从眼前利益追求转变为长远利益关注。尤其值得关注的是部分职工过度维权开始显现,处理不好就演化为激烈矛盾,增加解决问题的难度。

从总体上看,金桥开发区的劳动关系相对稳定,但也存在不少问题,表现在两个方面。一方面,企业侵犯职工权益现象时有发生。根据金桥工会联合会统计,2011年和2012年两年中,金桥工会联合会直属基层企业劳动争议仲裁处理的案件有16起。另一方面,劳动关系冲突的数量稳中相对有增,群体性劳资矛盾数量逐年增长。据统计,从2008年至2012年底,金桥工会联合会共处置影响较大的劳资矛盾116起,其中影响较大的个案14起,涉及企业员工11 526人,见表2—1。金桥开发区内的企业性质主要以非公有制企业为主，其中又以外商独资企业为主，劳资关系比较复杂，职工与企业的关系更加复杂和对立，也更加容易产生矛盾和冲突，而且在劳资矛盾产生时，双方往往难以达成协调一致。

表 2—1　　　　　　金桥工会联合会处理群体性劳资矛盾情况统计表

年度	2008年	2009年	2010年	2011年	2012年	总计
数量（起）	16	19	20	29	32	116
人数（人）	500	3 500	3 000	2 860	1 666	11 526

（二）从权利争议走向利益争议：劳资矛盾的新特点

金桥开发区劳动关系出现的新情况及构建和谐劳动关系面临的挑战，与目前我国劳资矛盾的新特点非常吻合。根据劳动争议属性二元结构区分理论，劳动争议可以划分为权利争议和利益争议。[①] 所谓权利争议，是指基于法律法规、劳动合同或集体合同的规定，劳动关系当事人就权利的存在与否、有无受到伤害或有无履行债务等发生的争议。权利争议涉及对劳动法律法规、劳动合同和集体合同的解释与适用，围绕着既定的权利发生，又称为法律争议。一般来说，个别劳动关系中的争议都是属于权利争议，而集体劳动关系中有关集体合同的解释、适用和履行的争议也属于权利争议。而所谓利益争议，是指因为确定或变更劳动条件而发生的争议。利益争议通常发生在集体合同的签订与变更的谈判过程中，又称为事实争议。

权利争议和利益争议分类的重要意义在于两者的处理机制不同。权利争议是一种不可裁判的争议，只能由双方协商、第三方调解或仲裁处理，不能通过法院等裁判机构来处理。[②]

近年来，全国各地发生的诸多集体劳动争议有一个共性，就是大部分争议都不是因为用人单位违反劳动法规或劳动合同规定侵犯劳动者权益而引起的，事实上这些企业多是知名外资企业，效益良好，劳动法执行情况都比较好。争议的主要原因是，虽然这些企业的工资高于当地最低工资，但是总体水平低于劳动者期望，劳动者要求提高工资、改善福利待遇。这些争议若个案性或孤立性地发生，可能意义还不明显。但是，全国许多地方同样性质的争议集中在短时间内发生，就具有一定的标志性意义。这说明劳动者已经不满足于劳动法规赋予的基准权利，他们要求比法定基准权利更高的待遇；问题的焦点已经不再是违反劳动法的问题，而是超越于劳

---

① 郑祝君. 劳动争议的二元结构与我国劳动争议处理制度的重构. 法学，2012（1）
② 杨强. 从权利到利益：我国劳动争议的新特点及其应对. 中国劳动关系学院学报，2010（6）

动法基准权利之上的利益之争。

所谓群体性劳资纠纷,是指围绕劳动关系中某个具体的利益冲突而引发的,参与劳动者人数多、涉及范围广、社会影响大的劳资纠纷。近年来,随着我国市场经济的迅速发展和社会服务功能的日益增大,人们遭受同一种或同一类不法侵害的可能性越来越大,由各种社会矛盾引发的涉及多数人利益的群体性纠纷大量出现。虽然此类案件大部分是由劳动争议所引发,但是如果处理不好就极易演变成严重的社会问题和政治问题。群体性劳动争议急剧增加,已成为影响社会经济协调发展的重大社会问题,是影响社会稳定的第一位因素。[①]

在经济社会形势发生巨大变化的情况下,各级工会组织在党的领导下,坚持服从服务于党和国家工作大局,坚持切实表达和维护职工群众合法权益,对自身的职能和定位进行不断调整和发展。1994年,全总十二届二次执委会会议提出了工会工作总体思路,从四项职能并举改为突出维护职工的合法权益,即以贯彻实施劳动法为契机和突破口,突出维权带动工会全面工作。此后修改后的《工会法》更明确增加了工会组织维护职工合法权益的内容,即中华全国总工会及其各工会组织代表职工的利益,依法维护职工的合法权益;维护职工合法权益是工会的基本职责。工会在维护全国人民总体利益的同时,代表和维护职工的合法权益。

(三) 工会组织努力成为构建和谐劳动关系的核心力量

世情、国情、党情的深刻变化对工会建设提出了新的要求,工会工作面临改革开放、市场经济、外部环境等众多因素变化的考验。因此,工会工作的内容不能仅仅停留在组织作风建设、职工福利、文化活动等传统模式上。对金桥工会联合会而言,工会工作的内容更要与时俱进,紧贴开发区建设和企业发展的实际,更具时代性、先进性、科学性和时效性,确保工会在开发区建设和企业发展的深刻变化中始终走在时代前列、始终成为构建和谐劳动关系的核心力量。

1. 开发区工会组织体系创新:"两条腿走路"的工会组织架构

金桥工会联合会成立于1999年,主要承担金桥开发区内外商独资企业、民营企业的工会组织覆盖、职工权益维护、职工素质工程建设、职工文化活动创建等工作。目前,金桥工会联合会设有四部一室三中心和二会一网,即:办公室、基层建设部、经济工作部、法律维权部、文化宣传部;金桥职工文化中心、浦东新区法律援助中心金桥工会联合会分中心、金桥职工(农民工)援助服务中心;人民调解委

---

① 杨强. 从权利到利益:我国劳动争议的新特点及其应对. 中国劳动关系学院学报,2010(6)

员会、工会工作研究会、劳动关系协调网,如图2—2所示。

金桥工会联合会在工作实践中不断探索新形势下开发区工会的新的历史使命,逐步明确自身的职能定位、工作目标、工作原则和任务要求,使开发区工会工作更具针对性和有效性。(1)主要职能:组织建设、依法维权、劳动竞赛、素质培育。(2)工作目标:组织建设制度化、权益维护法制化、文化活动品牌化、自身建设规范化。(3)工作原则:坚持联系职工、竭诚服务的工作宗旨;坚持和谐发展、互利共赢的管理理念;坚持资源整合、多方协调的维权模式。(4)主要任务:加强基层工会组织建设、履行法律赋予维权职责、激发调动职工创新活力、推动发展和谐劳动关系、促进职工队伍全面发展。

金桥工会联合会根据开发区企业的新特点,发挥工会组织的政治优势和组织优势,按照《工会法》的规定,着力创新适合开发区状况的企业基层工会组建方式,编织了适合开发区现实的工会组织结构,扩大工会组织作用的辐射面。目前,在金桥开发区形成了"两条腿走路"的工会组织架构,即:"金桥工会联合会+企业直属工会"系统和"金桥工会联合会+联合工会"系统并举,激活工会组织网络体系的神经末端,初步形成了开发区工会组织的网络体系。截至2012年12月,已建立直属工会组织268家,组建16个联合工会(包含楼宇联合工会8家、中邦园区联合工会1家、企业联合工会7家),覆盖企业792家、职工总数69 428人、会员总数53 238人。

2. 开发区工会组织模式创新:多种形式并举的联合工会

金桥工会联合会根据金桥开发区小微企业较多的特点,积极开拓组建工会组织的新思路,开展联合工会组织模式的探索。金桥工会联合会根据开发区企业的类别特点,提出组建联合工会的三种形式,即楼宇联合工会、园区联合工会、企业联合工会。通过发挥联合工会的职能,组织职工代表进行检查、督促,使职代会通过的决议和提案落到实处,使日常民主管理渗透到企业的各个方面。到2012年底,金桥开发区已有16家联合工会,如图2—3所示。

楼宇联合工会是以商务楼为单位,把入驻商务楼宇的新经济组织和新社会组织独立成立的工会组织联合起来,体现工会的联合性和代表性。楼宇联合工会负责楼宇内小型非公有制企业工会组建工作,有利于加强工会组织的制度化、规范化建设。楼宇联合工会的工作重点集中在三个方面:(1)建立楼宇内平等协商、集体合同和职工代表大会制度,维护职工合法权益;(2)建立楼宇内劳动争议调解组织,协调处理劳动争议;(3)开展楼宇内的文化体育交友、员工帮困关爱、文明创建等活动,提高职工队伍凝聚力。

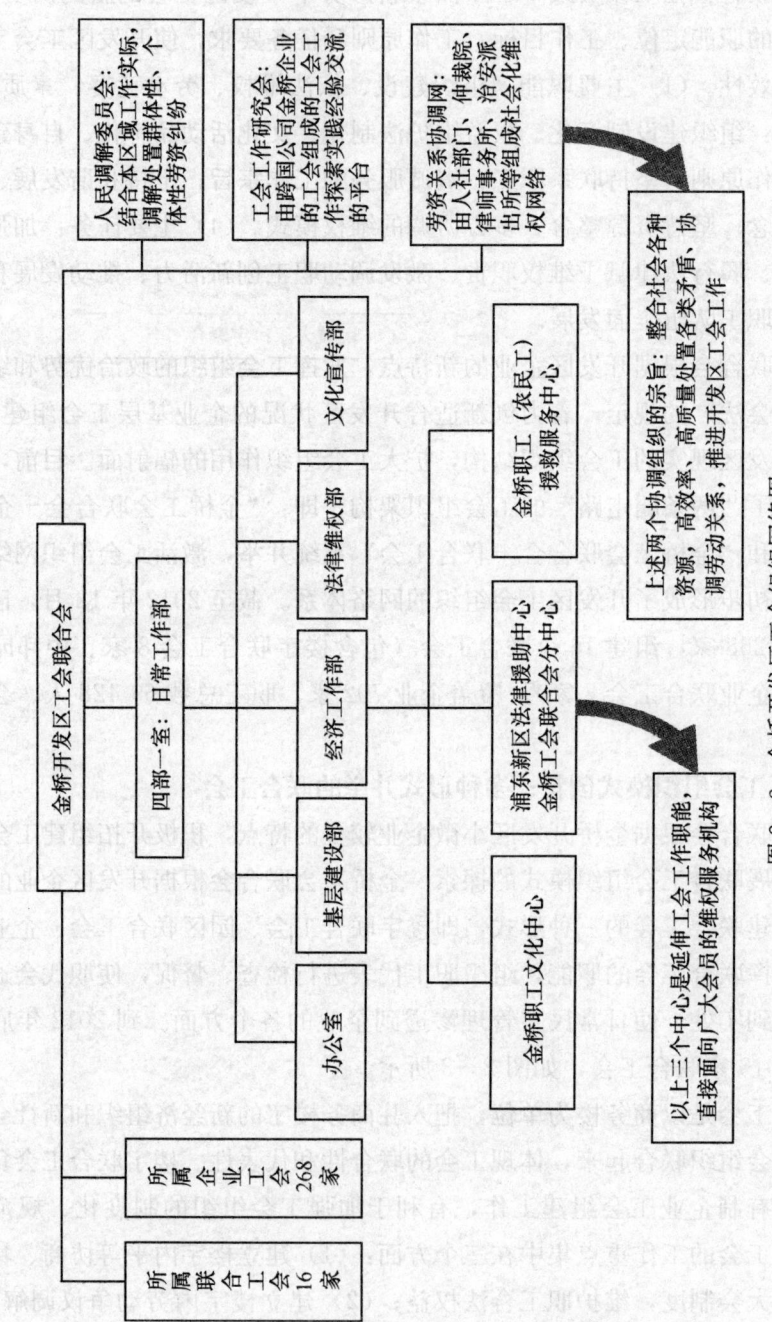

图 2—2 金桥开发区工会组织网络图

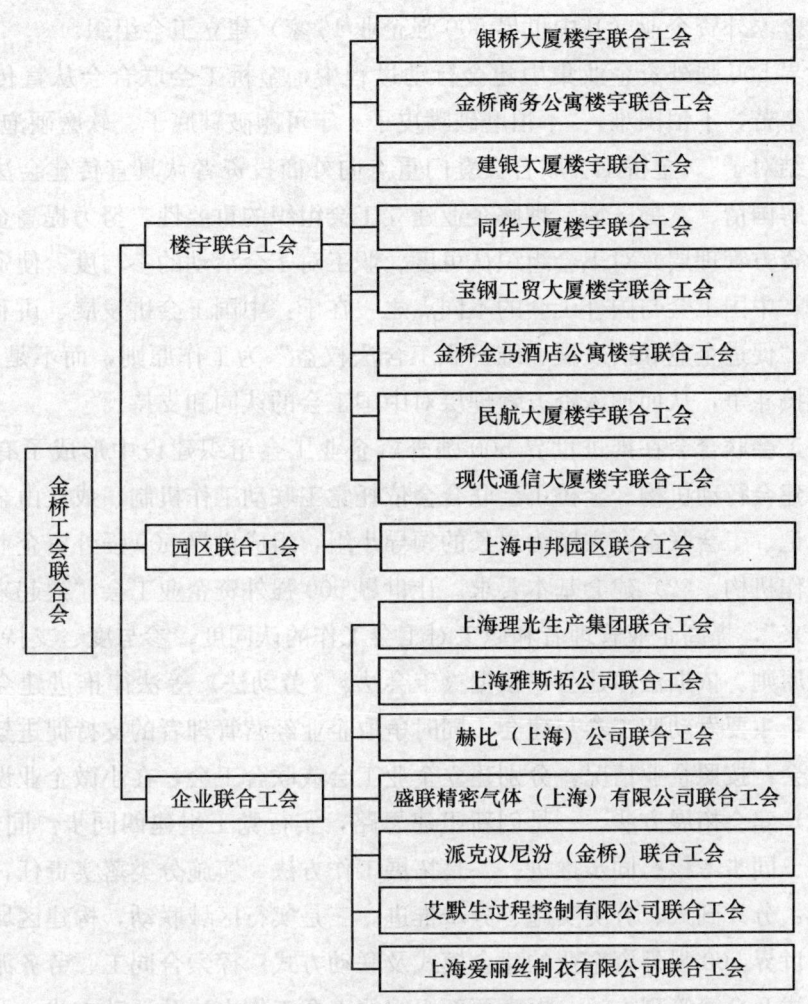

图 2—3　金桥开发区联合工会类型图（2012 年）

企业联合工会是以投资者为联结体，把同一投资主体在金桥开发区内投资成立的关联企业组织起来组建联合工会。目前金桥开发区的企业联合工会共有 7 家。

园区联合工会是以金桥开发区某地块区域为范围，依托物业管理部门，把区域内的企业组织起来组建联合工会。金桥开发区的园区联合工会的组建工作还处在探索阶段，2012 年底已组建上海中邦园区联合工会。

3. 世界 500 强外资企业建会方式创新：集中建会的行动策略

金桥开发区作为国家级经济技术开发区，集聚众多的世界 500 强企业。金桥工会联合会始终把加快外资企业尤其是世界 500 强外资企业工会组建工作作为重点，探索世界 500 强外资企业建会模式，工会组建工作取得显著成绩。目前，金桥开发区已有132家外资企业（其中世界500强企业15家）建立工会组织。

在世界500强外资企业集中建会行动过程中，金桥工会联合会从宣传动员入手，不辞辛苦，不怕困难，"不怕磨破嘴皮子、宁可跑破鞋底子、软磨硬泡盯牢子、反复上门结对子"。金桥工会联合会登门重点向外商投资者认真宣传建会法律，帮助他们了解国情、掌握区情、理解企业建立工会组织的重要性，努力提高企业管理者（包括资方管理层）对工会组织认可度、职工对工会活动的参与度。使资方管理层认识到，中国工会与国外工会的不同点之一在于：中国工会讲发展、讲和谐、讲共赢，以"促进企业和谐发展、维护职工合法权益"为工作原则，而不是搞对抗、搞冲突、搞斗争，从而加深资方管理层对中国工会的认同和支持。

金桥工会联合会在推进世界500强外资企业工会组织建设中形成了有效的方式。（1）建会行动机构。金桥工会联合会依托党工联动工作机制，成立由金桥综合党委副书记、工会联合会主席为组长的领导小组，组成世界500强外资企业集中建会行动工作机构。（2）建会基本要求。让世界500强外资企业工会"建起来、转起来、活起来"，提高企业管理者和职工对工会工作的认同度、参与度、支持度。（3）建会三依原则。依据法律建会：根据《工会法》《劳动法》等法律推进建会。依靠职工建会：主要发动职工参与建会，同时争取企业经营管理者的支持促进建会。依照实情建会：按照企业情况，分别建立企业工会或联合工会，在小微企业设工会联络员。（4）建会拓展方法。一是创新组建思路，实行党工组建四同步：同步计划、同步实施、同步考核、同步推进。二是拓展工作方法，实施分类落实责任，建会实施三分法：分片到人、分类实施、分步推进。三是实行区域联动，构建区域联动平台，探索世界500强外资企业的建会模式及联动方式；探索合同工、劳务派遣工等的入会方式及会籍管理方法；探索两新组织的工会工作方法及活动方式。

4. 开发区工会工作机制创新：党工一体化的工作机制

金桥开发区在"党建带动工建、工建服务党建"的原则指导下，始终把工会工作放在党的大局工作中统筹安排，促使工会组织走出单一"内循环"的圈子，融入社会"大循环"之中。开发区综合党委高度重视和支持工会工作，聚焦工会工作的重点难点，在组织上加强、在政策上保证、在资源上倾斜、在体制上创新。由金桥开发区综合党委牵头，综合党委副书记与工会联合会主席互兼，综合党委工作人员与工会联合会工作人员交叉任职、一岗双责，实现资源共享、工作联动，形成党工四个联动体系，支撑工会组织建设，如图2—4所示。

第一，紧密型的组织体系。一是双向兼职，党组织与工会组织干部交叉任职，扩大党工工作对非公企业的影响力和渗透力。二是双向推优，党员工会主席列为党

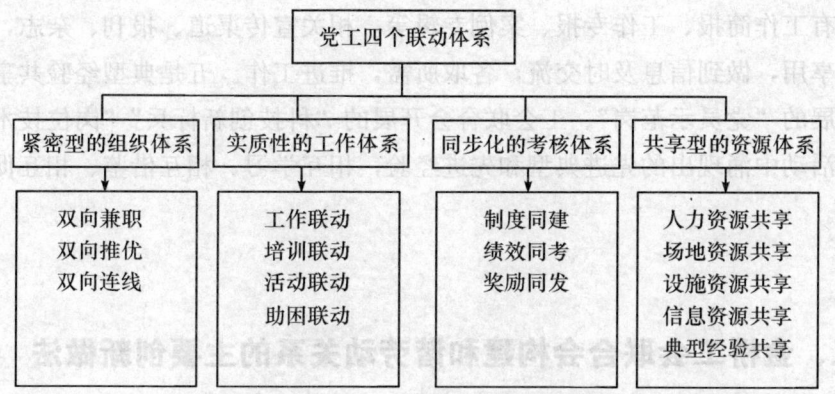

图 2—4 党工四个联动体系示意图

组织书记后备干部,党组织书记、党员骨干列为工会主席候选人选,为非公企业建党建会、推进党工工作同步运作创造条件。三是双向连线,建立党组织与工会组织之间联系的组织形式和制度,形成互帮互助机制。

第二,实质性的工作体系。一是工作联动,工作目标一致、工作计划整合、工作步骤协调,党工工作相互配合、相互支持、相互促进。二是培训联动,共同开展各种教育培训活动,党组织书记、后备干部和工会主席共同参加各类法律法规、政策措施等专题教育培训活动,既节约培训资源,又增强培训实效。三是活动联动,党组织协调行政、工会等组织,广泛开展党员群众喜闻乐见、寓教于乐的文体娱乐活动,丰富群众精神文化生活。四是助困联动,共同建立帮扶对象信息库,党工组织共同对企业职工进行全面排查摸底,对党工帮扶对象及时帮困。

第三,同步化的考核体系。一是制度同建,党工部门共同制定制度,并相互学习、相互借鉴,促进制度的完善和落实。二是绩效同考,在金桥开发区综合党委和金桥工会联合会层面建立带有激励导向的考核制度,日常工作定时考核,具体工作项目一事一考。三是奖励同发,同时考核、同时表彰和奖励。

第四,共享型的资源体系。一是人力资源共享,在金桥开发区综合党委的领导下,专职党务干部和工会联合会干部合署办公,有分工亦有合作,有独立更有整合。二是场地资源共享,"阳光驿站"承担着区域性、开放式、专业化党员服务中心的职能,既是党员服务中心和青年中心,又是职工维权中心和法律援助中心;既是党员之家和流动党员之家,又是职工之家。在"阳光驿站"的大平台上,互相支持、互相渗透,充分发挥其功能。三是设施资源共享,"阳光驿站"的办公设施和教育设施,职工之家的娱乐设施,大件合用,小件互补,节约资源和能源。四是信息资源共享,综合党委有《上海金桥》报刊党建专版、党建网和党建成果专辑,工会组织有工作简报、工作专报、案例专辑等。相关宣传渠道、报刊、杂志，党工组织共同享用，做到信息及时交流，各取所需，推进工作。五是典型经验共享，综合党委开展的"党员示范岗"、工会联合会开展的"科技创新标兵""岗位技术能手比武"等活动中涌现出的先进典型和先进经验，相互学习、相互借鉴、相互促进、共同提高。

三、金桥工会联合会构建和谐劳动关系的主要创新做法

（一）构建和谐劳动关系的主体：发挥基层工会的重要作用

1. 基层工会在构建和谐劳动关系中做到三个统一

企业发展是保障职工利益、强化工会维权的基础。工会应把工作的重点放在构建和谐劳动关系上，既要让企业通过自觉规范的管理行为保障职工的合法权益，又要让广大职工心情舒畅地为企业发展建功立业。工会在企业维护职工合法权益方面，靠的就是建立起调整劳动关系的机制。工会作为职工合法权益的代表者和维护者，应当坚定不移地把工会工作的主线调整到发展和谐劳动关系上，履行好维护、建设、参与、教育职能，加强利益共同体教育，坚持和谐发展、互利共赢的理念，为企业建立和谐稳定劳动关系发挥积极作用。①

金桥开发区各级工会作为和谐劳动关系的主要建设者之一，努力做到三个统一，即：把最大限度组织职工入会与巩固党的阶级基础统一起来；把维护职工群体利益与满足职工多元需求统一起来；把团结动员职工共谋改革大计、共创发展大业与最大限度为职工争取利益、共享企业发展成果统一起来。

2. 工会组织主体作用：强化企业民主管理，维护职工民主权利

首先，坚持以职工代表大会制度为基本形式的民主制度。这是企业在制度上落实党的全心全意依靠工人阶级指导方针的最基本体现。企业工会通过建立健全民主管理、民主监督制度体系，从制度上确保民主管理、民主监督工作的顺利进行。在金桥开发区企业长远发展大计、年度生产经营工作、财务预决算、业务招待费使用等以及涉及职工切身利益的重大事项均在职代会上向职工代表报告并经职工代表审议，尊重职工民主监督权和参与审议权。

---

① 包广平.浅谈在构建企业和谐劳动关系中如何发挥企业工会组织作用.环球市场信息导报，2012年2月14日

其次，积极落实厂务公开各项措施。实行厂务公开，落实职工知情权，拓展企业民主管理渠道，是推动全心全意依靠职工办企业的前提和基础。成功的厂务公开有利于企业推进民主管理和民主监督。金桥开发区企业工会通过从高层到班组的厂务公开制度网络，使职工最大限度地了解公司生产经营管理决策情况、工资和奖金分配等事项，使职工的民主权利得到充分尊重。

3. 工会组织平衡作用：健全平等协商机制，签订"集体合同"

维护职工合法权益是工会的基本职责。平等协商和签订集体合同是调整劳动关系的重要法律手段，工会站在协调各方利益、实现企业和劳动者和谐发展的高度，促使劳动关系矛盾双方按照集体合同规定的权利和义务，履行各自的职责，共同保持和谐劳动关系，从而达到劳动关系双方双赢和谐发展。

在市场经济条件下，经济关系、劳动关系出现新的变化，金桥工会联合会以创造和谐稳定劳动关系为目标，树立社会主义科学维权观，建立健全利益协调、诉求表达、矛盾调处、利益保障等科学维权机制，推行工资集体协商，使集体合同真正成为劳动关系双方共同遵守的"法律武器"和"尚方宝剑"。

4. 工会组织保障作用：加强工会自身建设

工会自身建设是实现和谐劳动关系的保障。金桥工会联合会坚持以人为本，大胆创新工会组织形式，强化对新形势下肩负职责的深刻认识、准确定位，强化工会阵地建设，落实工会自身建设工作责任制。创新工会工作机制，坚持党建带动工建、工建服务党建，增强工会组织的吸引力、凝聚力、战斗力，为构建企业和谐劳动关系做好保障，更好地发挥工会在构建和谐劳动关系中的作用。

（二）构建和谐劳动关系的思路：明确目标和要求

1. 目标：劳资双赢、利益均衡、成果共享、发展有序

经济发展与保护劳动者利益是经济社会发展到较高平台上必须协调好的重大关系，其核心是促使企业与职工双方的利益达到合理的平衡，让劳动者有机会分享经济发展的成果。如果不对劳动者正当权益进行维护，劳资利益失衡的格局将日益恶化，劳资双损的局面终将会出现，劳资对抗与冲突就会危及社会稳定，也会贻误国民经济发展的大好机遇。金桥工会联合会认识到，经济发展应当是理性的、健康的、文明的、可持续的经济发展，从而必然是劳资双方利益合理共享的经济发展。

第一，树立企业与职工"共赢"理念。金桥开发区集聚大量非公企业，而非公企业工会要想真正维护职工合法权益，就必须争取到更有效的话语权，其中最快捷、最有效的方法就是能得到资方的支持。因此，金桥工会联合会必须使资方意识到，工会的目的不是要搞对立，而是希望做到双赢，既能维护职工的权益又不损害资方的利益。资方要按照以人为本、利益共享的原则，实现职工与企业共同成长，以企业的发展来保证职工的权益，以职工的发展来实现企业的利益，这才是真正的和谐。

第二，建立集体协商"共决"制度。集体协商机制是企业劳动关系从冲突转变为和谐，最终实现企业发展和职工利益共赢的保障。建立集体协商"共决"制度对基层工会提出了新的明确要求。金桥工会联合会要求基层企业工会干部必须认识到集体协商机制对于职工整体利益的保护和劳资矛盾的调节所起的重要作用。有了集体协商机制，才能使企业工会向经营者发出要约的时候更加具有底气，既能体现职工自主权，又能让企业更好地了解职工的要求，让职工们感到"是主人、受尊重"，减少劳资矛盾，抑制冲突激化，把矛盾冲突遏制在源头处，为和谐企业的构建提供基础和保障。

第三，发挥政府政策"引导"作用。政府引导是建立和谐劳动关系的根基。和谐社会并不是没有社会矛盾的社会，而是用制度化、法制化方式解决矛盾的社会，是一个尊重法律权威、有序发展的社会。金桥工会联合会配合政府通过加强立法建立一套完善的劳动政策法规和各项制度条例，并严格监督执行，如劳动法、工会法、工资支付条例、社会保险制度、劳动安全法、劳动保障和职业病防治法、劳动仲裁法、最低工资保障制度等。

2. 要求：维权服务为重、预警预防为先、制度建设为基

第一，建立预防机制。劳动争议是劳动关系发生矛盾的表现，反映了劳动关系双方当事人之间的利益冲突。金桥工会联合会作为劳动争议调解组织成员和组织者，主动和企业协商建立迅速高效的劳动争议应急预防处理机制。（1）加强劳动法律法规的宣传普及，帮助企业不断完善集体合同和劳动合同条款，提高劳动关系双方学法、懂法、依法、执法的自觉性，从源头上避免劳动争议的发生。（2）注重预防预测工作，经常深入工作现场，及时了解民情民意，掌握劳动关系动态，加大沟通协商力度，实事求是解决问题，做好思想疏导工作，把矛盾消化在萌芽状态。（3）本着"依法监督、实事求是、密切合作"的原则，主持劳动争议的调解工作。调解中依法、依情、依理说服对方，帮助争议双方吃透政策、辨清是非、统一认识、消除矛盾，尽量把争议处理在基层。职工要求仲裁或诉讼时，工会积极为职工提供法律咨询，力争协商解决。（4）建立群体性、突发性劳动争议应急处理预案，一旦发生群体性争议，工会认真听取职工意见，做好思想疏导工作，消除双方对立情绪，协助行政解决问题，避免因矛盾激化恶化形成集体上访事件。加强三方协商机制，控制劳动争议持续攀升势头，把住社会稳定的第一道关口。

第二，创新维权机制。金桥工会联合会主要在以下几个方面积极发挥其维护职能的作用。（1）积极主动开展调查研究，组织职工为劳动法律法规的健全和完善建言献策。（2）注重发挥劳动法律监督员的作用，加强对集体协商、集体合同、劳动合同、工作时间、劳动安全卫生、女职工特殊权益保护、养老、失业、工伤、医疗、生育保险等方面的专项监督检查和督促落实，做到依法维权、敢于维权、善于维权。（3）强化职工代表常任机制，发挥职代会作用，协助企业建立和完善集体合同、劳动合同、平等协商机制和各项管理制度，以此来规范企业行为，打好源头维权基础。（4）进一步完善党工联席会制度、主要领导接待日制度和各级平等协商对话机制，通过定期交流沟通，达到互相理解、互相支持和合作双赢的目的。（5）加强工会自身建设和维权机制建设，增强工会组织和职工代表的维权意识，强化依法维护、全过程维护和发展中维护的新观念；通过培训，使广大工会干部、职工代表熟悉劳动就业、工资分配、社会保障、劳动保护等方面的法律法规政策以及市场经济和企业管理知识，熟悉谈判技巧，提高协商水平，做到思为职工所想、事为职工所成、利为职工所谋，真正成为职工的知情人、代言人、知己人。（6）深入开展厂务公开活动，通过合法程序，提高决策的透明度，增强分配的公平性和公正性，避免侵权和劳动争议的发生。

（三）构建和谐劳动关系的工会工作模式：七个转变

1. 工作方式注重基础性：从解决个案向扎实基础转变

长期以来，工会组建是金桥工会联合会工作的重中之重，也是有效预防劳资矛盾和劳资纠纷的基础性工作。金桥工会联合会全面贯彻"广普查、深组建、全覆盖"的工作要求，在原有的党工联动工作机制支撑建会的基础上，坚持"翔实排摸、宣传到位、分类指导"的原则，采用"摸清底数、分清情况、注意方法、依法循理、争取共赢"的方法，在详细了解开发区内企业情况的基础上，开展大量调查摸底、分析梳理工作，认真制定符合实际的企业工会组建工作思路和方案，明确工作目标，落实专人负责，分片推进。

金桥工会联合会坚持"依法建会、依靠职工建会、依据实情建会"，树立"双赢"理念，建会工作按照"党工联动"的工作思路，努力健全党工工作同步运作机制。在此基础上，定期召开会议，研究重点企业组建工作情况，分析问题，制定措施，集中攻关，运用科学合理的工作方法，有力地保证工会组建工作的顺利开展。通过党群干部交叉任职，进一步扩大工会组织在企业中的影响力。

2. 工作渠道注重拓展性：从点下向面上拓展转变

金桥工会联合会通过多种渠道拓展服务范围，加强对全体企业工会干部的法律培训。组织针对工会主席和人事经理的面上集中学习劳动关系法律法规政策和业务培训，学习贯彻《工会法》《劳动合同法》等法律法规，提高企业工会支持企业发展、稳定职工队伍的意识和能力，依法规范企业工会在处理企业搬迁、经济性裁员等劳资矛盾工作中的程序，指导企业做好"稳定职工队伍、促进企业长远发展"工作。

为帮助企业工会主席提高应对危机、协调处置劳资矛盾的能力，金桥工会联合会有针对性地组织开展10多次培训活动，还组织"职工心理干预专项培训"，专门聘请上海市知名心理咨询专家就职工心理干预进行指导培训，并邀请浦东新区法院法官专项详解劳动争议政策及案例。金桥开发区内百余位基层工会主席学习了解相关劳动争议政策、案例及职工心理干预的初步知识，政策水平和处置能力大大提高，在处理繁复的争议矛盾中发挥了积极的作用。

3. 工作规范注重程序性：从具体化向程序化转变

金桥工会联合会从处置劳资纠纷引发的矛盾和突发案件中出发，摸索出坚持"一个机制长效管理、两个平台支撑运行、三项措施保障处置"的调处模式。工会联合会坚持"帮企业、保岗位、促稳定"的指导思想，"两个统一"原则和"预警、协调、处置"三环紧扣，努力构建劳资纠纷处置的长效管理模式；借助金桥工会联合会顾问团和研究会两个平台，加强信息沟通，强化资源的整合；通过"制定预案、信息专报、个案指导"三项保障措施，有效防止矛盾升级，为劳资双方协商解决纠纷奠定基础。

4. 工作重点注重预防性：从事后被动处置向事先主动预防转变

劳动争议或突发事件的发生，一般经过萌发、酝酿、爆发三个阶段。劳动关系预警机制的重点和注意力应放在第一阶段，努力控制第二阶段，避免发展到第三阶段。工会要在预测、预审、预报、预防和调解五个环节上狠下功夫。

根据对劳动关系冲突协调逐步从事后走向事前的原则，金桥工会联合会不再单纯注重事后处理，而是从源头防范和化解劳动关系矛盾的趋势，建立健全风险防范机制和处理劳资矛盾的"应急预案"。所谓风险防范机制，是指通过劳动关系信息预报、上报、排查等，及时发现开发区企业内部的劳资隐患，并积极采取措施、化解矛盾，有效预防群体性突发事件的工作机制。通过建立风险防范机制，以规范企业用工和工资支付、预防和协调因欠薪等引发的群体性劳资矛盾为核心，努力形成多方联动、齐抓共管的局面，切实保障企业和职工的合法权益。变被动接访为主动上门服务，针对经常被投诉的用人单位主动上门召开座谈会，指导企业依法规范劳动管理制度。同时，在各级劳动行政机关的日常检查中，只要发现劳资纠纷隐患，立即就地组织调解，及时化解矛盾隐患。所谓处理劳资矛盾的"应急预案"，是指预警＋沟通＋处置的"三位一体"：整合劳动关系的信息，建立预警机制；统筹劳动关系的协调，建立沟通机制；完善劳动关系的处置，建立联动机制。

5. 工作方法注重有效性：从等待型向贴近型转变

在传统体制内，工会工作往往存在着等文件下发、等指示下达、等材料下传的"等待"现象，而开发区内的非公企业是无上级主管单位的，主渠道的信息传递实际上是有时间差的，和现实工会工作的需要存在着脱节现象。因此，金桥工会联合会在工作方法上主动从等待型向贴近型转变，"贴近中心、服务大局，贴近生产、促进发展，贴近职工、排忧解难"，充分发挥基层工会推动发展、服务职工、凝聚人心、促进和谐的作用，增强开发区工会工作的有效性。

根据金桥开发区企业职工年轻化、流动性强的特点，坚持"以人为本"的理念，从广大职工的生活实际需求出发，搭建各种服务平台，在职工维权、技术培训、文化娱乐、心理疏导、择偶交友、帮困扶助等多方面提供温馨服务，使劳动者切实分享企业和开发区发展的成果，为构建和谐劳动关系注入浓郁的文化内涵，提升强大的内在能量。

6. 工作思路注重超前性：从常规化向超前型转变

开发区工会的工作要与区域经济社会发展紧密结合，工会工作的思路要从计划经济固定模式的常规化向"推动金桥二次创业、实现二次开发"的超前型转变。

金桥工会联合会确定"以职工群众为本、以提高素质为重、以发挥作用为责、以创新方法为路"的工作思路，在协调劳资矛盾、化解群体性纠纷中，形成以集体协商为抓手，疏导解释和正反辩论相结合的处置群体性劳资纠纷的工作方法。建立健全劳动关系形势分析研判制度。金桥工会联合会密切关注国内外经济形势的发展变化，加强对开发区劳动关系的动态掌控，尤其是做好集体停工等劳动关系重大案件的预防和妥善处置工作，定期对劳动关系领域的突出矛盾问题进行分析协商。建立劳动合同履行掌控制度，落实企业减员报告制度。金桥工会联合会掌控的重点是劳动合同届满人数超过职工总数30%，劳动合同续订率低于80%的开发区内企业。凡是裁减人员20人以上或者裁减人员占企业职工总数10%以上的企业，均须向金桥工会联合会提前报告。金桥工会联合会则主动入户指导，确保企业依法、妥善处理劳动关系。

7. 工作资源注重整合性：从单打独斗向协同整合转变

在金桥开发区发展转型与产业升级的驱动下，金桥工会联合会根据开发区非公企业经营运作的特点，依托金桥开发区综合党委，形成多方联动的组织架构，在开发区大党建的运作中，发挥资源整合的强大功能，突出金桥开发区构建和谐劳动关系的组织优势。

金桥工会联合会在具体处置劳资矛盾工作过程中，邀请浦东新区人力资源与社会保障局、维稳办、信访办、司法局调解中心、劳动监察大队等多个政府职能部门联手参加劳资矛盾的协调处置工作，主动疏导、促成协商、灵活调解，成功地将矛盾化解在萌芽阶段，搭建起政府支撑社会稳定工作的大平台。

四、主要结论

（一）工会组织在开发区整体性构建和谐劳动关系中势在必行

在非行政区域的经济开发区，缺少行政权力和行政资源的依托，工会组织面临如何确定其定位、形成其发展模式、发挥其应有作用等新的挑战。金桥工会联合会着眼于开发区区域整体，按照"企业需要、业主理解、职工拥护、社会欢迎"的要求，积极转变观念，创新工作思路和工作方式，明确一条基本途径、构筑两个依托渠道、夯实三大基础制度、建立四项长效机制，在构建和谐劳动关系的诸多制度建设和方法应用等层面，形成自身独特的工作体系和方式方法。

（二）工会组织强化集体协商机制对于预防和处置群体性劳动争议成效明显

金桥工会联合会通过区域性集体协商，把开发区内430多家企业纳入，使开发区内企业都树立涉及职工切身利益的重大事项必须"要协商、要共决"的理念。劳资双方只有协商沟通，由"单决"变"共决"，才能真正解决劳资情绪对立问题，才能在涉及职工切身利益的重大问题上出现争议时，找到平衡劳资双方利益的方案，从而形成理解、谅解，达到最终的和解，进而形成和谐。

（三）工会组织注重工作方式，创新资源整合能力倍增

金桥工会联合会加强建设"四个体系"，即紧密的组织体系、实质的工作体系、

同步的考核体系、共享的资源体系。在劳动关系风险防控方面,实施信息方面的预警、协调方面的沟通、处置方面的联动三项工作机制。在推进集体协商方面,借力专题培训、分类指导、上门督促、重点推进四项工作举措,保障集体协商的有效实施。在人文关怀方面,努力搭建服务平台,从职工维权、技术培训、文化娱乐、心理疏导、择偶交友、帮困扶助等多方面提供温馨服务,满足职工需求。

(四)工会组织努力作为,提升影响力和凝聚力基础稳固

金桥工会联合会认真履行工会职责,充分彰显工会作为,通过"外企建会、依法维权、科技创新、文化品牌活动"等重点工作,大力提升工会组织在开发区的影响力。坚持"以职工群众为本、以服务基层为实、以依法维权为责、以和谐稳定为重"的工作思路,深化工会组建、推进集体协商、推动科技创新、创建区域文化活动品牌等,大力提升工会组织在开发区的凝聚力。以"组织建设制度化、权益维护法制化、文化活动品牌化、自身建设规范化"的工作目标,探索服务大局、服务企业、服务职工的新途径和新方法,大力提升工会组织在开发区发展的贡献力。

第三章
从双重规制到自主空间：
行业协会发展的体制重构

一、双重规制：我国行业协会发展的体制约束

(一) 行业协会的概念和特征

行业协会（Trade Promotion Association）是市场经济国家普遍存在的促进经济领域各类互益性活动并提供行业性和社会性公共服务的社会经济组织形式。

在我国，对行业协会的认识及界定存在一定的差别。有学者认为，行业协会是以同一行业共同的利益为目的，以为同行企业提供各种服务为对象，以政府监督下的自主行业为准则，以非官方机构的民间活动为方式的非营利的法人组织。[①] 也有学者认为，行业协会是由同行业企业自愿依法组成，为促进国民经济的发展提供各种服务的非营利团体。[②] 政府管理部门也对行业协会下了定义，例如，在1997年国家经贸委印发的《关于选择若干城市进行行业协会试点的方案》中认为："行业协会是社会中介组织和自律性行业管理组织。在社会主义市场经济条件下，行业协会是行业重要方面，是联系政府和企业的桥梁、纽带，在行业内发挥服务、自律、协调、监督的作用。同时，又是政府的参谋和助手。"对于行业协会法定性的定义有两个来源：1998年颁布的《社会团体登记管理条例》（国务院令第250号）规定，行业协会属行业性社会团体。2002年10月31日上海市第十一届人民代表大会常务委员会第四十四次会议通过并于2003年2月1日起施行的《上海市促进行业协会发展规定》第二条明确，行业协会是指由同业企业以及其他经济组织自愿组成、实行行业服务和自律管理的非营利性社会团体。

本书对行业协会的界定主要依据《上海市促进行业协会发展规定》中的表述。行业协会是由同业企业以及其他经济组织自愿组成、实行行业公共服务和行业自律管理的社团法人。行业协会作为市场经济社会普遍存在的一种社会经济组织形式，是企业（会员）与政府、企业（会员）与社会之间的桥梁和纽带，对经济社会生活及行业发展有着重要的影响。

在我国经济转轨和社会转型的大背景下，行业协会在争取自身成长空间的同时，也在完善社会主义市场经济、加快政府职能转变和推进社会建设方面起到积极的作用。从20世纪90年代后期开始，我国许多学者开始关注行业协会的成长发展

[①] 吴宗祥. 行业协会治理机制的制度需求和制度供给. 学会，2003（7）
[②] 陈金罗. 社团立法和社团管理. 北京：法律出版社，1997，第127页

问题，并从不同学科视角进行深入的研究。

我国改革开放以来，较早对行业协会进行研究的是史景星主编的《行业协会概说》一书，该书以行会的起源和兴衰开篇，介绍了中国行业协会的历史和国外行业组织的现状，重点探讨了社会主义行业协会的性质与职能、行业协会管理体制以及内外部关系。

贾西津、沈恒超、胡文安等从社会结构变迁和分化的角度，以"社会本位"的理念为指导，对行业协会的社会地位、组织优势和特征进行了系统研究，提出了行业协会内部奉行自主性、自治性和自律性的组织原则，即在组织的外部关系中坚持自身的独立性；在组织的内部成员关系中坚持平等互利，实行自下而上的集体主义决策机制；在解决各类矛盾和冲突过程中，体现为建立在民主协商、集体谈判和公共裁决基础上的公共权威自律机制。① 黎军从行政法学的角度探讨了行业协会法理基础，分析了行业组织与政府间的关系，提出了行业组织与政府之间既相互支持又相互监督制约的观点。② 鲁篱特别对行业协会经济自治权进行了研究。③ 余晖则从制度经济学的视角，分析了行业协会的形成路径和功能，认为行业协会的权力来源是社会合法性和法律合法性。④

在公共管理学界，主要是从行业协会在公共管理中的地位和作用，以及NGO内部管理、评估机制以及发展路径等视角对行业协会进行本位性研究。王名、刘国翰、何健宇在研究中国社团改革时，涉及会员互益性社团的组织变革。⑤ 贾西津、沈恒超、胡文安等从转型时期行业协会发展的必要性、理论研究基础、角色定位、功能与管理体制进行研究，认为目前我国行业协会产生于不同的国家与社会关系模式中，表现为"自上而下""市场内生"和"中间模式"三种形态。在国家与社会关系的变迁中行业协会的作用在加强，但功能上具有积极作用和负面效应的双面性。⑥ 徐家良对中国行业协会的性质、赋权、职能、内部治理、外部关系等五个方面作了系统描述，并认为以下问题值得深入研究：行业协会的民间性是否是唯一

---

① 贾西津，沈恒超，胡文安，等. 转型时期的行业协会：角色、功能与管理体制. 北京：社会科学文献出版社，2004，第15页
② 黎军. 行业组织的行政法问题研究. 北京：北京大学出版社，2002
③ 鲁篱. 行业协会经济自治权研究. 北京：法律出版社，2003
④ 余晖. 行业协会及其在中国的发展：理论与案例. 北京：经济管理出版社，2002
⑤ 王名，刘国翰，何健宇. 中国社团改革：从政府选择到社会选择. 北京：社会科学文献出版社，2001
⑥ 贾西津，沈恒超，胡文安，等. 转型时期的行业协会：角色、功能与管理体制. 北京：社会科学文献出版社，2004；贾西津. 第三次改革——中国非营利部门战略研究. 北京：清华大学出版社，2005，第231页

的，如何看待官办性？行业协会的权力从何而来，企业还是政府或两者兼而有之？行业协会的职能应该是比较概况的还是更为具体的？在社会转型期行业协会应该扮演什么角色？[①]

目前，学术界一般认为行业协会具有以下五个显著特征：第一，民间性。行业协会是民间性质的社会团体，具有社会法人地位，有自身运作理念和运作机制。行业协会领导人既可以来自本行业，也可以来自社会，由协商选举产生；其经费主要来自收取会费、企业捐赠、有偿服务等。行业协会的民间性意味着行业协会在体制上独立于政府，既不是政府的一部分，也不受制于政府；同时，也意味着行业协会不具有政府的行政权力，也不能依靠行政手段发挥作用。第二，互益性。行业协会主要是在联结会员与政府及社会的过程中，通过为会员谋利益的自利性活动来达到会员之间的互益。通过这种自利性活动，行业协会对行业健康发展起到重要的维系作用，也对整个社会发展起到一定的推动作用，成为维护市场秩序和社会公共管理的重要主体。第三，中介性。行业协会在沟通会员与政府及社会的关系上起到承上启下的桥梁和纽带作用，维护行业公平竞争环境和会员合法权益。行业协会可以承担许多行业发展及社会运行所必需的、但又不宜或难以由政府和企业直接承担的义务，是整个国家管理体系中重要的组成部分。第四，服务性。行业协会以服务为核心功能，维护会员正当权益，为会员提供情况交流、调查研究、市场信息、培训、咨询等各项服务，并通过提供良好服务加强与会员的密切联系。行业协会的服务功能体现的是行业整体的利益，而不是个别会员的利益。第五，非营利性。非营利性强调的是行业协会的利润不能积累，不能分配给所有者和管理者。也就是说，行业协会在运作中有可能获取利润，但利润必须服务于行业协会的基本使命和宗旨，而不能由管理者进行所谓的"分红"。行业协会为行业及会员提供的服务主要是无偿的，即使有些服务采取有偿的方式，主要也是在一定程度上弥补经费的缺口，而不是一种直接的经营行为。

（二）上海行业协会发展演变轨迹

上海行业协会的发展有着深厚的历史渊源和传统。从清初开始，上海就出现了诸如会馆、公所、善团等组织形式，这些组织主要是一些依凭乡谊相互援助而建立的同乡团体和为维护行业利益而建立的同业团体。据史料记载，清顺治年间，有关山公所；乾隆年间，有浙绍公所、徽宁会馆、泉漳会馆、潮州会馆；以后又有四明

---

① 徐家良. 互益性组织：中国行业协会研究. 北京：北京师范大学出版社，2010，第9页

公所、建汀会馆、浙宁会馆、山西会馆、江西会馆等；康熙年间，又建立商船会馆、布业公所等，行业性组织初见端倪。进入20世纪，完成了由同业团体向工商业同业公会的演变，到1949年5月上海解放时，上海各类同业公会（行业协会）有337家，覆盖了整个上海的工商业。①

新中国成立后，随着我国全面进入计划经济时代，在社会主义三大改造完成后，同业公会被撤销，中华全国工商业联合会及上海市工商业联合会（简称为工商联）成为党对私营企业家开展统战工作的组织。在计划经济时代，我国实行的是高度集权的"部门管理体制"，政府通过行政性公司对各类企业实行"归口管理"，企业丧失了基本的生产经营自主权，同时，行政性公司包办了同业公会的职责，行业协会也因此失去了存在的空间和必要。此后的很长一段时期内，除中国国际贸易促进会、中国渔业协会等少数协会外，行业协会在我国基本上销声匿迹。

伴随着我国改革开放以及建立和完善社会主义市场经济体制的进程，一度"销声匿迹"的行业协会再次萌发。改革开放以后，随着政府行政管理权力的下放和企业经营自主权的重新获得，企业经营管理活动出现了面向市场的分散化趋向，计划经济下形成的"部门管理体制"越来越不利于企业的自主经营和自主发展。从20世纪80年代初开始，中央将经济体制改革的着眼点集中到削弱政府经济管理部门对企业的行政干预上，逐步探索政企分开的行业管理模式。国务院相关领导提出，工业的调整要从行业搞起，按行业组织、按行业管理、按行业规划。由此，行业协会的地位和作用得到了初步的确认，各类行业协会在各级政府部门的扶持下相继出现，"在这一阶段，全国共组建了十几家全国性的行业协会（如中国包装技术协会、中国食品工业协会等）"。② 1985年，国家颁发的《国民经济行业分类和代码》将国民经济分为13个门类、75个大类、310个中类，以后又调整为16个门类、92个大类、367个中类。这意味着在统计工作中"行业"的概念在增强，而"部门"的概念在弱化。1988年，政府机构改革提出了三个转变的目标，即从部门管理向行业管理转变，从直接管理向间接管理转变，从微观管理向宏观管理转变。同时，加快了政府管理体制的改革，合并、裁减了大量的专业管理部门和综合管理部门内部的专业管理机构，将一些基础性的行业管理职能转交给行业协会并委托其承担决策前的咨询、调研等工作；中央政府撤销了一批专业司局，地方政府撤销了一批行政性二级公司，并相继在中央和地方建立了一批行业协会。这一系列改革为行业协会

---

① 谢京辉，等. 上海行业协会改革与发展：实践与经验. 上海：上海社会科学院出版社，2009，第50页

② 黄晓军. 目前行业协会发展存在的问题及对策. 改革与开放，2002（12）

的蓬勃发展提供了良好的机遇和充分的空间。

与全国的改革发展步伐相一致,在这一阶段上海也拉开了行业协会新发展的帷幕。1978年,上海第一家具有准行业协会特征的"上海包装技术协会"成立,标志着上海行业协会开始了恢复和发展的进程。20世纪80年代中后期,随着行政性公司改革的深化,在许多计划经济时期建立起来的行政性公司陆续被撤销的同时,上海相继成立了20多家行业协会,掀起了行业协会发展的第一波高潮。

1993年,党的十四届三中全会通过的《中共中央关于建立社会主义市场经济体制若干问题的决定》,确定了社会主义市场经济体制的基本框架,提出要发挥行业协会、商会等组织的作用,并要求行业协会通过资格认定,依据市场规则,建立自律性运行机制,承担相应的法律和经济责任,接受政府有关部门的管理和监督。按照《决定》的精神,中央对专业经济管理部门做出了重大的改革和调整:第一类改为经济实体,不承担政府行政管理职能;第二类改为行业协会,作为国务院的直属事业机构,代行政府行业管理职能;第三类保留或新设的行政机构,大幅度压缩人员和编制,主要职能是规划、协调、监督和服务。这次政府行政体制改革突出强调的是:进一步加强宏观调控和监督职能的部门,强化社会管理职能的部门;同时,减少具体审批事务和对企业的直接管理,做到宏观管好,微观放开。

建立社会主义市场经济体制目标的提出为行业协会的大发展打开了新空间。在这一阶段,国家经济贸易委员会(国家经贸委)在中央和地方两个层面上推动行业协会的组建和发展。在中央层面上,国家经贸委撤销了原由其管理的国家内贸局等9个国家局,同时为了加强对原9个国家局所属行业的管理,成立了相应的10大工业行业协会,原9个国家局所属事业单位均分别划归各行业协会,并赋予这些行业协会部分政府职能。新成立的10大工业行业协会包括中国轻工业协会联合会、中国商业联合会、中国机械工业联合会、中国石油和化学工业协会、中国物资流通协会、中国建筑材料工业协会、中国纺织工业协会、中国钢铁工业协会、中国煤炭工业协会、中国有色金属工业协会。国家经贸委采取分行业分层次的管理方法,委托主管协会分别代管其他近500家各类专业行业协会。国家经贸委还制定了协会管理办法,通过法规来改进和规范行业协会的工作。按照当时政府机构改革时定下的基调,对于这些改革后成立的行业协会,政府在三年内通过财政拨款解决其"人头费",之后,政府将停止财政拨款。

在地方层面上,1997年3月,国家经贸委印发《关于选择若干城市进行行业协会试点的方案》,确定在上海、广州、厦门、温州四个城市进行行业协会试点工作。其中,当时上海已经建立的行业协会数量最多。"在所选择的四个试点城市中,上海有150多家，温州有76家，广州不到9家，厦门只有5家。"① 上海紧紧抓住中央确定加快浦东开发开放的重要时机，大力推动上海经济发展进入到快车道，也形成了行业协会发展的新的需求和土壤，上海行业协会迎来了第二波的发展高潮，不仅数量上明显增加，到2001年年底，在上海市社团登记管理部门注册的行业协会共有132家，而且行业协会的功能和作用也得到初步体现，上海行业协会发展的总体水平走在了全国前列。

（三）行业协会双重规制体制下的"行政锁定"

在我国由计划经济向市场经济转轨的大背景下，行业协会的产生方式和生长环境等方面具有明显的时代特征，同时，我国的社会发展特点也决定了行业协会的成长发展必然要经历由政府控制到与政府分离的渐进过程。因此，在我国行业协会成长发展初期与政府之间存在较为密切的关系，政府对行业协会的规制具有必然性和必要性。

在我国经济体制改革的进程中，行业协会的发展不仅是市场经济主体企业发展的需要，更是政府职能转变和政府机构改革的需要。按照企业发展的需要和政府机构改革的需要，我国行业协会的生长途径主要有两种类型：第一种是随着民营企业的发展，由民营企业自发组织，以期通过行业协会的自律管理和自我服务，求得公平的竞争环境，促进企业的发展，这种形成过程可称之为"自下而上"型。在东南部沿海市场经济比较发达、民营企业较为集中的城市里比较常见，其中温州地区行业协会的成长和发展尤为典型。第二种是随着政府职能转变，由政府行业管理部门组建，在政府的授权或受托下所形成的行业协会，这种形成过程可称之为"自上而下"型。在20世纪90年代末，上海的行业协会大部分是通过这种过程而成立的。

从我国经济改革和发展的历程来看，许多全国性和地方性行业协会的产生过程属于"自上而下"型，即主要由政府推动建立和发展。我国行业协会的这种产生过程是与我国市场经济发展、政府职能转变及政府机构改革的客观需要紧密相连的。1978年肇始的我国经济体制改革，推动了市场经济的发展。在从计划经济体制向市场经济体制转轨的过程中，政府的职能和定位也必须要转变，政府需要为其转移出来的职能寻找合适的承接主体。对于政府而言，所谓合适的承接主体要符合两方面的条件：一方面，这些承接主体要有能力很好地承担起政府转移的职能；另一方面，又要便于政府对这些承接主体进行管理。然而，事实上当时并不存在符合这两

---

① 余晖. 行业协会及其在中国的发展：理论与案例. 北京：经济管理出版社，2002，第56—57页

方面条件的承接主体,因此,政府要主动"打造"出符合条件的承接主体。行业协会作为联系企业和政府、市场和政府的一个社会中介组织,被看成是可以承接政府转移职能的重要主体。正是在这样的背景下,20世纪90年代后我国的行业协会主要是在政府的主导下,通过"自上而下"的过程组建形成。也就是说,我国许多行业协会(包括全国性行业协会和地方性行业协会)"天生"就刻下了行政化的烙印。

在我国计划经济向市场经济转型的时期,市场的调节机制虽然在一定程度上得到了发挥,但是市场体制并不完善,这是我国转型时期的重要特征,也是我国行业协会发展的现实环境。在市场体制还不完善的情况下,政府对社会重要资源仍有强大的控制和分配的权力,行业协会所需的各种资源,例如战略性资源(如行业协会政治资源)、不可替代资源(如立法中对行业协会利益的反映和体现)以及重要资源控制权利(如行业发展主导权力)等都集中在政府手中,这必然促使行业协会加强与政府的密切联系,也使行业协会自然地接受政府的规制。同时,政府在信息、法律、规则等方面具有更大优势,行业协会在维护行业利益时需要得到政府的帮助。此外,在政府主导型经济的发展中,国有企业的地位和作用都十分特殊,由国有企业主导的行业协会是我国当前行业协会的主要形态,据统计,在全国性行业协会中,非国有企业会员不超过50%的占79%。[1] 而国有企业的负责人是由政府任免,因而作为国有企业及其法定代表人,无论是从自我利益的衡量上还是从所有者的逻辑关系上,都必须或至少在很大程度上保持与政府政策及意志的一致性和协调性。政府对国有企业控制的必然性也间接地体现了政府对行业协会进行规制的必然性。

在我国正式的法律规定中将行业协会归类为社会团体。因此,构成行业协会制度框架的依据主要是有关社会团体管理的法律法规,其中包括:1998年9月25日国务院第8次常务会议通过并于1998年10月25日颁布的《社会团体登记管理条例》[国务院令第250号]和《民办非企业单位登记管理暂行条例》[国务院令第251号]、1999年颁布的《中华人民共和国公益事业捐赠法》、国家民政部制定颁布的涉及社会团体管理的规章(50多个)。另外,许多地方政府也制定颁布了有关社会团体和民间组织管理的法规。这些法律法规所构成的制度框架表现出的明显取向就是政府主导性和行政控制性,对行业协会发展和扩展的空间形成了强制性约束:

第一,审批设立。根据相应的管理条例规定,由政府垄断行业协会设立的决定权,通过设置政治性和经济性的"高门槛"来实现对行业协会的"政府选择"。

---

[1] 余晖. 转型时期行业协会的发展不足及其阻因. 新浪财经,2001.1.20

根据《社会团体登记管理条例》，成立行业协会必须符合以下条件：一是政治性条件。《社会团体登记管理条例》第三条规定，成立社会团体，应当经其业务主管单位审查同意；第九条规定，申请成立社会团体，应当经其业务主管单位审查同意，由发起人向登记管理机关申请筹备。即任何行业协会必须找到一个政府部门作为其主管单位。二是经济性条件。《社会团体登记管理条例》第十条第五款规定：社会团体要有合法的资产和经费来源，全国性的社会团体有 10 万元以上活动资金，地方性的社会团体和跨行政区域的社会团体有 3 万元以上活动资金。即成立行业协会需要一定数额的注册资金。由于这些限制性规定，真正要通过民间"自下而上"的生成方式来组建行业协会将有可能遇到难以突破的障碍。

第二，双重规制。《社会团体登记管理条例》第六条规定："国务院民政部门和县级以上地方各级人民政府民政部门是本级人民政府的社会团体登记管理机关（以下简称登记管理机关）。国务院有关部门和县级以上地方各级人民政府有关部门、国务院或者县级以上地方各级人民政府授权的组织，是有关行业、学科或者业务范围内社会团体的业务主管单位（以下简称业务主管单位）。"同时，对于行业协会来说，具有不同行业特性的行业协会在发挥作用的同时也需要受到行业所属业务主管单位的直接指导和管理。也就是说，根据《社会团体登记管理条例》的规定，我国对行业协会实行登记管理机关和业务主管机关双重负责的管理体制（见图 3—1），其中：登记管理机关负责登记审批、指导检查督促各项活动，依法查处违法违纪行为；业务主管机关承担申请登记、思想政治工作、党的建设、财务与人事管理、对外交往、具体活动开展等职责。

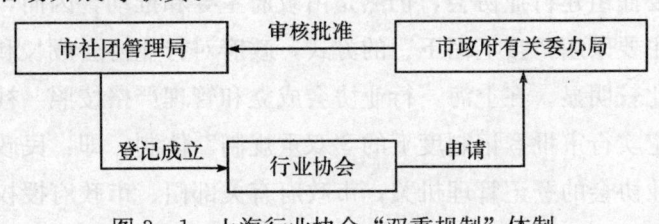

图 3—1 上海行业协会"双重规制"体制

"双重规制"体制将行业协会从成立、管理、运行一直到最后解体的整个过程都纳入政府行政管理体制之中。"双重规制"造成了两个方面的影响，一方面，业务主管单位对于行业协会日常业务的指导关系，使行业协会进一步受制于政府部门，加剧了行业协会对行政权力的依附；另一方面，许多由民间力量发起成立的行业协会也通过这种体制被纳入到行政权力的羽翼之下。"双重规制"体制的存在实际上构成了对行业协会的"行政锁定"，使行业协会倾向于"听从"政府，围绕政府的需要和要求做事，而在代表会员利益和充分发挥服务职能方面重视不足，造成会员企业以及其他相关主体对于行业协会的信任程度有所下降。虽然，我国一些地区（如温州），出于地方政府的现实需要，地方政府与行业协会之间形成了良性的互动机制，"在与地方政府的良性互动中，温州商会不仅得到政府支持和扶持，而且通过与地方政府的利益契合也获得了政治合法性，并嵌入到地方治理体系之中"，[①] 因而，在一定程度上突破对行业协会的"行政锁定"，但从总体上看，"行政锁定"仍然对行业协会的发展起着较强的制约作用。

第三，非竞争性。《社会团体登记管理条例》第十三条规定："在同一行政区域内已有业务范围相同或者相似的社会团体，没有必要成立的，登记管理机关不予批准筹备。"各地方制定的有关行业协会的管理办法都沿用上述管理条例中的相关规定，设有"一业一地一会"的制度限制。

也就是说，按照现有规定同一行政区域只允许成立一个同类行业协会，同时，不鼓励成立跨地区、跨部门的行业协会。这就使已经成立协会而没有发挥功能的行业无法再成立新协会，也不可能出现围绕同一产品（或业务）成立跨地区、跨部门的行业协会，行业协会之间不会形成竞争的格局，已经存在的行业协会自然也失去发展提升的动力。

新中国成立后，上海被定位为我国工业中心城市，承担起建立和发展现代工业体系的历史重任，形成了典型的政府主导型经济的特征。进入改革开放新的历史阶段，上海的"强政府"力量依然发挥着主导作用，即使为应对政府职能转变和政府机构改革的需要而组建行业协会，仍然是由政府主导和推动，因而，上海行业协会的成长和发展主要采用"自上而下"的方式，政府对行业协会成长和发展进行高强度规制的特征比较明显。在上海，行业协会成立和管理严格按照《社会团体登记管理条例》的规定实行审批登记制度下的"双重规制"体制，即：民政部门（社团管理部门）是行业协会的登记管理机关；市政府有关部门、市政府授权的组织是行业协会的业务主管单位。行业协会的组建应当首先经其业务主管单位审查同意，再由发起人向登记管理机关申请筹备。

我国对于行业协会实行"双重规制"体制从根本上体现的是政府对行业协会的"工具性"作用的认识以及"控制性"的要求。首先，是对行业协会发展的"限制性"考量。通过在登记注册环节设置双重准入门槛，严格限制行业协会获取合法性

---

① 郁建兴，徐越倩，江华.温州商会的例外与不例外——中国公民社会的发展与挑战.浙江大学学报（人文社会科学版），2007（6）

身份，这反映出政府对行业协会（社会组织）作用所存在的疑虑和担忧。其次，是对行业协会管理的"协同性"要求。登记管理机关负责行业协会的登记注册，业务主管单位负责行业协会的业务管理，从而实现各司其职、协同互补的效果，强化对行业协会的控制效率。最后，是对行业协会作用的"工具性"思维。政府希望行业协会作为其行业管理的辅助工具，通过部分转移政府部门的原有职能，使政府对行业管理的权力得到"合法"延伸，使得政府在实际上依然掌握大量控制行业发展和直接管制企业行为的政策和行政手段，如各种名目的行政审批和行政认可。

"双重规制"体制的形成和作用，一方面有其转型时期客观的历史合理性，另一方面也反映出对于行业协会认识的偏差。"双重规制"体制下政府对于行业协会认识的偏差直接导致以"自上而下"过程生成的行业协会出现功能失重的问题，这些行业协会往往偏重于为政府部门服务，有的行业协会甚至自认为是所谓的"二政府"，在实际工作中，不少行业协会自觉不自觉地表露出愿意扮演"二政府"角色的想法，试图借助政府的行政权威去组织和管理行业内的企业。在上海，不少行业协会忽视了其首先代表行业利益的角色，不能真正反映企业的问题和要求，不能很好地发挥行业代言人的作用，使得企业不得不通过直接影响政府来谋求生存和发展的机会，从而置行业协会于可有可无的境地，甚至怀疑行业协会不但无助于自己的利益诉求，反而徒增自己的交易成本。

二、渐进改革：撑开行业协会发展的体制空隙

（一）从被动到主动：上海行业协会发展的新机遇

跨入21世纪之初，我国加入世界贸易组织（WTO），这标志着我国开始走向全方位对外开放、与国际经济接轨的新时期。WTO对政府管理体制提出了新的挑战，要求用WTO的法律框架来约束成员国政府在经济活动中的行政职能和行政程序，政府必须严格依照法律授权进行管理和服务，政府与企业之间要由隶属关系变为监管关系，我国传统模式下政府对企业直接的行政管制将逐步被取消，企业必须在市场的基础上而不是在政府直接干预的基础上自主经营、自主管理和自主发展。

在WTO框架下，行业协会以非政府组织身份在国际贸易争端中发挥作用，同时，各国反倾销、反补贴、保障措施立法也多将行业协会列入"利害关系方"。这意味着长期以来由政府承担的许多工作及职能将进一步转移给行业协会，行业协会

作为行业利益的代言人,在国际贸易争端的诉讼和谈判中作为重要的对话主体,维护会员企业、整个行业乃至国家的利益。企业在日益激烈的国际竞争中,更加迫切需要一个健全强大的行业协会代表自身的利益,与国际上的商业对手进行谈判和竞争。这就要求我国的行业协会必须根据环境的变化重新定位,尽快承担起新形势下的新职能,如协助企业开拓国际市场、维护本行业在国际市场上的合法权益、代表本行业企业应对日益频繁的国际贸易战等职能。行业协会作为同行业的代表,在区域性和全球性的贸易和经济合作中,更加广泛地参与国际经济竞争,成为国际经济交流与经济合作的重要主体。

同时,由于市场经济的不断发展,产业分工趋向深化和细化,许多适应市场要求和社会需求的新兴行业应运而生,并表现出旺盛的发展活力。但是,这些新兴行业在原有的《国民经济行业分类和代码》中找不到相对应的分类。在这些新兴行业中,非公有制性质的中小企业占大部分,在企业日常经营和发展过程中遇到许多共性矛盾和问题,迫切需要建立行业性组织反映诉求、协调关系、营造环境。按照《社会团体登记管理条例》规定,成立行业协会必须找到一个政府部门作为其主管单位,但这些新兴行业已很难按现有行业划分标准来确定自身所属行业,因而也难以找到业务主管部门进行归口管理。因此,市场经济的发展客观上需要突破传统的行政性的"归口管理"模式,实行适应市场发展要求的一体化、专业化管理。

(二)双重管理,三方负责:拧松传统的部门控制

面对市场经济发展中新的行业雨后春笋般涌现及加入WTO要求加快转变政府职能的新形势,政府对行业协会作用的认识也在发生积极的变化,政府对发展行业协会的态度也从被动应对转向主动推动。但是,在新形势下大力推动行业协会发展所遇到的主要障碍是政府内部行业性管理部门的阻力。一方面,这些行业性管理部门与其所管辖的行业协会有着"血缘""亲缘"关系,感情上"不愿放开";另一方面,这些行业性管理部门往往把行业协会作为其行业管理权力的延伸,利益上"不想放开"。反过来,这些行业性管理部门固化甚至强化与行业协会关系,却具有相应的法律法规的依据。

对于地方政府而言,加快行业协会发展面临"两难选择":如果不能有效地松开行业性管理部门与行业协会的绞合关系,行业协会的自主发展和发挥作用的空间就无法形成;如果要打破行业性管理部门与行业协会的紧密联系,又受制于国家法律法规设立的成立行业协会必须要有政府部门作为主管单位的规定。因此,如何在不违背国家法律法规的同时松开行业性管理部门与行业协会的关系,就要求地方政

府对行业协会管理体制进行"有限度"的创新。

从2001年起,上海市政府就行业协会和中介机构的发展改革问题组织广泛的调查研究,听取各方面意见,集思广益、探求新路。2002年,上海市政府制定和颁布了《上海市行业协会暂行办法》《关于本市促进行业协会发展的指导意见》和《关于本市经济鉴证类社会中介机构规范管理的若干意见》等规范性文件,为行业协会改革发展提供法律保障和规范要求,由此上海在全国率先掀起了行业协会改革的高潮。

《上海市行业协会暂行办法》提出了新的管理体制设计:打破传统的行业协会部门化格局,成立市行业协会发展署,侧重对协会本身的管理,负责全市行业协会的发展规划、布局调整、政策制定和协调管理,并统筹全市的行业协会布局和发展。市政府有关委、办、局作为本市相关行业业务的主管部门,主要负责对行业协会涉及的产业发展、行业规范等有关事务进行业务指导和监督管理。2002年10月,上海市政府办公厅转发了市体改办、市民政局《关于本市行业协会业务主管部门管理职责划分和相关工作衔接的意见》,进一步明确业务主管单位划分为协会业务和行业业务的各自管理职责。通过把行业协会业务主管单位细分为行业协会主管单位和协会业务主管单位,形成了市行业协会发展署、市政府有关委办局和市社团管理局三方对全市行业协会实行管理的新体制。由此,上海的行业协会管理体制从"双重规制"体制过渡为"双重管理,三方负责"体制(见图3—2)。

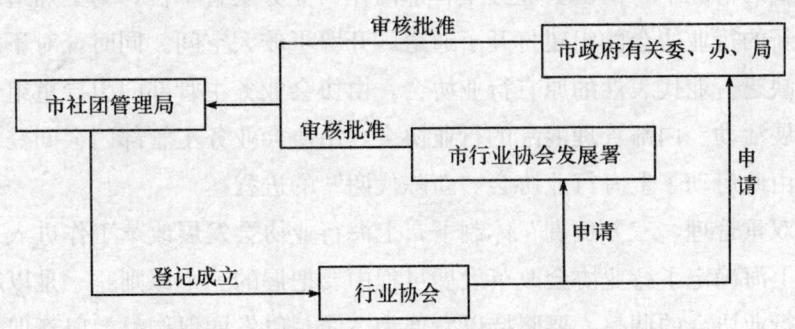

图3—2 上海行业协会"双重管理,三方负责"体制

上海"双重管理,三方负责"新体制的创新之处是,在现有的国家法律法规的制度框架内,通过成立市行业协会发展署,将一部分管理职能从业务主管部门转移到行业协会发展署,从而既能实现行业协会与业务主管部门的相对分离,松动两者之间过于紧密的关系;又能明确划分政府部门的职责,形成政府管理的合力。在"双重管理,三方负责"体制中,市社团管理局是行业协会的登记管理机关,负责

全市行业协会的设立、变更、注销的登记和备案，对行业协会实施年检和监督检查；市政府有关委办局是相关行业业务的主管部门，负责对行业协会涉及的产业发展、行业规范等有关事务进行业务指导和监督管理；市行业协会发展署是经市人民政府授权的行业协会业务的主管部门，负责全市行业协会的发展规划、布局调整、政策制定和协调管理。其他政府部门协同做好行业协会的促进和发展工作，依法对行业协会相关活动进行指导和监督。

2004年7月，上海市委、市政府决定在原市行业协会发展署（市场中介发展署）的基础上成立市社会服务局，与市社会工作党委合署办公，归市委、市政府双重领导，行使社会服务和"两新"组织党建职能。①

上海在行业协会"双重管理，三方负责"的管理体制下，由协会业务主管部门统一管理协会业务，在一定程度上打破了传统的部门利益，使"行业"界定不再依部门而设，传统上由"条条"（行业性管理部门）管理和控制行业协会的格局得到一定的改善。协会业务主管部门注重探索建立合理的行业协会组织运行工作机制，既组建了一批新型行业协会，又对当时已经成立的132家行业协会实行改制，倡导政会分开，推动完善内部治理，扩大协会覆盖面、代表性、权威性和影响力。行业协会的代表性逐步增强，并与政府建立起良好的合作关系，在社会组织体系中呈现出新型的行业协会群体形象。尤其在跨领域、跨行业、民间性较强、业务管理单位比较难寻找的情况下，由协会业务主管部门作为业务主管单位，为更加适应市场经济要求的新的行业协会的组建打开了通道，开辟了较大空间。同时，对不能代表会员利益和缺乏行业代表性的原有行业协会，由协会业务主管部门引导重组合并；对长期不开展活动、内部管理混乱的行业协会，由协会业务主管部门会同登记部门予以撤销，由此启动了上海行业协会"新陈代谢"的进程。

在"双重管理，三方负责"体制下，上海行业协会发展改革工作进入了一个新的时期。上海确定了行业协会改革发展过程中要把握的三个原则：一是以新的发展促进现有行业协会的调整。要坚持以发展为主线，以发展促调整，以新促老，以新吸老。通过新的发展，为改革和调整提供经验和示范，提供动力。二是保障自主运转与加强依法管理并重。要确立行业协会的独立地位，同时又要根据法律、法规和确定的规则加强监管。行业协会不能成为政府、某些企业的附属物，而要成为既能代表行业利益，又能维护公共利益的组织。三是既要健全规范，又要实际创新发

---

① 2008年10月，为了进一步深化上海市行政审批管理制度改革，根据调整优化上海政府部门组织结构的方案，上海市委、市政府决定，撤销市社会服务局，将其管理行业协会的职责划归市民政局。

展；既要稳妥推进，又要有大胆突破。上海按照新的管理体制成立了会展、人才中介、通信、电子商务、汽车配件流通、蔬菜加工与出口、多媒体、皮革、建设工程监测和电子制造10家新的行业协会，对6家传统行业协会基本完成改造工作。"截至2002年年底，全市共有行业协会147个，平均每一个行业协会拥有会员企业70家，其中分布在工业、商业、建设系统的共有105个，占全市行业协会总量的71.4%左右。"① 这147个行业协会的系统分布情况为：经委系统51个、商委系统37个、建委系统21个，其他则分散于信息办、行业协会发展署、城市交通管理局、农委、外经贸委等20个政府部门。这些行业协会基本上覆盖了主要的传统行业门类，即工业类、商业类、建筑业类、公用事业类、农业类、服务业类、贸易类、信息类、出版类等，也涉及新兴行业如会展行业等。具体分布比例是：工业类38%、商业类23%、建筑类11%、公用事业类7%、农业类4.8%、服务业类4%、贸易类2.4%、信息类2.4%、出版业类1.6%，其余为保险业、房地产、金融业、旅游业、银行业、娱乐业。到2003年12月，上海共有行业协会158家；到2010年6月30日，上海的行业协会总数达到220家。②

（三）上海"双重管理，三方负责"管理体制的过渡性特征

上海"双重管理，三方负责"管理体制的创新对促进行业协会的自主性发挥了重要的作用，但是，就其实质而言仍然没有摆脱审批登记制度的性质。可以说，对行业协会实行审批登记制是我国政府对行业协会进行规制的重要体现，同时，这一体制又使得行业协会在发展过程中无法完全摆脱政府"部门"的控制。虽然近年来政府和行业协会本身都在不断努力扩大行业协会的自主性，但其"出身"在很大程度上构成了对于原有体制或模式的"路径依赖"，一些行业协会仍然比较依赖政府，行政化色彩时隐时现，在行政依附惯性影响下自我发展的动力不足。目前，上海行业协会对政府的依赖有两种类型：

第一种类型是"政府关爱型"。一些政府部门延续历史渊源，把行业协会视作自己的"直系"单位，在提供一定资源的同时，直接介入行业协会运作，规定行业协会职责，转嫁行政管理事务，使这些行业协会对会员提供服务的核心职能被特殊的行政管理所代替。

在上海，"政府关爱型"行业协会主要是2002年之前在政府机构改革过程中，

---

① 葛月凤. 促进上海行业协会改革与发展研究. 上海企业，2003（4）
② 马伊里. 上海行业协会改革发展实录. 上海：华东理工大学出版社，2012，第9—10页

由于撤销、转制相关行政性公司或专业性政府管理部门所建立的，由原行业主管单位负责组建，政府部门主导性较强。还有一些"政府关爱型"行业协会处于以条管理为主、政府监管较强的行业，比如上海金融业的行业协会（银行、证券、保险、期货、基金同业公会）和经济鉴证类的协会（注册会计师协会、注册税务师协会、注册资产评估师协会、律师协会等，参照行业协会管理），有专门的法规和明确的监管部门。这些行业协会往往不受地方法规的约束，政府部门有的采取派专员入驻协会、有的采取与事业单位合署办公，实行两块牌子一套班子。

"政府关爱型"行业协会的主要特点是：（1）代表上级主管部门；（2）理事会成员中国有企业比重较大，会长由政府部门推荐；（3）监事会成员由上级主管部门负责委派；（4）秘书长由上级主管机构任命或推荐；（5）工作人员（秘书长）薪酬参照公务员或者在行政官僚序列中得到提升或奖励。

第二种类型是"大企业主导型"。这类行业协会在很大程度上被看成是某个或某些核心企业的派出机构，协会的整个工作似乎主要是为核心企业服务，其常务执行机构的工作人员往往也是这些核心企业的正式员工，拿的是核心企业的薪水。在上海，这样的大企业主要是国有企业。

"大企业主导型"的主要特点是：（1）最高权力机构是会员代表大会；（2）会长由国有大企业负责人担任；（3）监事会由上级主管部门提名，履行监督职能；（4）秘书长由会长单位派出，理事会任命；（5）工作人员（秘书长）薪酬在国有大企业支取或是参照国有大企业同类职务水平。

无论是"政府关爱型"行业协会，还是"大企业主导型"行业协会，其内部治理结构存在"虚化"的问题（即协会的治理结构形同虚设），这些行业协会在会员中的"磁场效应"并不能有效发挥出来，对会员的吸引力始终不高，会员数量的增加起色不大，存在着自主性不强、群众代表性不广、服务能力不够、自律性不足、社会公信力不高等弊端。同时，这些行业协会自主创新、自我发展的动力不足，在工作中缺乏独立性和自主性，遇事喜欢寻找或依靠政府去解决，创造性地开展工作以及主动克服困难的精神显得尤其不够，不能真正独立地面向社会和市场。[①]

---

① 唐兴霖，吴志军，聂勇浩. 国家与社会之间——论社会中介组织对中国社会转型的影响. 天津行政学院学报，2002（2）

三、直接登记：确定行业协会能动发展的空间

（一）加快社会建设背景下政社合作互动的趋向

经过30多年的改革开放，我国的经济社会结构已经发生了一系列深刻的变化，企业、事业单位、社会自然人逐步成为独立的市场主体和社会主体，传统的行政管理体制已经越来越不适应我国经济社会结构和组织结构变化的现实，必然提出加强社会建设的任务，要求建立与新的社会结构形态相适应的新的社会管理模式，特别是要求尽快建立政府与企业、事业、个人之间的非行政性和非控制型的联结纽带，实现政府与社会各类组织互动性和合作型管理。按照建设和谐社会的要求，为了实现充分有效的社会管理和社会整合，政府将与企业、社会组织、社会公众建立民主对话、平等合作、双向互动的合作伙伴关系。也就是说，政社合作既是和谐社会建设题中应有之义，也是社会建设的重要价值取向。[1]

近年来，学术界对于传统的政府与社会、政府与市场"二元"对立的理论提出质疑。在公共管理和社会管理领域，公私部门泾渭分明的传统观念已经不能很好地解释新的现象，由于国家—社会—市场之间的关系发生变化，随之出现的一系列新情况、新问题无法单一地借助计划方式或市场方式寻求解决，国家—社会—市场之间相互依存的新结构、新形式，也不适合单一地运用行政命令或市场机制进行调整。在此情况下，强调政府与社会组织之间进行合作的治理理论得到了广泛的认可。

目前，我国学术界在行业协会研究中已经形成了一个重要共识，即消除"出身论"，淡化行业协会的"出身"。[2] 不管是"自上而下"生成的行业协会，还是"自下而上"生成的行业协会，今后的发展重点是在社会建设的大背景下，按照现代化社会发展的要求，朝着提升自主性的方向加快转型进程。同时，行业协会的转型也是与政府的互动过程，一方面政府适度放权，给行业协会创造充分发展的空间；另一方面行业协会主动"要权"，寻找政府管理的空白区域拓展自主发展的空间。这种行业协会与政府的"竞合"状态，有利于在实践层面上形成行业协会与政府的良

---

[1] 张良. 政社之间应为"竞合"关系. 上海人大月刊，2010（7）
[2] 郁建兴，江华，周俊. 在参与中成长的中国公民社会——基于浙江温州商会的研究. 浙江大学出版社，2008，第211页

性互动，并在良性互动中发展有效的社会合作治理。

（二）政社合作视域下上海行业协会的能动发展

在推进社会建设、发展政社合作的大背景下，上海行业协会正在进入能动发展的新阶段。

首先，行业协会在政社合作中扮演重要角色。行业协会是市场经济发展到一定阶段的产物，是为了实现行业治理而自发生成的行业性、会员性、非营利性、非政府性、自律性和互益性的经济类社会组织。行业协会作为政府、企业、市场之间联系的纽带和桥梁，既是企业走向市场的向导，也是企业权益和社会经济秩序的拥护者。行业协会的特性与治理理念的要求基本相容和契合，同时，行业协会在日趋发展成熟的现代社会中占据比较特殊的位置。一方面，行业协会属于一种社会组织，在国家与社会关系框架中属于公民社会领域的一部分；另一方面，行业协会又不同于其他的非营利性组织，它直接与经济活动密切相连，按照国家、市场、社会的三分模式，它与市场领域是密不可分的。

行业协会等社会组织作为现代市场经济社会中的"第三部门"，是与政府、企业相平行、独立行使职能的现代化建设的推动力量。相对于政府直接进行社会管理，依靠社会组织来解决社会问题能降低社会管理的成本；相对于市场分配资源，社会组织分配资源能够更好地保证社会成员共享成果，实现公平正义。也就是说，社会组织在一定程度上能够弥补政府失灵和市场失灵。同时，由于行业协会具有广泛的会员基础，反映行业的利益要求，带有一定的"公权力"，因此，行业协会在政社合作中扮演着特殊的重要角色。行业协会可以通过制度性的对话渠道，反映成员企业的利益诉求，代表一定的阶层、行业、利益集团参与集体谈判；政府则可以通过行业协会听取各方意见，平衡多元利益关系，达成共识和凝聚力量。行业协会所体现出来的政社合作伙伴关系，有利于形成市场经济的良好秩序，有利于达成社会"善治"的理想状态，有利于推动现代社会的稳步成长。

其次，加快政府职能转变形成强大动力。在行业协会的权力来源中，政府赋权是重要保障，是行业协会能够持续稳妥发展的必要条件。政府的赋权分为两种类型：第一种类型是法律授权，即政府通过法律的手段，由法律授予行业协会的法定权力。在这里，可以将法律赋权看作是对行业协会的由成员赋权所获得的权力的追认、界定和制约。因为有了这个追认和界定，行业协会的权力转化为行业协会的权利，从而使行业协会的基本权力得到法律的保障，获得足够的权威性，能够既更为有效地实施，又不致被滥用。第二种类型是政府委托的权力，即政府通过委托或授权的形式授予行业协会为了完成某项特定任务或履行特定职能所必须具备的权力。比如有部分对行业事务的管理权力应当是由政府来行使的，特别是对行业进行宏观调控、整体决策的权力不宜交给行业协会行使，但政府为了更好地、更顺利地实现这些职能，还是必须得到行业协会的参与和协助，因此，政府就通过委托或授权的方式让行业协会也承担部分职能，并相应赋予为完成任务所必备的权力。这两种类型相辅相成，法律授权是行业协会得到正式认可的必要条件，而政府通过委托或授权形式进行赋权则是行业协会权力的权威性提高的有力保障，而且由于行业之间的个体差异性，这一方式可以说更为直接有效。

在许多国家，行业协会承担了一些政府部门的工作任务。一般通过两种形式进行：一是委托。政府部门将某项任务委托给行业协会，并提供权威和财力上的支持，由行业协会组织专家学者及有关人员完成相关工作，例如：研究行业的布局与发展战略，某些决策法规的草拟及研究，承担某些行业发展课题的研究，答复政府有关部门的咨询，为宏观决策做好参谋，协调管理会员间的事务等。二是协调。政府作为行政机关对某些问题不宜协调仲裁，例如：一些出口商品价格的协调，大多数商贸纠纷的仲裁等。可以说，行业协会的兴起为政府职能下放和职能转移提供了组织基础，使之在现实中成为可能。

加快政府职能转变要求按照转变后的政府职能及定位对政府机构进行精简和归并，形成"小政府，大社会"格局。政府职能转变和政府机构改革为行业协会发展提供了良好机遇，行业协会作为行业利益的维护者，对于本行业发展的所需有着更为直接的了解，可以发挥自身优势，更好地为行业、会员提供针对性服务，以满足行业和社会发展新的需求。同时，也要求行业协会加强自身建设，强化功能，规范操作，有效地承接政府分离出来的有关职能。

最后，国际化大都市建设提出全新要求。在国际上，把社会自主发展和自主管理的程度及水平作为衡量文明程度的标志之一，这对上海社会建设提出了全新的要求，必须重新审视对行业协会等社会组织的认识。在国际大都市建设过程中，行业协会等社会组织绝不是可有可无，也不是扮演政府的附属角色而仅仅起"拾遗补缺"的作用。行业协会等社会组织是现代社会制度结构的主要组成部分，其发育的完善程度及其功能的发挥程度是社会现代化发展的重要标志。

在一个现代化社会中，权力应当被广泛地配置在每一个社会主体身上，不仅国家享有权力，社会群体甚至个人都可以具有权力，而作为社会权力结构组成部分的行业协会也必然会在这个社会结构中获得权力配置。由同业企业的自愿结合而形成的行业协会不仅有利于保护和增进行业协会会员的利益、促进行业协会之间的交流，而且可以在市场、社会中形成一种内在的力量，并且承担相应的社会公共事务。因此，在社会群体权力配置方面，应积极采取措施促进市场形成更多的自愿结合生成的行业协会，以提供解决市场竞争纠纷、进行合作和维持秩序的手段。这不仅能够在局部辅助甚至替代政府完成某种社会公共职能，并且能够为更多的会员企业提供更方便、更经济、更迅速的方法获得所需要的利益。因此，上海要把大力发展行业协会等社会组织并充分发挥其作用，作为提高社会发展水平和社会管理能力的重要的主体性力量，在管理理念、体制机制、技术手段、公众参与等方面争取与国际接轨。

根据组织社会学理论，任何组织都必须使其自身适应社会的发展。就此意义而言，所谓能动发展是指，一个组织基于自身系统的有效性，能够主动、及时地对外界或内部的刺激或影响作出积极的、有选择的反应或回应，以体现组织的功能和实现组织的更新。[①] 能动发展的关键是强化组织的自主性，其重要特征就是自主启动、自主协调、自主完善。上海行业协会进入能动发展新阶段，意味着要求行业协会必须具备"自主行动"的能力，即：行业协会能够根据经济社会发展和行业发展的要求，主动、及时地发挥反映行业诉求、协调行业利益、实现行业自律、引导行业发展等功能的作用，并在发挥作用的过程中，争取获得在政社合作中的"有为"地位，推动行业协会自身加快转型，走向成熟，真正成为推动社会和谐发展的主体力量。行业协会的能动发展具有三个方面的含义：一是加快权力回归，将"天生"具有的行业公权力回归行业协会。[②] 二是发展民主机能，形成行业协会自我协调、自我发展的机制与能力。三是实现资源整合，对行业内外多元化的资源进行有效整合。

上海行业协会的能动发展必须要以合理的治理结构和良好的运作机制为基础。合理的治理结构要求行业协会的内部治理更强调民主和公正，以保证其协调和约束会员行为的作用。通过建立科学规范的内部治理结构，确保行业协会内实现权利与义务的平衡。[③] 良好的运作机制要求在行业协会自我发展和自我更新的各类因素之间，形成有效的相互作用及联动关系。

[①] 于显洋. 组织社会学. 第二版. 北京：中国人民大学出版社，2009，第368页
[②] 徐家良. 互益性组织：中国行业协会研究. 北京：北京师范大学出版社，2010，第342页
[③] 唐兴霖，吴志军，聂勇浩. 国家与社会之间——论社会中介组织对中国社会转型的影响. 天津行政学院学报，2002（2）

（三）行业协会直接登记体制下的新型管理架构

在 2010 年上海世博会效应持续扩散的推动下，上海经济社会发展迈入新阶段，社会建设大潮兴起。在此背景下，上海顺势修法，2010 年 7 月 30 日，上海市人大常委会通过了《关于修改〈上海市促进行业协会发展规定〉的决定》，自 2010 年 11 月 1 日施行。市人大在保持原有框架结构和表述方式基本不变的基础上，针对近年来本市行业协会发展中比较突出的问题，采取修正案的形式，对《上海市促进行业协会发展规定》作相应的增删和修改，主要涉及登记制度、政社分开、政府购买行业协会服务、专职工作人员职业化，以及加强对行业协会指导、监管、退出等相关内容。其中，简化了审批程序，明确申请设立行业协会应当直接登记。

新修改的《上海市促进行业协会发展规定》第五条第三款规定："申请设立行业协会的，应当向社团登记管理部门提出，并提交筹备申请书、章程草案等文件。社团登记管理部门在办理登记手续过程中，应当听取相关方面的意见。"这一表述事实上取消了设置行业协会的前置审批。实行直接登记制度符合行业协会登记管理体制的改革方向和行业协会发展需求，是简化政府行政审批环节、建设服务型政府的重要内容，也是此次市人大修改法规的初衷。在 2011 年作者对上海行业协会相关人员的问卷调查中，绝大多数政府业务部门（主要是原来的业务主管部门）和大多数行业协会支持直接登记制度，95.8% 的业务主管单位和 79.7% 的行业协会认为实行直接登记非常必要（见表 3—1）。实际上，在国内，广东等地已经开始实行直接登记制度并取得较为理想的成效，得到国家民政部的肯定。[①]

表 3—1　　　　直接登记制对推进行业协会改革发展的意义

		非常必要	没有必要	无所谓	未选
政府业务部门	频率	23	—	1	—
	比例	95.8%	—	4.2%	—
行业协会	频率	157	5	33	2
	比例	79.7%	2.5%	16.8%	1.0%

上海推进行业协会改革发展过程的重要目标之一，就是不断有序地扩展行业协会的发展和运作空间。从"双重规制"体制到"双重管理，三方负责"体制，其主

[①] 2011 年 11 月，广东省民政厅提出，从 2012 年 7 月 1 日起，除特别规定、特殊领域外，将社会组织的业务主管单位改为业务指导单位，社会组织直接向民政部门申请成立。在 2012 年全国民政工作会议上，国家民政部表示，要推广广东经验，支持有条件的地方将社会组织业务主管单位改为业务指导单位。

要的指向就是努力为行业协会创造更大的发展和运作空间。实施直接登记制度将为行业协会发展和运作扩展更大的、更具弹性的有形化空间。这一有形化空间由四个主体共同构成：（1）登记管理：社团管理局；（2）行业管理：业务指导部门；（3）业务管理：行业协会联合会；（4）党建工作：党委部门（见图3—3）。四个主体相互合作、各负其责，保证行业协会有序发展和规范运作。

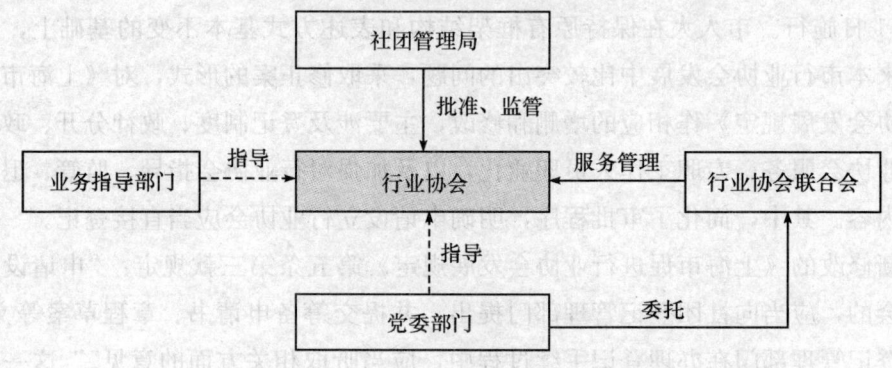

图3—3　行业协会"四维"有形空间

行业协会作为市场经济社会普遍存在的一种社会经济组织形式，代表着整个行业的共同利益，属于互益性组织，其存在和运作必然面临"合法性"问题。合法性意味着："某一事物具有被承认、被认可、被接受的基础，至于具体的基础是什么（如某种习惯、某条法律、某种主张、某一权威），则要看实际情况而定。"[①] 社会组织的合法性状况分为社会合法性、法律合法性、政治合法性、行政合法性等。也就是说，行业协会只有获得执政党及政府的承认，并得到社会公众的广泛认同时，才可以说获得完整的组织合法性，也意味着明确界定了其自主发展的有形空间。

为保证行业协会在直接登记体制下的自主发展，需要对原有的行业协会管理流程进行重构，构建新型的管理架构，这涉及管理主体的重新定位、管理职责的重新划分、管理权力的重新配置和管理手段的重新设计。管理流程的重构直接关系到实施直接登记制所能达到的成效，新修改的《上海市促进行业协会发展规定》第五条第二款规定："市社团登记管理部门和市政府有关工作部门应当按照各自职责，做好促进行业协会发展的具体工作。"在直接登记制的新体制下，探索构建新型的行业协会管理架构主要涉及三个方面内容，即构建复合型登记管理框架、形成多元化监督管理体系和建立行业协会退出机制。

---

① 高丙中. 社会团体的合法性问题. 中国社会科学，2000（2）

1. 复合型登记管理框架

在实行直接登记体制框架下，有必要重新设计登记管理流程和标准，构建复合型的登记管理框架，本书作者提出的基本构想为：三阶段衔接、多部门协同。即把整个登记管理过程划分为三个阶段：甄别预判阶段、正式受理阶段、延伸完备阶段（见图 3—4），并形成以社团登记管理部门为主导、政府有关工作部门配合的多部门协同的格局。

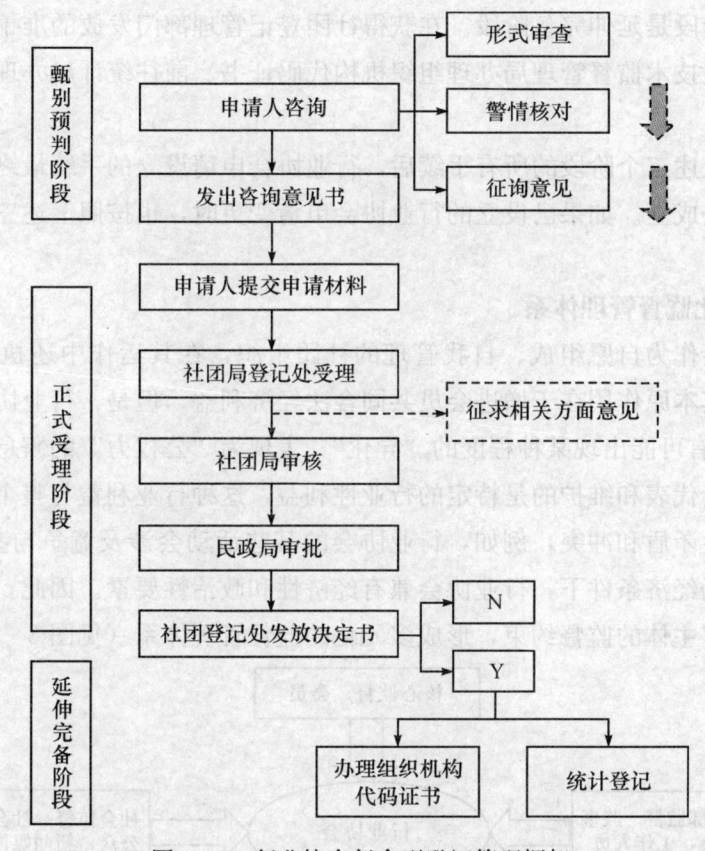

图 3—4　行业协会复合型登记管理框架

第一个阶段是甄别预判阶段。申请人向社团登记管理部门或授权机构提出咨询。社团登记管理部门的有关处室或授权机构接到咨询要求后，主要进行三个方面工作：一是形式审查，即审查是否满足法律法规规定的基本要求。二是警情核对，即借助社团登记管理部门预警系统核对相关信息，确定警情程度。三是征询意见，根据不同行业的管理要求，采取对应的方法征询意见，即：对于国家法律法规规定的，征询政府有关工作部门的意见；对于承担部分行政管理事项的，征询委托政府有关工作部门的意见;对于潜在社会影响较大的,征询相关方面的意见。

在上述三个方面工作的基础上,发出咨询意见书,提出"可行""需要完备""暂不可行""不可行"等意见。

第二个阶段是正式受理阶段。这一阶段的流程基本与目前的流程相同。在社团登记管理部门有关处室受理申请后,可根据实际需要,决定是否征求相关方面意见。

第三个阶段是延伸完备阶段。在获得社团登记管理部门发放的准予成立决定书后,分别前往技术监督管理局办理组织机构代码证书、前往统计局办理统计登记手续。

在完成上述三个阶段的所有手续后,行业协会申请设立的手续最终完成,行业协会准予合法成立。如果已设立的行业协会申请变更时,也按照上述三个阶段办理相应手续。

2. 多元化监督管理体系

行业协会作为自愿组成、自我管理的社团组织,在其运作中还执掌着一部分"公权力",其本原作用在于增进会员共同合法经济利益,但是,行业协会所掌控的"公权力"也有可能出现某种程度的"异化",表现为"公权力"的懈怠或滥用。同时,行业协会代表和维护的是特定的行业性利益,这种行业利益与整个社会利益之间有可能发生矛盾和冲突,例如,行业协会的某些活动会涉及竞争与垄断的问题。在成熟的市场经济条件下,行业协会兼有经济性和政治性要素。因此,行业协会必然受到来自多主体的监督约束,形成多元化的监督管理体系(见图3—5)。

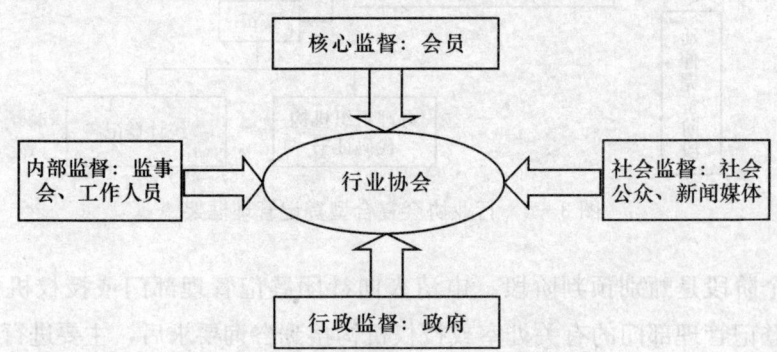

图3—5 行业协会多元化监督管理体系

第一,建立和完善会员利益表达机制。广大协会成员能够通过各种正当的、通畅的渠道反映自己的利益现状,表达自己的利益诉求。第二,建立行业协会监事会。监事会作为监督机构，直接对会员大会负责，通过监督理事会的决策行为和秘书处的经营行为，保障行业协会内部治理的有效性。第三，强化政府行政管理部门的监督。完善现行的年度检查制度，提高年检制度的法定性和年检结果的权威性。定期听取行业协会情况汇报，加强与行业协会的信息沟通。强制实施行业协会重大活动报告制度，制定重大活动报告实施细则。第四，建立与社会公众和新闻媒体经常性的联系渠道，主动接受政府和社会的监督。对于社会公众普遍关注、社会反响较强的行业重大问题，要快速反应、公开信息、因势利导。

3. 行业协会退出机制

为规范和改进监管方式，促进行业协会健康发展，新修改的《上海市促进行业协会发展规定》提出要建立行业协会的退出机制，这意味着在某一个行业内可以组建新的行业协会。对于这一规定绝大部分业务主管单位和行业协会都表示赞同，在2011年作者所做的问卷调查中，70.8%的业务主管部门认为合理，29.2%的认为比较合理；73.6%的行业协会对此表示赞同，25.4%的行业协会认为比较合理。

按照新修改的《上海市促进行业协会发展规定》，对不能正常开展活动或名存实亡的行业协会，通过年度检查的方式，对"逾期未接受年度检查的，社团登记管理部门可以向社会公告，自公告之日起六个月内仍不接受年度检查的，社团登记管理部门可以予以撤销登记"。市社团管理部门在明确职责的基础上，进一步确定标准、规范流程、提供救济。

四、主要结论

（一）行业协会转型发展要以政府职能转变的互动为途径

在政社合作背景下，上海行业协会的转型发展是与政府职能转变的互动过程，一方面政府通过适度放权，逐步放松规制，给行业协会创造充分发展的空间；另一方面行业协会主动"要权"，寻找政府管理的空白区域拓展自主发展的空间。这种行业协会与政府的"竞合"状态，有利于在实践层面上形成行业协会与政府的良性互动，并在良性互动中发展有效的社会合作治理格局。

（二）行业协会转型发展要以管理体制的适当"松动"为前提

上海行业协会转型发展的重要条件之一，是松开传统"行业"管理体制下形成的政府行业主管部门与行业协会之间的紧密联系。但是，这种"松开"不是简单的打破，而是通过搭建一个过渡性的"载体"嵌入到政府行业主管部门与行业协会之间，拧松两者之间原有的紧密联系状态，打开行业协会自主发展的新的空间，在渐进性的调适中实现管理体制的平稳移动。

（三）行业协会转型发展要以具备"自主行动"能力为条件

上海行业协会朝着能动发展方向转型意味着必须具备"自主行动"的能力，即：能够根据经济社会发展和行业发展的要求，主动及时地发挥反映行业诉求、协调行业利益、实现行业自律、引导行业发展等功能的作用，并在发挥功能作用的过程中，争取获得在政社合作中的"有为"地位，推动行业协会自身走向成熟。

第四章
从疑虑担忧到主动扶持：
枢纽型社会组织的作用发挥①

---
① 本章由作者与张胡佳合作完成。

一、社会组织快速发展背景下的应对之策

(一) 社会组织快速发展中传统监管模式的进退两难

1. 社会组织发展进入快车道

随着市场经济的不断发展、社会结构日益多元和政府职能的不断转变，全国各地抓住加快社会建设的机遇，大力发展社会组织，社会组织数量快速增加。

从全国范围来看，到 2010 年年底，我国共有社会组织 44.6 万个，其中：社会团体 24.5 万个、民办非企业单位 19.8 万个、基金会 2 200 个。① 到 2011 年第一季度，全国合法登记的社会组织近 45 万个，其中：社会团体近 25 万个、民办非企业单位近 20 万个、基金会近 2 250 个。而在 1988 年，我国社会组织数量仅为 4 446 个。② 我国社会组织增加值占第三产业比重从 2006 年到 2010 年增加了 3 倍多。2010 年底，我国社会组织形成的固定资产总值逾 1 860 亿元，收入逾 1 520 亿元，各类费用支出 1 195.2 亿元。全国社会组织中的专职工作人员逾 618 万人，兼职工作人员达 500 多万人，还有注册的各类志愿者 2 500 多万人，建立党组织逾 7 万个，有党员 27 万多人。③

从各地发展来看，到 2012 年 11 月底，北京市在册社会组织已经达到 8 481 家；④ 2011 年底，深圳市在册社会组织已经达到 4 554 家；⑤ 2010 年底，重庆市在册社会组织逾 9 000 家；2010 年底，河北省在册社会组织近 15 300 家。⑥

在上海，社会组织的增长度及活跃度被认为是衡量国际化大都市建设成效的一个重要标志。2011 年，上海社会建设工作会议后下发了《中共上海市委办公厅、上海市人民政府办公厅关于进一步加强本市社会组织建设的指导意见》并配套出台了多个专项工作文件，提出上海用 5～10 年时间，初步构建社会建设"六大体系"，即：构建多层次的公共服务体系，构建保基本、广覆盖、多层次的社会保障体系，构建完善的现代社区治理体系，构建健康积极的社会组织发展体系，构建有效的社

---

① 黄晓勇. 中国民间组织报告 (2011—2012). 北京：社会科学文献出版社，2012，第 2 页
② 中华人民共和国民政部. 民政事业统计季报 (2011 年 1 季度)，2011 年 4 月 28 日
③ 中华人民共和国民政部. 2011 社会服务发展统计提要. 第 5 页
④ 北京市社会组织公共服务平台，http://www.bjsstb.gov.cn
⑤ 杜啸天. 八大类社会组织可直接登记. 南方日报，2012 年 4 月 17 日
⑥ 黄晓勇. 中国民间组织报告 (2011—2012). 北京：社会科学文献出版社，2012，第 186 页

会矛盾调处体系，构建社会建设推进体系。上海的社会组织建设紧紧围绕这一目标，以政府购买服务作为导向，引导社会力量进入社会建设的"六大体系"之中，社会组织迎来快速发展的新机遇。到2012年11月底，上海市在册社会组织达10 692家，其中：社会团体超过3 500家、民办非企业单位超过6 600家、基金会近150家，① 相比2001年登记在册的3 878家社会组织，增长了175%。与此同时，上海的公益性社会组织出现爆发式的发展，上海市政府逐年加大对公益性社会组织的支持力度。如在政府购买服务方面，2009年度开始启动"社区公益服务项目招投标"工作时，上海市级福利彩票公益金投入资金3 983.57万元，而到2011年度上海市民政局共安排9 006万元市级彩票公益金开展"社区公益服务项目招投标"及创投工作。其中用于"社区公益服务项目招投标"的达到8 470万元，加上各区县按照市民政局要求投入的配套资金4 000万元，总额度为1.247亿元，创投工作的资金投入为536万元。②

总之，我国社会组织的总体增长趋势非常显著，经济实力和社会影响力大幅攀升，并且逐渐形成了自成一格的社会组织体系架构与社会组织生态系统，行业协会商会类、科技类、公益慈善类、城乡社区服务类等各种类型的社会组织能力得到提升，承担起承接政府转移职能的重任，以自身的使命愿景和不懈努力对社会发展及社会公众的需求作出积极回应。我国的社会组织正努力融入社会建设的主流进程中，成为推动政府职能转变、社会转型和进步的重要力量。③

2. 社会组织发展面临三大现实挑战

在我国社会组织快速发展并发挥越来越重要作用的同时，对社会组织的担忧之情似乎一直挥之不去，红十字会的郭美美事件、中国青基会的"卢美美"事件、中华慈善总会的尚德诈捐门等影响重大的事件愈发加重这类担忧。总体来看，在我国社会组织发展中还面临三个方面的现实挑战：

（1）公信力挑战。公信力危机是社会组织一直以来的主要问题，近年来，官办公益慈善组织的公信力危机事件成为社会各界对社会组织了解关注的头号焦点，社会组织的公信力危机被视为我国社会组织存在的突出问题之首。这些事件引起社会的强烈反响，公众矛头指向的是对自己捐款下落的担心，对打着"公益慈善"旗号行不当谋利勾当的激愤，所暴露的核心问题是各类社会组织发展中存在的运作不规范和信息不公开、不透明的问题。

---

① 上海社会组织网，http://stj.sh.gov.cn
② 上海公益招标网，http://www.gysq.org
③ 王名，孙伟林. 我国社会组织发展的趋势和特点. 中国非营利评论，2010（1）

(2) 违规敛财挑战。政府和社会对社会组织可能假借"公益"之名而行谋利敛财之实一直存有担心，而部分社会团体、行业协会和非法社团招摇撞骗、违规敛财的乱象也在一定程度上"坐实"了这种担忧，从而引发政府监管部门及社会各界的广泛关注。目前来看，社会组织违规敛财大致有三种情况：第一种是合法社会组织违规敛财。如2011年被国家民政部责令整改的中国经济报刊协会、中国发展战略学研究会、中国散文学会、中国纪实文学研究会、中国新闻文化促进会、中华文学基金会、中华爱国工程联合会、中国报纸副刊研究会等合法组织，违反国家相关规定，以组织会议、评比评奖、推荐书刊等名义敛财。第二种类型是非法社会组织敛财。如"全国高协组织"私刻印证，非法打着"九部委协作联盟"的幌子组织评奖，大肆敛财。第三种情况是假冒社会组织敛财。一些人假冒或模糊概念，如世界杰出华商协会等，混淆视听，打着社会组织的名义非法组织评比评奖活动，大肆敛财，还有社会组织打着名人旗号，冒用知名人士、政府部门的名义敛财。①

(3) 法律合法性挑战。法律合法性是指国家通过法律形式对社会组织的合法性进行规制，是对社会组织社会合法性的追认和界定，包括社会组织的宗旨、功能、活动范围等。1978年改革开放后的20年期间，我国社会组织的发展几乎"无法可依"，直到1998年国务院颁布实施《社会团体登记管理条例》和《民办非企业单位登记管理暂行条例》，这也是目前我国社会组织所能依据的最为重要的法律法规，其他还有1999—2000年民政部出台的《取缔非法民间组织暂行办法》《民办非企业单位登记暂行办法》，以及2000年左右出台的一些规范性文件。可以说，我国有关社会组织的法律法规严重缺失，必然影响社会组织的法律地位和社会公信地位。在实际管理中即使社会组织的主管单位、登记管理机关发现部分社会组织存在的不良问题，也没有强有力的措施能够予以及时处理，这些不良问题一旦发酵成社会事件就会造成对社会组织整体形象的恶劣影响。

3. 政府对社会组织的"机会主义"态度

虽然我国社会组织的发展取得令人瞩目的进展，但多年来我国对社会组织的管理依然沿袭计划经济时代形成的"管控"模式，参照政府行政管理体系，以行政化方式管理社会组织，特别是"双重规制"体制严重制约了现代社会组织的发展。事实上，我国大量社会组织是在"体制"之外寻找立足之地，是在制度和政策的"夹缝"中自发地艰难成长。近几年来，各地政府对社会组织管理和发展出台了一系列文件，深圳、北京、广州等地成为"双重规制"体制改革的先行者，尝试实行直接

---

① 黄晓勇. 中国民间组织报告（2011—2012）. 北京：社会科学文献出版社，2012，第19页

登记管理方式，取得了一定的成效。目前这些尝试还主要是地方政府在探索，并且主要集中在社会组织登记流程的优化上。

总体上说，在社会组织大量兴起而同时又存在诸多问题的社会大环境下，传统的"国家法团主义"理论下的管理体系陷于进退两难之地。如果继续维持严格的管控措施，则会极大地限制社会组织的发展，进而也反作用地削弱政府推进社会发展的能力。如果降低门槛、放松管控，又担心出现所谓的"混乱"局面。改革开放30多年来，对社会组织作用认识上的或利或弊，对社会组织发展政策上的或紧或松，正是这种"进退两难"状况的反映。

但是，在社会利益关系多样化的现实社会中，社会公众利益诉求出现差异、利益矛盾有所激化，政府能力的"有限性"使其无力有效地应对千差万别的公众需求和时隐时现的社会矛盾，政府必须面对现实"困境"，寻找改良之策。因此，当看到社会组织在社会服务方面的功能日益凸显，已经成为社会公共服务强有力的补充，并逐渐意识到新兴的社会组织是在致力于为社会提供服务，而不是同政府展开对抗，对政府所看重的社会稳定非但没有不利影响，反而可能会有所助力时，政府对社会组织的作用就会"另眼相看"：如果给予社会组织一定的自主性，就能极大地发挥其利益整合、意见协调与诉求平衡的功能。在"社会法团主义"的视角下，传统上具有政府背景的社会（社团）组织获得了优先权，转型发展成具有一定自主性的枢纽型组织，获得政府与社会的双重赋权。① 这种枢纽型社会组织代表相关社会组织的利益，以利益代表者的身份与政府协商事宜，而政府对这些存有"血缘"关系的枢纽型社会组织则具有较高的信任度。

社会法团主义模式为枢纽型社会组织的产生和构建提供了有效的理论阐释。② 在社会法团主义模式下，社团组织能有效地代表本组织内的社会成员的利益，以利益代表者的资格与政府协商，并且对政府所要求的政治稳定又无不利影响。从"政社分开、管办分离"的原则出发，既然政府部门不适合直接担任社会组织的业务主管，那么就必须有其他的机构或组织来接手这项管理职能。在社会化发展程度较高的国家和地区，枢纽型社会组织在众多社会组织中自行产生，它的形成主要遵循优胜劣汰的市场经济法则，但这显然并不适合我国的现实国情。在社会主义初级阶段，"强政府、弱社会"的局面在很长时间内会继续维持，社会组织发展的"路径依赖"效应还将长期存在。在政府看来，枢纽型社会组织的建立，不仅可以使各类

---

① 徐家良. 双重赋权：中国行业协会的基本特征. 天津行政学院学报，2003（1）
② 崔玉开. "枢纽型"社会组织：背景、概念与意义. 甘肃理论学刊，2010（5）

社会组织在配合政府行使社会管理职能中获得发展良机，还可以通过国家和社会的制度化统合，减少改革的阻力和不确定因素，将社会转型时期的冲突和曲折减少到最低限度。因此，选择体制内的特殊法人团体——具有政治性的人民团体来承担这一管理职责既是比较合适的选择，同时也是必然的选择。[①]

（二）枢纽型社会组织"以会管会"的逻辑

从全国范围看，早在2002年，上海市普陀区长寿路街道办事处成立"民间组织服务中心"，2003年在全区9个街镇全部建立民办非企业性质的社区民间组织服务中心；上海市静安区则率先建立"1+5+X"的枢纽式管理服务机制，这些都可以看成是在"无意识"情况下出现的枢纽型社会组织的雏形。反映出当时在上海行政型社区模式下政府部门对社会组织既"爱"又"忧"的矛盾状态，其指导思想仍然是"管理"，只不过是换了一种"管理"的样式。

而"枢纽型社会组织"这一提法首次见之于官方文件则是在2008年。2008年，北京市委、市政府出台的《北京市社会建设实施纲要》《关于加快推进社会组织改革与发展的意见》等"1+4"文件中，提出了构建枢纽型社会组织工作体系的新思路，明确提出全市各级行政部门原则上不再作为社会组织业务主管单位，而是充分发挥人民团体等枢纽型社会组织的重要作用。2009年3月，北京市出台的《关于构建市级"枢纽型"社会组织工作体系的暂行办法》中，进一步界定了枢纽型社会组织的内涵，即：由负责社会建设的有关部门认定，对同类别、同性质、同领域社会组织进行联系、服务和管理，在政治上发挥桥梁纽带作用、在业务上处于龙头地位、在管理上承担业务主管职能的联合性社会组织。这是目前可以检索到的第一次对枢纽型社会组织内涵的明确界定。[②]

此后，上海市浦东新区对枢纽型社会组织确定的定义是：在对同类别、同性质、同领域社会组织的发展、服务、管理工作中，在政治上发挥桥梁纽带作用，在业务上处于引领地位，在管理上经授权、承担业务主管单位一定的管理和服务职能的联合性组织。[③]北京市通州区对枢纽型社会组织的定义是：由市社会建设工作领导小组认定，在对同类别、同性质、同领域社会组织的发展、服务、管理工作中，在政治上发挥桥梁纽带作用、在业务上处于龙头地位、在管理上经市政府授权承担

[①] 万军，张希. 推进"枢纽型"社会组织管理体系建设的几点思考. 社团管理研究，2009（9）
[②] 杨丽. "枢纽型"社会组织研究——以北京市为例. 学会，2012（3）
[③] 浦东新区民政局. 关于印发《〈关于"十二五"期间促进浦东新区社会组织发展的财政扶持意见〉实施细则》的通知. 2011

业务主管职能的联合性社会组织。①

上述不同地方对枢纽型社会组织的定义有三个共同之处：第一，枢纽型社会组织都必须经过政府部门认定或授权，在较大程度上体现出政府主导的意志。第二，对枢纽型社会组织的作用范围都界定为"同类别、同性质、同领域"，今后对社会组织行使监管和服务职能的主体将发生转移，将是在相关政府部门划定的范围中承接政府职能的特定社会组织，即枢纽型社会组织，而不再是政府部门或事业单位等传统"行政性"单位。第三，"枢纽型"的内涵在于明确枢纽型社会组织不是一线实操性的社会组织，而是集合平台性功能和支持性功能的、起到承上启下桥梁作用的中枢机构。

也就是说，各地政府对于枢纽型社会组织的实质有着不谋而合的认识，枢纽型社会组织在保持或"假设"社会组织"非政府"特定的基础上，既获得政府授权和政府部分监管职能转移，又获得其他社会组织认可，是兼具服务与管理功能的支持性社会组织。② 政府推动枢纽型社会组织建设和发展具有"以会管会"的思维和逻辑，即：在政府管理部门与社会组织之间构建新型的管理载体，承接政府对"同类别、同性质、同领域"社会组织的管理服务职能，行使一部分政府授权或委托的管理职能，通过枢纽型社会组织这一载体的纽带作用，服务和管理一个系统或一个领域的社会组织，以贴合社会组织需求的方式向其输出资源和提供支持，并把社会组织的需求、意见和建议向政府管理部门反馈，发挥其协调监管功能。

顺此逻辑推论，社会组织枢纽式管理就是用党和政府控制下的社会组织去管理同一门类的社会组织，通过政府授权或委托，使其成为对行业相同、专业相近或同一领域的社会组织实施集中管理和统一协调服务的"枢纽"。这一"枢纽"作为多方联系的交汇平台，社会组织的业务主管部门、登记管理部门及综合管理部门等都可通过该平台把党和政府的工作要求延伸到枢纽所属的社会组织。借助枢纽型社会组织，把过去政府部门直接管理社会组织的事务剥离出来，逐步取代目前的"业务主管单位"，将"业务主管单位"转变为"业务指导单位"。同时，依托枢纽型社会组织建立管理枢纽党委，以此把握社会组织政治方向，推进社会组织独立运作和规范发展。

（三）枢纽型社会组织的意义

在全国，北京市率先以官方确认的形式认定了一定数量的枢纽型社会组织，截

---

① 北京市通州区社会建设工作领导小组. 关于构建"枢纽型"社会组织工作体系的暂行办法. 2010
② 侯润天. 发挥枢纽型组织作用促进社会组织发展. 学会，2011（5）

至2011年11月,北京市共有登记注册社会组织近7 500家、在街道和社区备案的社区社会组织近14 900家,加上各种形式的草根型组织,共计3万余家。北京市先后认定了两批共22家市级枢纽型社会组织,范围涉及慈善公益、体育、教育、科技、社会、文化、经济等10多个领域。① 北京全市16个区县还认定了110余家区县层面的枢纽型社会组织,并通过成立街道分会等形式,积极培育发展街道层面的枢纽型社会组织,建立从市到区、再到街道的三级社会组织"枢纽型"工作体系,使北京市社会组织的工作覆盖率达到80%以上。②

根据对枢纽型社会组织定位的认识,政府确定的枢纽型社会组织的首要功能是支持功能,即为其他社会组织提供支持服务,同时,枢纽型社会组织具有协调指导、自律管理的功能,运用政策引导、第三方监督等方式促进社会组织的健康成长。从枢纽型社会组织的功能出发,政府建立和发展枢纽型社会组织的目的在于:

首先,加强党对社会组织的领导。建立社会组织管理枢纽,为加强党对社会组织的领导提供重要的组织载体。通过设立管理枢纽党委,朝上由大口党委或社会工作党委对其实施领导,对下领导所属各社会组织的党组织,形成上下对应、管理顺畅的社会组织党建工作管理体系,有利于实现"全覆盖、凝聚力、组织化"的大党建工作要求。

其次,改进和完善社会组织"双重规制"体制。由管理枢纽承担社会组织的日常管理事务,统一承接政府转移职能,弥补政府管理力量不足,促进政府职能转变和社会管理方式改进,增强管理服务的有效性。实施社会组织枢纽式管理后,政府部门对社会组织的管理由直接、微观管理变为间接、宏观管理;由业务主管单位各自为政、分散管理变为管理枢纽有序集中、分类管理。

最后,增强社会组织的活力和能力。实施枢纽式管理,发挥社会组织依法按章自律和自我管理、自我服务的作用,改变社会组织与政府部门之间存在的行政依附关系,淡化社会组织的"官办"色彩,有利于社会组织独立成长发育,健康发展;有利于社会组织按照自身发展的规律,顺应社会需求,不断增强组织活力,提高运作能力,真正担负起协助政府参与社会管理和公共服务的重要责任。

---

① 北京市社会建设工作领导小组办公室.关于认定第一批市级"枢纽型"社会组织的通知.2009;北京市社会建设工作领导小组办公室.关于认定第二批市级"枢纽型"社会组织的通知.2010

② 北京市社会建设工作办公室门户网站,http://www.bjshjs.gov.cn

二、上海浦东新区团委承担枢纽型社会组织的角色演绎

（一）浦东新区团委成为枢纽型社会组织的"天然性"

上海市委在《关于进一步加强社会建设的若干意见》中明确指出"探索枢纽式服务管理模式，发挥工会、共青团、妇联和科协、社联、残联等人民团体和群众组织的骨干作用"，明确了共青团组织发挥枢纽功能的定位。同样，共青团北京市委作为北京市社会建设工作领导小组首批认定的 10 家枢纽型社会组织之一，负责青少年类社会组织的联系、服务和管理，经市政府授权承担业务主管职能。共青团组织成为枢纽型社会组织是一个必然的"选项"，而浦东新区团委成为枢纽型社会组织更是有着天时、地利、人和的优良条件。

1. 共青团作为桥梁和纽带的"天然"优势

共青团是党的助手和后备军，是党联系青年群众的桥梁和纽带，共青团作为枢纽型社会组织具有"天然"的优势：首先，政治可靠性。作为党的助手，共青团所开展的大部分工作都是属于党的社会工作范畴，这也是团的职责所在和优势所在。近年来，全国共青团组织在青年志愿者服务、青少年事务社工、青年社会组织领域积极探索创新，取得了良好的社会反响。其次，联系广泛性。作为青年的群众组织，共青团拥有大量青年群体，这个群体的数量在整个社会中占了很大比重，并且是社会中最为活跃的群体。再次，组织覆盖性。全国的共青团组织形成从团中央到省市团组织，再到基层团组织的组织网络体系，其触角深入企业、农村、学校、军营等所有基层单位。最后，活动创新性。共青团拥有年轻、活力、开放、创新的青年群体，在开展的各类活动和工作中，具备开放的视野和创新的方式，这也是共青团开展各项工作的灵魂。

2. 浦东新区作为国家综合配套改革试点的有利条件

2005 年，国务院正式批准浦东新区进行国家综合配套改革试点，同时，上海市委、上海市政府明确提出浦东新区要发挥"一个作用、三个区"的功能定位，即：在树立和落实科学发展观、构建社会主义和谐社会、实施建设"四个中心"国家战略中发挥示范带动作用，努力成为改革开放先行先试区、自主创新示范引领区、现代服务业核心集聚区。浦东新区政府在推进综合配套改革过程中，为落实政府职能改革，探索建设服务型政府，出台了鼓励社会组织发展的多项措施以及扶持

政策，积极鼓励发展社会组织。浦东新区区委、区府紧紧抓住形成"党委领导、政府负责、社会协同、公众参与"的格局要求，分别制定了《关于进一步加强社会建设的实施意见》《关于"十二五"期间促进浦东新区社会组织发展的财政扶持意见》等文件。在《〈关于"十二五"期间促进浦东新区社会组织发展的财政扶持意见〉实施细则》中，特别对枢纽型社会组织进行了详尽诠释，明确了对街（镇）枢纽型社会组织补贴的明细。

浦东新区综合配套改革的壮阔背景，也为各类社会组织的发展创造了前所未有的机遇。各类社会组织按照浦东新区综合配套改革的方向、内容、目标及对社会组织的要求，在广阔的发展空间和政策支持下，更加充分地发挥其功能和作用，并进一步加强和完善自身建设，服务于浦东新区的社会经济等综合改革工作。浦东新区的良好环境同样是一片肥沃而年轻的土壤，为青年社会组织的发展提供了平台。面对社会的快速变化，越来越多青年愿意以"社会人""社区人""公益人"的角色投入到社会建设和社会服务中去。浦东新区团委抓住这一有利契机，把青年社会组织工作作为团工作和青年工作手臂的自然延伸，实现"两个全体青年"的工作目标，[①] 凝聚和引领青年社会组织参与社会建设。

3. 浦东新区团委探索枢纽作用的良好基础

2009年，共青团上海市委在全国的团组织中首先建立了青年社会组织工作部，作为青年志愿者部的内设部门，开始专门服务管理全市的青年社会组织。2011年，青年社会组织工作部作为独立的部门正式成立，同时依托团属组织上海青年家园民间组织服务中心等工作，主动联系青年社会组织、积极培育团属青年社团，努力把广大青年社会组织纳入青年工作体系，发挥共青团的枢纽作用，助推社会建设和社会创新。

上海市浦东新区团委于1993年10月25日成立浦东新区青少年事务署，这是全国第一家区域性青少年事务管理的专门机构，在全区实施青少年事务的扁平式管理，形成从区到街镇社区、再到学校的"两级管理、三级网络"，各级共青团组织协助政府相关部门管理青少年事务的雏形基本形成，并逐步构建起融保护性服务、管理性服务和发展性服务为一体的实践创新体系，为开展青年社会组织工作和发挥浦东新区团委枢纽型社会组织的作用打下了坚实良好的基础。2011年6月28日，浦东新区团委正式把青少年发展服务中心（事业单位）确定为青年家园公益服务支

---

① 胡锦涛同志在2008年同团中央新一届领导班子和团十六大代表座谈时对加强群团工作提出的要求——两个全体青年：力争使团的基层组织网络覆盖全体青年，使团的各项工作和活动影响全体青年。

持中心（民办非企业单位），该中心坐落于交通便利、环境优美的浦东南浦广场公园内，占地逾 1 000 m²，职责包括培育、孵化、引导、扶持青年社会组织等，打造青年社会组织生存、发展的美好家园。

浦东新区团委在探索枢纽作用过程中采取了许多具体的举措：建立区级公益服务支持中心，打造青年社会组织生存、发展的家园；发挥联系和凝聚的作用，打造青年社会组织成长、壮大的平台；探索新型服务和管理的模式，打造青年社会组织为社会提供服务的舞台；培育优秀青年社会组织领军人才，打造高素质的青年社会组织人才队伍。

（二）浦东新区团委对枢纽型社会组织功能定位的探索

枢纽型社会组织是社会组织与政府以及社会组织之间的桥梁，通过发挥服务和管理的功能，起到支持其他社会组织有序发展和有效运作的作用。共青团组织发挥"枢纽型"作用主要体现在两个方面：第一个方面是"平台"作用——搭建一个开放型、社会性、多样化的平台，社会领域青年社会组织和青年群体可以平等沟通、共享资源、创造价值。第二个方面是"核心"作用——体现共青团的牵引力、影响力和凝聚力，通过对青年社会组织的服务管理，在政治上发挥桥梁纽带作用、在业务上处于龙头地位、在管理上承担业务主管职能。

1. 两大功能：服务支持和综合管理

浦东新区团委根据枢纽型社会组织的本质特点以及实践经验，提出共青团作为枢纽型社会组织应该形成服务支持和综合管理两大功能。

（1）服务支持功能

——资源平台功能。通过枢纽型社会组织牵头搭台，吸引各类社会资源汇集，与社会组织建立双向选择的机制，一方面为社会组织发展提供资源，另一方面引导社会资源与匹配的社会组织进行链接。枢纽型社会组织发挥自身桥梁作用与良好口碑，吸引政府、企业、社会的资源增加向社会组织的投入，减轻社会组织筹资的压力负担，并对资金来源进行初步筛选，去除敏感"热钱"。同时，做好资源的合理分配工作，优先为最需要帮助的社会组织提供"雪中送炭"式的支持。

——宣传推广功能。枢纽型社会组织作为某一领域或区域社会组织的领头人发挥自身的代表性质，增强社会组织整体的影响范围与宣传力度，积极向社会各界宣传社会组织的重要理念以及自身所代表的社会组织领域的主要优势，尤其做好对政府政策的宣传和倡导，不断地为社会组织呼吁、谋取资源，努力提升社会组织的社会知晓度与社会地位。

——能力建设功能。枢纽型社会组织为领域内的社会组织及其从业人员提供学习机会，如提供财务管理、项目策划、项目运作、社会工作专业知识、档案管理等的培训，促进机构与个人的能力成长，以提升带动领域内社会组织的整体实力。由枢纽社会组织牵头开展的能力建设，能够在培训中服务到更多的社会组织及其人员，减轻社会组织的人力培养成本。

——维护权益功能。枢纽型社会组织发挥"领头人"的作用，代表某一地域或某一领域的社会组织，开展社会组织的维权活动，可视为一个小型的区域性协会或工会性质的组织，与相关政府职能部门和社会力量联动，营造并维护合理竞争的社会组织发展环境及良好的社会组织从业人员就业环境。

(2) 综合管理功能

——政治引领功能。枢纽型社会组织作为政府与社会组织之间的桥梁，担负着在社会组织倡导主流文化，积极引导社会组织为社会稳定和发展发挥应有的作用。枢纽型社会组织做好自身领域内社会组织的党建、团建工作，发挥政治核心作用，推动基层党组织和团组织建设，增强党组织和团组织的活力，发挥党员、团员在社会组织各项工作中的先锋模范作用，协助党和政府做好社会组织服务管理工作。

——监督督导功能。枢纽型社会组织只有经过政府相关部门的授权，才能具有业务监督督导功能，也就是说，监督督导功能不是枢纽型社会组织"天生"具有的功能，而是经政府部门授权而具有的功能。但是，监督督导功能又可以视为枢纽型社会组织的实权功能，枢纽型社会组织只有具备实权功能后，才能成为真正意义上的"枢纽"，这也是枢纽型社会组织区别于其他支持性社会组织或能力建设型社会组织的重要特点。一方面，枢纽型社会组织引导所在领域内社会组织的规范化运作，监督其资金、项目、人力等的合法合规；另一方面，枢纽型社会组织及时向所在领域内社会组织提出意见建议与相应支持，协助社会组织改善运作方式，优化组织成长。

——信息整合功能。枢纽型社会组织具备单一社会组织所不具备的区域性、领域性的整体观察能力和信息掌握能力，可以从某一区域或领域的整体出发，对这一范围内与社会组织相关的信息进行汇总、分析、研究与总结，并与其他社会组织共享相关信息，以促进其他社会组织的合理规划与发展，减少其他社会组织单兵作战可能造成的资源和时间的消耗浪费。

2. 服务为本：枢纽型社会组织两大功能的关系

枢纽型社会组织的两大基本属性是服务和管理。对于枢纽型社会组织而言，"服务"就是充分利用自身在政策、地缘、资源等方面的优势，协助其他社会组织发展的功能。服务属性是枢纽型社会组织的根本属性，只有立足于"服务"的使命和愿景，才能体现出枢纽型社会组织与传统体制内组织（如政府部门、事业单位等）不同的特性。对于枢纽型社会组织而言，"管理"是其不同于纯"支持型"社会组织的特征。纯"支持型"社会组织侧重考虑服务与协助的功能，而枢纽型社会组织还要承接一定的政府行政职能，对其他社会组织行使部分监管职能。从某种意义上说，枢纽型社会组织需要比纯"支持型"社会组织更加主动地引导、规范其他社会组织的发展。

在枢纽型社会组织的日常运作中，如何平衡服务与管理的关系值得给予特别关注。一方面，枢纽型社会组织作为政府赋权的组织，承担一定的对其他社会组织行使监管的职能，需要对所属范围内的社会组织行使应尽的管理功能；另一方面，枢纽型社会组织的基本功能定位以及其他社会组织的实际需求，要求枢纽型社会组织不能回到"二政府"角色，而是要为其他社会组织提供良好的支持性服务。理论上说，枢纽型社会组织运作中服务与管理的关系应当是相辅相成，互相包容的。在管理的同时谨记自身的服务定位，在承担政府业务主管机构相应管理职能的同时，保持自身的服务功能。在服务的同时也需谨记自身的监管职能。同时，枢纽型社会组织的服务与管理属性存在一定程度主与辅、先与后的差别，应当将服务属性置于管理属性之前，以服务为先，只有尽责地为其他社会组织提供支持性的服务，才能得到其他社会组织的信任与尊敬，才能行使好管理职能。

（三）浦东新区团委对枢纽型社会组织运作机制的探索

1. 枢纽型社会组织运作机制的基本特点

枢纽型社会组织运作机制与其他社会组织的区别在于，并不是直接深入一线向社会公众（包括社区居民）提供具体服务，而是以服务社会组织为己任，可以视为是处于"二线"的社会组织，为其他社会组织在资源筹集、项目组织、能力建设等诸多方面提供支持，并在协调社会组织之间的互助合作方面发挥重要的平台作用。与枢纽型社会组织的基本属性相匹配的是，其运作机制要有利于发挥支持平台的作用，在为其他社会组织提供服务的过程中履行部分政府授权的监督管理职能。

从运作机制的特点而言，枢纽型社会组织与其他类型的支持性社会组织有所不同，既不像行业协会只服务于某一特定类别的社会组织，又不像纯"支持型"社会组织没有监督管理职能，也不同于一些学会、研究会类型的社会组织很少直接为一线社会组织联络资源、辅助成长。枢纽型社会组织运作机制建立在其自身定位与功能设置之上，其核心是做好中枢桥梁系统，做好平台搭建功能，做好带头引领职责。①

2. 资源整合机制

枢纽型社会组织的资源整合机制，就是运用自身的影响力，为其他社会组织提供成长所需的资源。利用枢纽型社会组织的属性特点与定位优势，帮助其他社会组织对不同来源、不同层次、不同结构、不同内容的资源进行识别与选择、汲取与配置、激活和有机融合，使其具有较强的柔性、条理性、系统性和价值性，并创造出具有新的增加值的资源。同时，要为其他社会组织提供提升资源整合能力，增强竞争优势的建设性建议。

对于所有的社会组织而言，充分吸收与调动社会各种资源是维持自身良好运作的基本手段和条件。而对为社会组织提供支持性服务的枢纽型社会组织而言，协助其他社会组织实现有效的资源整合则是其服务价值的重要体现。由于枢纽型社会组织具有一定的区域代表性，并且获得政府部门的部分授权，因此，无论是从公信力、战略高度还是资源协调能力等方面，都应当比处于一线的直接操作型的社会组织更为强大。在其他社会组织因为资源匮乏而无法专心提高业务水平和服务水平时，枢纽型社会组织必须强化其资源整合机制，为其他社会组织提供资源整合服务，既可以帮助一线社会组织腾出手来，将更多的精力投入到直接服务中，又可以避免各社会组织花费大量人力物力整合资源而造成的浪费。

枢纽型社会组织整合资源机制的作用程度取决于在实践工作中的落实程度。枢纽型社会组织要具有做好机构推介对接工作的能力，利用枢纽型社会组织的优势，将处于一线的社会组织向政府、企业、社区推介，协助处于一线的社会组织争取各方面的项目和资金，使得一线社会组织可以专心提升自身能力，更好地服务于政府、企业、社区或其他服务对象。如果枢纽型社会组织的资源整合机制能够充分发挥作用，那么其在区域内或领域内的代表性、话语权等也将更加受到重视，从而反过来促进枢纽型社会组织自身的建设与发展。

3. 项目接地机制

枢纽型社会组织的项目接地机制，就是运用自身组织协调能力，为其他社会组织落实项目和实施项目提供专业服务。目前，项目化运作已经成为社会组织运作的重要方式，"上海社区公益服务项目招投标工作"在其中最为典型。为鼓励扶持上

---

① 杨家宁. 略论"枢纽型"社会组织工作体系建设. 中共珠海市委党校珠海市行政学院学报，2012(3)

海市公益性社会组织积极参与社区公益事业和民生服务，满足社区居民多样化的服务需求，进一步提高社区公共管理和服务水平，根据《上海市民政局关于福利彩票公益金资助项目实施公益招投标的意见》规定，上海市民政局自2009年起在全市开展社区公益服务项目招投标工作。[①] 2009年，上海市民政局投入市级福利彩票公益金3 983.57万元，2011年，上海市民政局又安排了9 006万元市级彩票公益金开展当年度的社区公益服务项目招投标及创投工作。[②] 在一系列利好举措之下，上海众多处于一线的公益性社会组织积极调动和提高能力与业务水平，努力争取项目，全力做好项目。

项目化运作的关键是社会组织必须能够使项目"落地"，能够与社会各方力量做好协同工作，既可为自己争取更多资源，又可使服务顺畅开展。以"上海社区公益服务项目招投标工作"为例，一般项目执行期间为1年，如果在项目运行中花费较多时间用以沟通，则会影响项目整体进程，使整个项目滞后甚至失效，使项目的社会效益大打折扣，这不仅影响项目本身的进展和效果，也给政府相关部门留下不佳的印象，不利于"一线"社会组织今后获取更多资源。

因此，在项目化运作的过程中，枢纽型社会组织利用自身优势，协助一线社会组织做好与政府、事业单位和企业的沟通联络工作，协助一线社会组织使项目真正落地。在"上海社区公益服务项目招投标工作"中，枢纽型社会组织发挥项目落地"无缝衔接"的作用。当一线社会组织承接上海社区公益服务项目后，枢纽型社会组织利用自身的枢纽属性，协助一线社会组织与项目目标服务社区之间进行沟通联络工作，做好项目"落地"的无缝衔接，使一线社会组织用最短的时间与最少的精力融入社区，与街镇职能部门和其他相关合作机构建立信任关系，尽快实施具体的社区服务项目。

4. 能力建设机制

枢纽型社会组织的能力建设机制，就是利用牵头带动作用，为其他社会组织提供机构与人才的能力建设服务。对各类社会组织及其工作人员而言，不断获得专业技能培训以及运营管理、财务管理等方面知识的能力学习非常关键，这对社会组织争取项目、做好项目以及加强管理等至关重要。但在一般情况下，一般的社会组织往往没有太多的资金支持工作人员参加培训或者专门聘请讲师提供培训。而且，单个社会组织自己去组织一些通用能力的培训又会造成资源浪费。因此，枢纽型社会

---

① 上海社区公益服务项目招投标工作介绍，上海公益招投标网（http://www.gysq.org）
② 上海公益招投标网，http://www.gysq.org

组织利用自身优势，提供平台型的能力建设支持服务，为其他社会组织举办能力建设培训。当然，枢纽型社会组织提供的服务可以聘请专门从事能力建设的社会组织来承担，既节约社会组织的资金，又提升社会组织的整体素质，还扶持能力建设型社会组织的发展，同时，可以形成社会组织之间互通交流，帮助社会组织养成持续学习的良好习惯。

（四）浦东新区团委完善枢纽型社会组织运作机制的重点

1. 强化服务能力

对于枢纽型社会组织而言，服务其他社会组织是其核心的职责。向其他社会组织提供服务，不仅仅是在人力、财力、物力等硬件上提供支持，更是要在机构运作、能力建设、信息共享等软实力上提供支撑。由于目前各类社会组织大多数都处于成长的"幼稚期"，迫切需要整个社会从人力、物力、资金以及能力建设上给予支持，枢纽型社会组织要搭建资源对接平台，建立完善的资源对接制度。

枢纽型社会组织主要承担"服务"职责，为其他社会组织融合各种各类所需的资源，对出资、受资双方进行监督与规范；利用各种渠道，为其他社会组织编织强力的支持网络；对其他社会组织进行"第三方"评估，确保不造成资源供给上的浪费，以避免产生超过社会组织承接能力的项目对接。

强化服务能力既需要建设枢纽型社会组织支持网络，又需要提升枢纽型社会组织自身能力。枢纽型社会组织的定位使得其工作人员都应该是精英型人才，需要具备较高的工作效率和较专业的工作能力：如与相关各方维持良好的合作关系、与各方维持日常联络、向出资方筹资募款、公平公正地代理招投标项目与推介项目、熟悉众多社会组织、客观评估社会组织、能够从理论层面出具社会组织相关研究报告、行使政府委托的监管职能等能力。这些既是枢纽型社会组织应当具备的能力，也是枢纽型社会组织维持自身行业领先的必备能力。只有在自身能力过硬的前提下，才为其他社会组织做好服务工作。也就是说，强化服务能力对枢纽型社会组织的工作人员提出了更高的要求。要想做好平台支持服务，首先需要建设枢纽型社会组织自身的人才队伍，只有具备了相应的人才队伍，才能为其他社会组织提供更好的支持服务。

2. 开拓资源渠道

枢纽型社会组织必须不断开拓资源渠道，实质性地支持处于一线的操作性的社会组织。社会组织对资源的需求是广泛而多样性的，处于不同发展时期的社会组织需要不同类型与不同"重量"的资源：从需要免费低价的办公场地、便捷的社会组织登记审批注册流程，到社会组织宣传网站建设支持、提供办公设备支持、项目资金支持、人才培育支持等。以支持型机构恩派（NPI）[①]的社会组织"孵化器"项目为例：在社会组织初创期，恩派可以提供一张办公桌、一根网线、每月3 000元左右的行政经费资助、不定期的机构负责人能力建设等。这些看似不起眼的支持，对还处于社会组织初创期的公益创业者而言，就已经是一笔相当充裕的资源了。当一个社会组织度过初创伊始，开始规划自身的下一步发展，那么一个合适规模的政府购买服务项目、一份能与相关街镇社区建立紧密联系的合作方案、一个面积更大的办公室等都是这一阶段社会组织的需求。以上海市浦东新区已经建立的20多个街镇层面的"枢纽型"社会组织——街镇社会组织服务中心为例：有部分街镇社会组织服务中心能为社会组织提供初创期所需的办公室以及基本的办公设备，也能为社会组织联络到当地街镇的公益项目，支持社会组织参加上海市社区公益服务招投标项目等，这对于初创期的社会组织培养自身能力，并在社区站稳脚跟是非常有益的。而到社会组织开始考虑设计自身战略规划、开始渴望有机会与更多合作方交流推介自己、开始扩张业务范围建立更庞大的机构体系时，枢纽型社会组织又应当承担起满足更高的服务需求的要求。在近年的实践中，能力建设型的支持性社会组织或方案（如上海映绿公益事业发展中心、北京倍能公益组织能力建设与评估中心、南都基金——银杏伙伴成长计划等）既能为社会组织提供更进一步的战略规划、能力支持等，又能解决这一发展阶段社会组织存在的疑惑。

  开拓资源渠道是枢纽型社会组织运作机制完善的重点，而妥善分配资源，也是枢纽型社会组织的重要职责之一。为了向前发展而获取越来越多数量以及越来越多种类的资源，是每一个社会组织成长的必经之路。而枢纽型社会组织则是要为其他社会组织提供符合其每一发展阶段所需的基本支持。需要强调的一点是：提供支持性服务、协助其他社会组织获得所需资源绝不是意味着枢纽型社会组织为其他社会组织"包办一切"，因为包办一切只会让社会组织越来越依赖外界的纯粹支持而失去自身的生命力与活力。如果将过于丰沛的资源与社会组织进行对接，无异于是一种浪费，并对社会组织发展造成另一种程度的重荷。枢纽型社会组织需要对自身做好定位，明确自己服务于处于哪一发展阶段的社会组织，然后再去争取、开拓和调动相应级别和相应数量的资源。

[①] 恩派（NPI）是在政府主管部门、国内外资助型机构、企业界、学界等关键"拥护群"的支持下发展起来的一个公益支持性组织集合体。

三、上海浦东新区团委作为枢纽型组织的实践案例

（一）多方位增能：青年家园公益服务支持中心的实践

1. "青年家园"生逢其时

2012年5月21日，由浦东新区团委作为业务主管单位的上海浦东新区青年家园公益服务支持中心（以下简称"青年家园"）成立，业务范围是为青年社会组织提供各类服务，促进青年社会组织的发展。浦东新区团委认为，共青团要发挥好枢纽型作用，引导社会组织、社会群体参与社会建设，需要有一个实体化的平台。如果单纯依靠团的组织体系、团建方式来做社会领域的工作，容易走向行政化，并且很难满足青年多样化的社会需要，再加上缺乏政策、资金等的支持，其本身的可持续性、有效性都会成为问题。同时，共青团虽不具有政策资金等优势，但有组织体系覆盖广泛、联系政府、市场、社会各方面的优势。

因此，由共青团来推进"青年家园"工作是比较合适的，既有利于发挥共青团参与社会建设的积极作用，又有利于发挥共青团的政治优势、组织优势和先发优势。

2. "青年家园"建成五个中心

在"青年家园"建设和运行过程中，浦东新区团委赋予其多项功能，要求建成为五个"中心"：

（1）集中办公中心。浦东新区团委经过努力争取到南浦广场公园、浦东公益街两处办公点资源，总面积约600 m²。向全区青年社会组织提供会议、活动、展示、临时办公等场所及设备，为各类公益项目、社会公共服务项目提供服务，一些非正式组织也都可以把自己的项目"寄放"在这里执行，在这里可以得到办公、文印、会议等多种多样的便利条件。一旦项目执行完成就要离开中心，为其他青年社会组织和青年志愿者提供持续服务，形成"拎包即能入驻，入驻后各类资源不断"的良性状况。

（2）社会组织孵化中心。为各类非正式组织提供孵化服务，孵化成熟后向民政部门推荐正式登记注册。同时，承担全区青年社会组织管理工作，对于还未正式登记注册的青年自组织，做好摸底和联系工作，并建立浦东新区青年社会组织以及社会建设人才动态数据库。

(3) 公益项目支持中心。打造公益项目服务链，对接相关政策、社区、企业及团组织，独立承接或培育社会公益服务项目，成为汇聚各类社会公益服务项目的平台。

(4) 社会领域人才培育中心。凝聚培育社会领域领军人才，向区级各类社会组织、街道各类公益组织举荐人才。2012 年，推荐 6 名青年社会组织代表成为浦东新区第五届青年志愿者协会理事，24 名青年社会组织代表成为会员，推荐 1 名青年社会组织负责人参加全国青少年生态环保社团骨干培训班。服务各类社会领域从业者，强化能力建设，吸引更多青年人才参与社会公共服务事业。对各类社会领域青年人才开展包括社会建设理论、社会工作、项目创意执行、组织管理、财务管理等各方面的理论培训，通过项目执行等实践方式培育一支青年工作以及社区工作的青年骨干队伍。

(5) 志愿者管理中心。汇聚各类志愿者团队，吸引青年志愿者到"青年家园"提供服务，参与"青年家园"的项目服务，使浦东新区想做公益的青年志愿者，都能在这里找到合适的公益项目。

（二）指导型支持：上海携手同行青少年发展中心

1. "携手同行"：共同面向未来

上海携手同行青少年发展中心（以下简称"携手同行"）成立于 2012 年 6 月 26 日，是一家民办非企业单位，登记机关为浦东新区社团管理局，业务主管单位为浦东新区团委，服务范围是致力于为社区有需要的家庭青少年提供咨询讲座和品格训练，并开展相关符合公益事业的活动。目前有固定的领导团队（6 人），以及人数相对固定的核心组服务团队（20 人左右），成员彼此之间很熟悉，且在"携手同行"均服务较长时间，对组织文化、管理结构、基本运作都有较深入的理解。因为长期合作，彼此之间的情感也很深厚，队伍的战斗力很强。

很多大学生在"携手同行"服务并且表现优秀、成长很多，其中大多数人都已经毕业并且步入社会工作岗位；"携手同行"和这些参加过活动的志愿者彼此影响，"携手同行"坚持的教学理念——"朋辈教育"和举办的活动，引导志愿者增添对社会的责任感、理解关爱并化作实践，志愿者则将此精神在活动中、工作中、生活中展现出来，像蒲公英一样将"关爱他人"这种价值观带进社会的各个角落。从长远看，"携手同行"可以像一个火种一样，把散发出来的"爱"的能量不断传播到参与或了解本组织的活动的人群，产生深远的积极影响，为倡导积极向上热爱生活的价值观、维护社会和谐稳定做出巨大贡献。

"携手同行"最初是志愿者自发组织的民间性质的社会团体，是由一群从事不同岗位的年轻人和校园学子为着共同的梦想而组建起来的社会青年组织，主要通过为在上海打工的外来务工人员子女及社区内有特别需要的家庭提供课外教育，以达到培养和教导其道德规范、丰富其课余生活的目的，并且帮助和关怀外来务工人员家庭更好地融入上海这座现代化的城市。"携手同行"一直坚持服务于6～12岁的孩子健康成长，其工作目标是：丰富孩子们的课余生活，开阔视野，发展他们的多元能力；同时协助家长、学校培养孩子们良好的行为规范和道德品质。通过搭建服务平台，使每位志愿者能找到合适的位置并快乐地投入，同时性格及能力得到锻炼。加强教育政策咨询，通过"孩子、志愿者、家长"三方之间彼此的影响，促进社区的和谐发展。

"携手同行"在正式注册成立前，已经与浦东新区团委有长达7年的合作。浦东新区团委成为"携手同行"业务主管单位的主要原因是：随着浦东新区经济持续高速发展，外来务工人员的数量也在不断扩大，与本地居民人数的比例高达1：2左右。但是，外来务工人员融入上海这座大都市的速度却非常迟缓。在上海，外来务工人员基本处于城市边缘，成为城市"边缘人"，地理、经济以及心理方面的原因，使得外来人口的管理问题日益突出，其中外来务工人员子女的教育问题尤为重要，这正是浦东新区团委确定的经常性的重点工作。

2. "携手同行"：五大特色项目

"携手同行"这样一个青年社会组织深入社区、脚踏实地地做好外来务工人员子女的教育，对促进浦东新区的整体发展具有和谐有序的作用。近年来，在浦东新区团委的指导和支持下，"携手同行"开展了以下有特色的工作：

（1）"阳光课堂"皖蓼项目。"阳光课堂"皖蓼项目主要服务对象是外来务工人员子女，年龄在9～12岁之间。自2005年7月活动至今，已有8年多的时间，该项目的所有经费均由浦东新区团委提供。"阳光课堂"的价值理念是：1）接纳和尊重：体恤和了解他们的感受，给予他们真正的关怀和接纳，尊重他们的价值观，当孩子感受到被接纳和尊重时，就会有动力和信心改变自己。2）激励：善于发现和欣赏他们的优点，把激励融入课程和活动中，帮助学生认识自我和挖掘潜能，建立自我价值和信心。3）参与和引导：帮助学生建立自信，支持和鼓励他们面对问题，引导他们经历成长过程中的挑战，学习解决问题的方法，帮助他们成为一个独立自主的人。

"携手同行"组织"阳光课堂"民办皖蓼学校春季周末班活动，招募上海青年干部管理学院、上海对外贸易学院、上海师范大学等数所高校志愿者，在周末进入位于浦东川沙地区的民办皖蓼小学,给孩子们带去"兴趣课""通识课""成长课""英语课"等丰富而有趣的课外辅导课程。自"阳光课堂"皖蓼项目启动以来,志愿者们纷纷展示自己的活力,与外来务工人员子女开展亲切而欢乐的互动,极大地增强了志愿者的凝聚力,提高年轻人参与公益活动的积极性。

(2)"阳光课堂"三林社区项目。自2009年活动至今,历经了4年的时间。该项目是在浦东新区团委的对接下,通过基层团组织——三林镇团委牵头落地实施的。通过与香港 ProjectKids 公司合作,志愿者们在每周末与三林当地的外来务工人员子女开展一系列的互动,给孩子们带来品格引导课程,帮助孩子们提高情商,得到快乐。

(3)浦东新区青少年心理健康教育发展中心服务。自2011年4月以来,"携手同行"参与协办浦东新区青少年心理健康教育发展中心的项目,每周末派出志愿者,为前来咨询的家庭免费提供心理咨询服务。为心理健康教育发展中心服务的志愿者,大多都是心理学专业的在校大学生,对于心理学了解得比较多,拥有相关的专业知识和技巧,给来访的青少年提供心理方面的服务。

(4)志愿者培训。"携手同行"给志愿者们提供专业培训,内容包括:"携手同行"机构介绍、志愿者精神介绍、项目活动介绍、课程介绍、与小朋友相处方式培训等方面。通过这些培训,使得新加入的志愿者们,能对所服务的公益活动有一个全方位的认识,能够学习到一些专业的技能,帮助志愿者们更好地为所需要服务的人群提供优质服务。

(5)"浦杰少年快乐营"活动。"携手同行"发挥在青少年品格教育和社会融入方面的品牌优势,与浦东新区团委合作,通过"品格教育+财商教育"的模式,为小朋友打造全新的夏令营体验,使孩子们在暑假里健康成长。

四、主要结论

(一)积极培育和凝聚是做好枢纽型社会组织运作的前提

目前青年社会组织中既包括依法登记注册的社会组织(由青年发起为社会服务的社会组织);也包括暂未具备登记注册条件但在积极发挥作用的自组织,如学校学生社团、虚拟网络社团、自发性文娱活动团队等,数量庞大,鱼龙混杂。枢纽型社会组织运作的首要前提和职责就是做好大部分社会组织的培育和凝聚工作。

1. 通过交通汇聚

浦东新区团委近几年来开展形式多样、内容丰富的各类活动,以活动为主要抓手,与全区200家青年社会组织加强常态联系。

2. 通过联盟聚集

浦东新区团委通过学校社团组织建立各类车友、动漫、科技、环保的学生社团联盟,以松散型的青年社会组织联合体形式,扩大对不同类型青年社会组织的联系面。

3. 通过枢纽凝聚

通过多样化的"组织枢纽"来整合各类青年社会组织,如以浦东新区团委为业务主管单位的青年志愿者协会,就是一个功能性的"枢纽",主要工作就是整合青年公益组织。

(二)加大引导和扶持是做好枢纽型社会组织运作的重点

引导和扶持是对青年社会组织服务中最关键的一环,只有加强了引导和扶持,青年社会组织才能更好地成长和发展,并且做大做强。

1. 分类引导

对注册的青年社会组织,浦东新区团委在活动参与、孵化培育、购买服务等方面提供服务;对有意向登记注册并符合一定条件和要求的青年社会组织,积极帮助它们落地注册,并由团委作为业务主管单位,或者推荐去其他更适合的主管单位。

2. 提供公益项目服务

浦东新区团委积极整合和争取各类政府、企业、媒体及团内资源,为青年社会组织提供资金、场地、培训等支持。

3. 加强枢纽式服务管理平台建设

浦东新区团委建立青年家园公益服务支持服务中心,是集组织建设、人才培养、项目培育、资源保障四位一体的扶持基地,这也是浦东新区团委做好"枢纽"社会组织工作中非常成功的运作方式。

(三)建立以团为核心的组织体系是做好枢纽型社会组织运作的关键

以多样化的联系方式和多层次的组织形式对应青年群体的流动分化重组,助推青年社会组织与团组织的良性互动,这是共青团作为枢纽型社会组织服务青年社会组织的最终目标,所以,建立以团为核心的组织体系是浦东新区团委做好枢纽型社会组织运作的关键。

1. 健全组织体系

通过纳入式直接在社会组织中建立团组织；通过枢纽式（青年家园公益服务支持中心、塘桥社会组织服务中心等）建立基层团组织，实现对部分青年社会组织的联系服务。

2. 发挥团属社会组织作用

引导青年志愿者协会、青年联合会等团属社团实现实体化运作、项目化服务、社会化和专业化发展。

3. 加强合作联系

深化青年社会组织与基层团组织的联动，在项目、资源、阵地、人力等方面开展合作，推出"阳光课堂"等由青年社会组织具体实施、基层团组织推广铺开的工作项目。

第五章
从康复救助到全面服务：
残联组织的功能整合①

---

① 本章的主要内容来自作者承担的上海市残疾人联合会课题：社会转型期残疾人工作面临的挑战及上海市残联代表和维护残疾人权益的新探索，2010年。由作者与葛玲琳合作完成。

一、我国残联组织的四重属性和三大功能

（一）我国残疾人组织的变迁轨迹

残疾人群体是一个庞大的社会群体，又是处于社会底层的弱势群体，对社会弱势群体的关注，是衡量社会文明进步的重要标志。2008 年中共中央 7 号文件[①]和 2008 年 11 月召开的中国残联第五次全国代表大会都强调要加强残疾人保障体系和服务体系建设（以下概括为"两个体系建设"），对残疾人基本权利的保障和服务关系到残疾人的切身利益和社会的和谐稳定。"两个体系建设"涉及人数众多的特殊困难群体和政府职能部门的工作，如果没有一个能有效贯穿于两者之间，协调各类矛盾与冲突的残联组织，那么，残疾人保障与服务工作的开展将会非常困难。

1. 中国残疾人组织缓慢发展时期：新中国成立至 1978 年

中国残疾人事业是随着新中国的成立，随着经济和社会的发展而发展起来的。在 1954 年我国颁布的第一部宪法中就明确规定："中华人民共和国劳动者在年老、疾病或者丧失劳动能力的时候，有获得物质帮助的权利。"表达了对残疾人权利的肯定。1953 年中国盲人福利会成立、1956 年中国聋人福利会成立，"行政经费从 1957 年开始列入民主党派人民团体补助费的项目内，直接向国务院机关事务管理局通报，人员编制和管理与其他群众团体一样，由国务院人事局管理"。1959 年两会合并为中国盲人聋哑人协会，各省、市、自治区、直辖市设立分支机构及下属组织。这是新中国最早的残疾人组织，他们的主要工作是盲人手语研究、教育、对外交流等。

1966—1977 年的十多年间，由于"文化大革命"造成的干扰和破坏，中国盲人聋哑人协会的工作基本停顿。

2. 残疾人组织恢复重建时期：1978 年至 20 世纪 80 年代中期

1978 年之后是中国残疾人事业发展开创新局面的阶段。1978 年 8 月 5 日，中共民政部党组织向国务院提交了《关于恢复中国盲人聋哑人协会组织和工作的报告》，报告指出："1968 年内务部撤销后，原内务部代管的中国盲人聋哑人协会（以下简称协会）已有 10 年停止活动了，目前广大盲人聋哑人迫切要求恢复协会组

[①] 中共中央国务院关于促进残疾人事业发展的意见（中发［2008］7 号）。

织，经我部党组会议研究，认为协会应即开始恢复工作。"之后，各省、市、自治区、直辖市的盲人聋哑人协会及其下属组织也相继恢复工作。1982年全国人大修改后的《中华人民共和国宪法》进一步明确了"中华人民共和国公民在老年、疾病或者丧失劳动能力的情况下，有从国家和社会获得物质帮助的权利"，并首次规定"国家社会帮助安排盲、聋、哑及其他有残疾的公民的劳动、生活和教育"。

新中国成立以后，政府通过一系列措施实现了对社会重要资源的垄断，并在此基础上形成了国家保障型的社会保障制度，然而这种单一的由国家提供保障的制度，并不能很好地实现对国民福利责任的承诺。① 1984年3月15日，中国残疾人福利基金会在北京正式成立，以更好地解决残疾人的问题。作为全国性的社会福利团体，残疾人福利基金会以贯彻宪法精神、使残疾人得到社会的尊重和帮助、以平等的权利参与社会生活为宗旨。

在残疾人福利基金会成立初期面临着一系列的困难，比如：没有稳定的经济来源，其工作计划也没有真正纳入国家的国民经济和社会发展计划，基金筹集和使用还没有稳定的渠道等。为了推动残疾人工作，1986年7月12日"联合国残疾人十年（1983—1992）"中国组委会在北京成立，由民政部、国家教委、卫生部、劳动人事部以及中国残疾人福利基金会、中国盲人聋哑人协会等21个部委和群众团体组成。

3. 残疾人组织走向成熟的时期：1988年中国残联成立至今

随着社会的快速发展，残疾人面临的困难日趋多样化，社会需求不断增长，而人口众多、底子薄弱的基本国情决定了国家对残疾人事业发展的投入的有限性。为了缓解这个矛盾，一方面要将残疾人事业纳入国家改革发展的整体规划之中，另一方面还需要建立一个符合中国国情的社会化的工作体系来提升残疾人工作的张力。中国残疾人福利基金会、中国盲人聋哑人协会这两个社会团体的成立可谓应势而生，在一段时间内有效缓解了残疾人事业发展所面临的问题，但是无论从成立背景还是性质定位上看，它们也各有所长和不足。"随着形势的发展和改革的深化，目前的组织形式已经不能适应工作的需要。一是体制不顺，机构重叠，力量分散，不能形成合力。二是组织不完善，功能不健全，占五类残疾人总数一半以上的肢体残疾、智力残疾、精神残疾者，没有相应的代表组织。三是组织制度、职能和活动方式不适应社会化管理的要求。"② 显然，仅仅依赖政府以及残疾人社会团体的力量，

---

① 田凯. 非协调约束与组织运作——中国慈善组织与政府关系的个案研究. 北京：商务印书馆，2004，第56页

② 中国残疾人事业年鉴（1949—1993）. 北京：华夏出版社，2000

难以完全实现将残疾人群体纳入社会福利体系，因此，亟须调整和重构残疾人组织及其工作体系。

1988年3月，在中国残疾人福利基金会和中国盲人聋哑人协会的基础上，成立了中国残疾人联合会（简称中国残联），邓朴方为中国残联主席团主席兼执行理事会理事长。① 其后，1993年10月、1998年10月、2003年9月、2008年11月、2013年9月相继召开中国残疾人联合会第二次、第三次、第四次、第五次、第六次全国代表大会。

残疾人工作不仅事关各级残联，更涉及政府相关职能部门以及全社会的配合与支持，而复杂的社会关系与政府部门职能的重叠冲突，使得残疾人工作困难重重。为加强对残疾人事业的领导和协调，1993年9月底，国务院设立了国务院残疾人工作协调委员会，作为国务院议事协调机构，是全国残疾人事业的最高机构。其具体工作由中国残联承担，秘书处设在中国残联。在国务院的统一领导下，地方各级人民政府也相继设立了"政府残疾人工作协调委员会"。全国31个省（自治区、直辖市）人民政府都在原政府残疾人事业领导小组的基础上设立了残疾人工作协调委员会。

至此，我国构建了一套较为完善的残疾人工作组织体系：即以政府为主导，以残疾人社会团体为纽带，以街道、乡镇、企事业单位为基础，以家庭、邻里为依托的结构体系。② 中国残疾人联合会的组织系统由三个部分组成：权力及监督机构、执行机构和专门协会③。残联的最高权力及监督机构是各级代表大会。代表大会闭幕期间，由其主席团行使代表大会职权；残联执行理事会是代表大会及其主席团的常设执行机构。下设办事机构，实行理事长负责制，承办残联的日常工作。执行理事会对主席团负责，每年向主席团报告一次工作；五大专门协会在残联的领导下开展工作与活动（见图5—1）。

（二）残联组织的性质及多重属性的关系

1. 残联组织的性质界定

《中国残疾人联合会章程》规定："中国残疾人联合会（简称中国残联）是国家法律确认、国务院批准的由残疾人及其亲友和残疾人工作者组成的人民团体，是全

---

① 中国残疾人事业年鉴（1949—1993）. 北京：华夏出版社，2000
② 蔡禾，周林刚，等. 关注弱势城市残疾人群体研究. 北京：社会科学文献出版社，2008，第15页
③ 专门协会：根据中国残联章程规定设立的，在同级残联领导下按残疾类别设立的残联内群众组织。

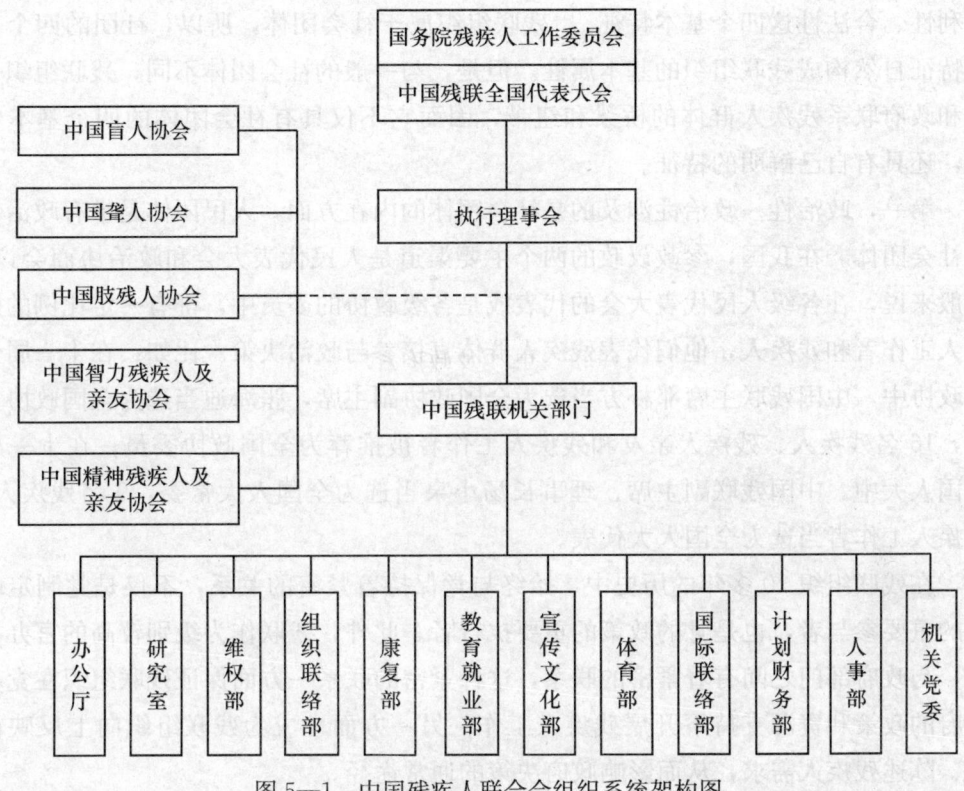

图 5—1 中国残疾人联合会组织系统架构图

国各类残疾人的统一组织。"① 人民团体是指由中国共产党领导的，按照其各自特点组成的从事特定的社会活动的全国性群众组织。人民团体既是人民群众自己的组织，又是中国共产党联系人民群众的纽带和桥梁，有的还是一种统一战线的组织形式。各人民团体章程都明确规定其是中国共产党联系群众的桥梁和纽带，它们虽然是非政府性的组织，但在很大程度上行使着部分政府职能。《社会团体登记管理条例》也规定，这些群众组织不必在民政部门登记注册，经费主要来自国家财政拨款，工作人员是国家事业编制乃至公务员编制。因此，区别于一般的社会组织，残联组织的性质有其特殊性，而作为社会团体它也扮演着促进社会和谐发展，保障残疾人利益的重要角色。

2. 残联组织的四重属性

很多学者认为，社会团体的概念应当是多维的，至少包括自愿性、组织性、非

---

① 《中国残疾人联合会章程》（2008）

营利性、合法性这四个基本特征。① 残联组织属于社会团体，所以，社团的四个基本特征自然构成残联组织的基本属性。但是，与一般的社会团体不同，残联组织是党和政府联系残疾人群体的桥梁和纽带，因而它不仅具有社会团体的四个基本特征，还具有自己鲜明的特征。

第一，政治性。政治性涉及的是社会团体的内在方面，人民团体是带有政治性的社会团体。在我国，参政议政的两个主要渠道是人民代表大会和政治协商会议。一般来说，在各级人民代表大会的代表或是各级政协的委员中，都有一定比例的残疾人工作者和残疾人，他们代表残疾人群体直接参与政治决策。比如：在十一届全国政协中，中国残联主席邓朴方当选为全国政协副主席，张海迪当选为全国政协常委，16名残疾人、残疾人亲友和残疾人工作者被推荐为全国政协委员；在十一届全国人大中，中国残联副主席、理事长汤小泉当选为全国人大常委，9名残疾人、残疾人工作者当选为全国人大代表。

在残联组织20多年的历史中，始终与党保持着紧密的关系，不仅是党制定政策的重要参与者，也是党的政策的重要执行者。此外，残联作为级别较高的官办社团，与政府部门之间有着紧密的联系，这种紧密的联系一方面保证残联组织在党和政府的政策和资源支持下开展残疾人工作；另一方面也成为残联组织向上反映情况、陈述残疾人需求，从而影响政府决策的通常途径。

第二，群众性。社会团体是由于符合某种社会习惯、文化传承而能够在某一区域赢得一些民众、一定群体的承认乃至参与，发挥了凝聚和团结群众、维护社会和谐稳定的作用，因而具备群众性。残联组织的成立，一方面由于残疾人群体处于社会弱势地位，客观上存在一定的自卑感和心理偏差，他们迫切需要一个组织能为他们所依靠，反映他们的需求，倾听他们的声音，维护他们的权益；另一方面，政府承担着为所有居民提供公共服务和社会保障的职责，随着社会的发展和残疾人群体需求的日益多样化和复杂化，为了更好地服务残疾人，政府不得不将这部分责任下放，成立残联组织进行统一管理和服务。

第三，服务性。在党和政府的领导下，残联组织承担起了几乎所有保障残疾人基本福利的责任，在配合国家经济社会发展，持续增进残疾人的社会福利方面发挥了重大的作用。残联组织代表了残疾人的根本利益，服务于残疾人，甚至可以说其所有属性都是建立在"服务性"的基础之上。残联组织存在的立足点在于它的服务对象，其权威亦来源于残疾人的切实需求。工作对象的特殊性决定了残联组织服务

---

① 王颖. 社会中间层——改革与中国的社团组织. 北京：中国发展出版社，1993，第82页

的方式方法，工作对象的实际需求决定了残联组织的职能转换与外延，脱离服务对象的作为都是没有意义的。因此，服务性是残联组织最核心的属性，是其余属性存在的基础与前提。

第四，行政性。残联组织成立的基础是行政性体制的程序和惯例，其职能通过政府部门以某种方式让渡或传递而来。而残联组织的领导者本身就是一定级别的行政领导，那么，这种组织的行政性就更加显著。残联在成立之初，为了更好地管理和发展残疾人事业，承担起政府委托的任务，成为政府部门的左右手。残联的组织架构参照行政机关模式"自上而下"建立，其干部多数是从国家机关调配，工作人员是国家事业编制乃至公务员编制，工作方式和习惯基本沿用行政机关的套路。此外，国务院还规定："残联的职能是代表残疾人的共同利益依法维护残疾人的合法权益，协调、组织开展残疾人康复、教育、就业、文化生活等工作；承担国务院残疾人工作协调委员会的日常工作。"

3. 残联组织四重属性的关系

多重属性构成了残联存在的意义和目标，缺少任何一个都会严重影响残联组织职能的履行和服务功能的发挥。服务性是残联组织存在的立足点，也是其余属性有效运作的重要支撑，四种属性以服务性为基础，作为一个整体而存在，共同构成了残联组织。因此，为了有效发挥残联组织在社会管理中的作用，应当发挥整体功能，实现残联组织的职能拓展。

所谓整体功能发挥，就是实现残联组织政治性、群众性、服务性和行政性的协调发展和全面发挥。这四种属性之间存在着相互支撑的关系（见图5—2）：第一，政治性隐含或渗透于群众性之中，通过政治性的导向作用，有利于形成残联组织的凝聚力，更好地履行社会职责，体现其群众性属性。第二，行政性通过权威和政策手段支持着群众性的运作，群众性通过行政性得到体现和发挥，有利于提高残联组织的吸引力。第三，在群众性和行政性得到充分发挥的基础上，增强了残联组织的感召力，使政治性得到有效展示，有利于扩展残联组织的影响力。第四，服务性是上述属性的基础和立足点，服务对象的需求决定着服务提供的方式和方法，以需求为导向的服务性属性支撑着残联组织职能的履行和其余属性作用的发挥。

长期以来，残联组织在履行其为残疾人服务这一职责的过程中，往往更偏重于政治性和行政性功能的发挥，换言之，残联组织无论在思维认知还是在行为惯性上，都将残疾人群体视为一个"被管理的对象"，弱化了社会服务功能和职责。在社会发展之初，为了实现对残疾人群体的统一管理与服务，政治性和行政性角色发挥着主导作用，并且起到了积极的效果。然而随着社会的发展与进步，残疾人群体

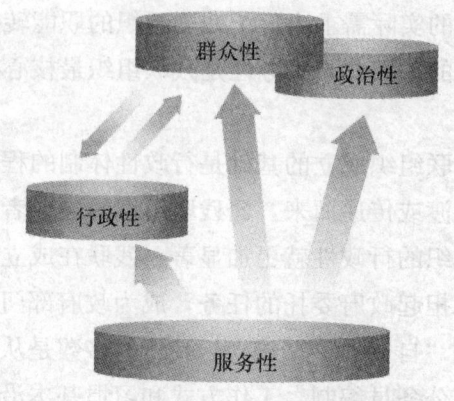

图 5—2　残联组织四重属性的关系

的生活水平总体上得到了改善和提高,逐渐摆脱物质层面的困境,并且在此基础上追求精神层面的丰富及与之相应的权利,这就与残联组织一贯的工作方式和方法出现了诸多不适应的地方。残联组织的多重属性与主要功能的发挥本身并不存在任何矛盾与冲突,为了更好地适应社会发展,满足残疾人群体的需求,残联组织必须着力履行其社会服务功能,拉近与残疾人群体的距离,摆脱高高在上的官僚作风,依托社会服务功能的实现加强和深化政治角色功能及行政管理功能的发挥,并以服务性属性为基础,实现多重属性间的良性互动。

(三)残联组织的三大功能:以上海市残疾人联合会为例

1. 政治角色功能:代表和维权

中国残联成立以后,中央政府赋予中国残联在残疾人事业领域内行使政府职能的责任,给予整个残联系统以公务员待遇,由国家财政负担工资和行政开支。残联成为与 1949 年参加新政治协商会议的共青团、妇联等组织性质相同的人民团体。而残疾人工作涉及 30 多个政府部委办局,仅靠残联以人民团体的角色无法推动,所以 1993 年国务院残疾人工作协调委员会成立,部委办局的主要负责人参加。2006 年,为了进一步强化这个机构的行政权力,更名为国务院残疾人工作委员会(简称残工委)。国务院规定,残工委负责综合协调有关残疾人事业方针、政策、法规、计划的制定与实施工作,秘书处设在中国残联,具体工作由中国残联承担。①

残联代表着 8 000 多万残疾人的根本利益,维护他们的基本权益,是残联组织

---

① 杨团. 北京市民办残疾人康复服务机构研究报告. 见:宓小雄,阎明主编. 中国社会政策研究十年·研究报告选(1999—2008). 北京:社会科学文献出版社,2009,第 326—345 页

第一位的功能，也是其他任何组织、机构无法取代的。"千条万条，密切联系残疾人是最根本的一条；这不能丢，那不能丢，残疾人最不能丢。"[①] 但恰恰在这一点上，残联组织做得尚不足够，还需要做很大努力。随着经济社会的发展，我国保障残疾人权益的法规、政策逐步完善，但有的法规、政策在制定时未充分考虑或忽视了残疾人的利益，客观上导致残疾人权益受到侵害。残疾人事业各领域的工作归根结底是要保障残疾人各项权益的实现。残联是残疾人的代表组织，了解残疾人的状况，反映残疾人的需求，解决残疾人面临的具体困难和问题，维护残疾人的合法权益是残联应当承担的责任和义务。

2. 行政管理功能：管理和协调

残联组织是政府为了更好地获得和利用社会资源、对残疾人事业进行管理而成立的，因此，它实际上是处于 NGO 与政府之间的交叉地带。残联组织的一项重要职能就是受政府委托，管理和发展残疾人事业，残联组织和残联工作者是在党委和政府领导下建设与落实残疾人事业的骨干力量。《中国残疾人联合会章程》规定：残联要"发挥综合、协调作用"，"承担政府残疾人工作委员会的日常工作"。因此，残联作为政府残疾人工作委员会的办事机构，具备政府的行政功能。

残联组织的工作涉及残疾人生活的方方面面，小到诸如肢残人残疾车的停放管理，大到残疾人社会保障体系的建设。一头牵系着残疾人群体的呼声，另一头关联着政府各条线的职能部门、社会各界的作为，残联组织在其中发挥着重要的管理和协调作用。2008 年，为了大力推进残疾人就业，上海市残联依托劳动保障部门，以安置新生劳动力、缓解就业难点和提升残疾人就业层次为重点，采取分散和集中相结合的就业方式，鼓励、扶持残疾人个体开业和非正规就业，同时依托社会力量开拓公益性劳动岗位，开辟多渠道、多层次、多形式的残疾人劳动就业新途径，累计安置 4.6 万余残疾人就业。

残联是一个真正的社会组织，以社会组织的形态运作，开展各项工作。但这并不意味着它的运作不需要政府的帮助，相反，国家与社会的合作是取得善治的关键因素。[②] 残联在服务残疾人的过程中，管理残疾人各项事务，积极协调各方力量，很好地履行了作为政府左右手的行政职能。

3. 社会服务功能：团结和凝聚

残联组织在凝聚、团结残疾人群体等方面具有独特的优势。残联组织的成立植

[①] 邓朴方同志在第十次全国残联工作会议上的讲话。
[②] 包雅钧."量体裁衣"机制与制度创新——成都市残疾人联合会创新服务机制的案例分析. 成都大学学报（社会科学版），2007（1）.

根于为残疾人群体提供更加优质的服务,其服务性属性的核心地位也说明了残联组织对于残疾人社会服务具有不可推卸的责任和义务。相对于政府部门,残联组织更加贴近残疾人的生活、更易把握残疾人的需要、服务更具针对性和适应性,残疾人遇到困难第一个想到的就是自己的组织——残联,心里的归属感和认同感不言而喻。残联组织服务作用的有效发挥,使社会管理的制度框架更加富于弹性和柔性,发挥着连接残疾人与残疾人、政府与残疾人的桥梁和纽带作用。

在建立社会主义和谐社会的进程中,政府逐步把一些社会管理职能交给社会团体,残联组织在其中承担了很多政府无力承担的职能。通过专门协会和基层残联工作者的触角,残联组织将分散于各个角落、不同残疾类型的残疾人凝聚在一起,形成了一个居于政府与残疾人之间的"中介体":代表残疾人群体的利益要求下情上传,同时也将党和政府的方针政策上情下达。《中国残疾人联合会章程》明确规定:盲、聋、肢残人等协会主席、副主席分别由本类残疾人担任,智、精协会主席、副主席分别由本类残疾人及亲友(亲属或专业人士)担任。这样的人员配备一方面体现了残联组织代表、服务残疾人的决心和立场,另一方面通过残疾人自治的形式让残联组织更加为残疾人群体所信赖。

残疾人由于生理缺陷,加之活动范围有限,容易产生自卑、排外等情绪,尤其当面对正常人时,往往难以正常进行交往和接触。残联组织的存在不仅为残疾人的生活、学习、就业等方面提供了求助的路径和心理的依赖,也为其创造了与同类残疾人交流沟通、相互帮助的平台。残疾人通过残联组织找到了自己的群体和朋友,他们逐渐走出自己孤单闭塞的世界,开始尝试与外界对话。各个专门协会在残联的指导下实行残疾人自治管理,将同类别的残疾人紧紧团结在一起,他们根据自己的需求和爱好举办各类活动,丰富了自己的生活,增强了自助的能力,同时也向外界展示自己的风貌。这些改变的产生依赖于上海市残联给予残疾人群体的归属感和安全感,这不仅提升了残疾人的幸福指数,也有利于全社会朝着更加和谐稳定的方向发展。

二、残联组织官本位理念偏差下的行为困境

(一)重政治性和行政性导致服务能力严重不足

由于残疾人的特殊性,要把残疾人服务工作落到实处是一件难度很大的事情,

这就必须调动一切可以调动的力量，除了发挥政府有关职能部门的积极性和优势以外，还必须依靠残联组织为建立和落实残疾人服务体系做好支持与服务工作。"残疾人的问题找残联"已经不仅成为全社会的普遍认知，也是残疾人群体的集体选择。中国残联自成立时起，就明确地提出"亦官亦民"[①]性质和融"代表、服务、管理"三位为一体的职能。《中国残疾人联合会章程》明确规定："中国残联具有代表残疾人共同利益，维护残疾人合法权益；团结教育残疾人，为残疾人服务；履行法律赋予的职责，承担政府委托的任务，管理和发展残疾人事业的职能。"为残疾人服务是《中国残疾人联合会章程》的明确要求，是残联的性质所决定的。但是，残联组织却一直把工作重点放在做好"亦官"上，强调对残疾人的"管理"，而其服务残疾人、代表残疾人的职能和理念却始终没有得到贯彻与重视。残联的残疾人工作还没有从临时性救助、补缺型发展向制度化安排、体系化发展的现代残疾人事业方向转变，服务体系覆盖面较窄、水平较低，难以满足残疾人的需求[②]。

1. 角色定位不清，职能履行偏位

虽然残联在工作形式上保留了社团的理事会制度，由理事长管理下属各部门的工作，定期实行换届选举。但在实质上，残联更接近于行政性组织。例如，上海市残联是一个政府的局级单位，拥有政府的财政拨款，使用政府提供的办公场所，全职工作人员大部分是公务员编制和事业单位编制。无论从哪个角度看来，残联组织就是一个管理残疾人的"小政府"，社会对其性质普遍误解也不足为奇。残联这样的人民团体是集政治、行政、社会角色于一身的中国式体制的独特混合体，[③]同时兼具了各个角色所带来的使命和责任，在扮演每个角色时都不可避免地掺杂了别的成分，角色混淆导致任何一项功能都难以顺利地执行。

改革开放以来，行政体制改革从上而下全面铺开，各个部门都向着服务型政府转变，残联也在这股改革的热潮中逐步推动各项服务的开展，提升自己的服务能力。但是由于角色混淆，残联在其中到底该做什么、怎么去做，一直以来都是模棱

---

① 中国社科院社会政策研究中心课题组. 国家福利扩展与残联组织正位——以北京市残疾人康复工作为例. 中国社会学网：www.sociology2010.cass.cn. "亦官"，就是残联受政府委托，协助政府研究制定和实施残疾人事业的法规、政策、规划和计划，承担政府残工委日常工作，发挥综合协调作用，具有相应的只有政府才具有的工作条件和手段；"亦民"，就是残联作为残疾人的代表组织，代表残疾人的利益，联系团结残疾人，反映残疾人的意见和需求，以民间的灵活多样的方式开展工作，动员和组织社会力量发展残疾人事业。

② 刘敏，鲍仁国. 残疾人社会保障问题探析——以江苏省为例. 南京人口管理干部学院学报，2009 (1)

③ 杨团. 北京市民办残疾人康复服务机构研究报告. 见：宓小雄，阎明主编. 中国社会政策研究十年·研究报告选（1999—2008）. 社会科学文献出版社，2009，第326—345页

两可的。残联是代表政府还是代表残疾人？是政策的制定者还是监督者？是应该直接服务于残疾人还是承担推动其他各类社会组织服务残疾人的责任？显然，就现阶段而言，两方面的成分都有，而且前者明显要重于后者。可是如果单从直接服务于残疾人的角色来看，残联的服务能力无论从专业、资源、体制上又都难以与其他涉及残疾人工作的如教育、卫生、民政等部门比肩而立，加上残疾人工作涉及面广，牵涉到不同的政府职能部门，各为其主，形成错综复杂的利益关系，致使残联在中层和基层工作上经常处于进退两难的尴尬境地。

2. 服务意识薄弱，认同水平较低

残联有着较浓的"官办"色彩，在实际运作中表现出诸多的依赖性。政府在某种程度上不仅成为它的宏观管理者，而且还是资源的直接提供者、日常运行的直接操作者，使得残联组织在不自觉中被扣上了"准政府部门"的帽子。这种"官办"的形象与政府行政体系的模糊关系在短期内为其成长提供了快捷的发展途径，但从长远来看，这种潜移默化的行政干预不仅使得残联在活动领域和活动方式上无法获得足够的制度空间，也因此削弱了其本应有的代表性和独立性，制约了其在残疾工作领域发挥弥补政府职能不足的作用，弱化了其代表残疾人的服务理念。

通过对作者所做问卷调查的分析发现，在受访残疾人中，依然有37%的人认为残联组织是政府部门，这与残联组织自身的形象建设和服务意识不无关系。由这种判断导致的主观意识会在不经意间影响残疾人群体对残联的评价。残联的宗旨和目标在于为残疾人服务，而"服务"就要求残联工作者在工作过程中保持热情、耐心和责任心，以专业的知识帮助残疾人解决困难。但是一方面，大多数残联干部都是直接从政府部门抽调而来，在为残疾人服务的过程中表现出官本位思想和居高临下的作风，缺乏服务意识，使得残联组织在残疾人群体中的形象和地位大打折扣；另一方面，我国的残疾人工作者基本上是没有经过专业训练的，加之文化水平较低，直接影响他们的工作能力，影响到残疾人对残联工作者的评价。调查数据显示，认为"残联组织在残疾人群体中有相当重要的地位"的只占33%，与此同时，30%的残疾人并不十分认可残联组织的地位（见图5—3）。

在对"残联组织工作人员服务态度的满意感"调查中，25.10%的受访者回答"非常满意"，39.84%的回答"比较满意"，而回答"一般""比较不满意""非常不满意"的分别占26.29%、6.57%、1.00%。也就是说，就调查样本而言，仍有33.86%的残疾人对于残联工作者的态度持保留或否定倾向。另有61.09%的受访者对残联组织现阶段的服务能力表示满意或比较满意，而29.64%的认为一般，6.45%的回答不满意（见表5—1）。总体而言，上海市残联的服务能力和态度得到

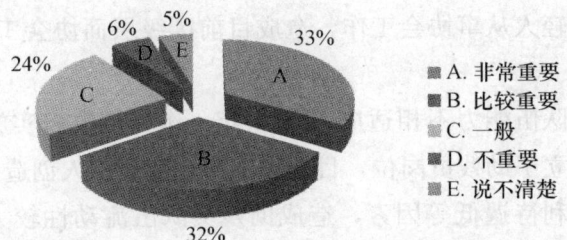

图 5—3 残联组织在残疾人群体中的地位

了来自残疾人群体比较正面的评价,但另有近三成的残疾人持否定态度说明问题依然不容忽视。

表 5—1　　　　　　　　残联服务评价表

	非常满意	比较满意	一般	比较不满意	非常不满意	不清楚
对残联组织工作人员的服务态度是否感到满意	25.10%	39.84%	26.29%	6.57%	1.00%	1.2%
对残联组织现阶段的服务能力是否感到满意	20.36%	40.73%	29.64%	5.44%	1.01%	2.82%

3. 组织体系架空,基层力量薄弱

残联组织建设问题也是制约其为残疾人提供更好服务的障碍之一。目前上海残联组织体系建设中最为突出的问题是,在街道(镇)、社区层面残联组织的力量较为薄弱,甚至在部分地区被弱化。

第一,街道(镇)残联没有专职编制。目前,虽然在市、区级残联组织中都有专职的残疾人工作者,但是全市绝大部分街道(镇)残联没有专职工作人员,一般都由负责民政的工作人员承担日常事务,民政科科长兼任残联理事长。他们除了承担残疾人工作之外,还有大量的"本职"工作要做,这就导致他们对残疾人的基本情况不够熟悉,没时间了解,工作不主动。而"民政科长"的行政职务会导致其工作重心更多地偏向民政,间接弱化对残疾人工作的关注。此外,由于基层残联组织工作人员编制较少,待遇低,严重影响工作积极性,导致工作效率不高,难以有效地完成繁重的工作任务。

第二,五个专门协会在区(县)、街道(镇)落地情况不乐观。专门协会是连接残联与残疾人的最为主要的沟通桥梁,但目前全市只有部分区的专门协会向街道(镇)延伸。同时,在区级层面,五个专门协会虽然大部分有固定的活动场所和一定的经费保障,但协会的工作人员都是业余性质,从事协会工作没有相应的收入或津贴，很难吸引年轻人从事协会工作，造成目前区级层面协会工作人员年龄偏大，后继乏人。

第三，助残员队伍能力不相适应。2004年，作为市政府实施项目在社区（居委会、村委会）设立了助残员岗位，目的在于给轻度残疾人创造工作岗位。但由于没有正式编制、福利待遇低等因素，造成助残员队伍流动性较大且年龄偏大。此外，助残员的文化程度普遍较低，没有接受过正规的培训，服务质量往往难以令残疾人满意。

4. 资金渠道单一，使用层面受限

上海市残联的工作经费主要来源于政府财政拨款和事业收入，而前者的比重更高达92.31%（见表5—2）。虽然从纵向上比较来看，国家财政每年对残疾人事业的投入有较大幅度的增加，但与此同时，我国残疾人数量也有大幅攀升。资金来源渠道单一，没有合理纳入其他筹资渠道是导致残疾人的部分管理和服务项目不能及时提供、服务载体建设不能有效推进的重要原因之一，具体表现在服务机构数量较少、服务覆盖面有限、服务种类单一等方面，难以满足残疾人日趋多样化的物质和精神需求。

表5—2　　　　2011年上海市残疾人联合会财务收支预算总表① 　　　　　元

本年收入		本年支出	
项目	预算数	项目	预算数
一、财政拨款收入	389 694 000	一、社会保障和就业	420 322 093
1. 一般预算资金	112 658 160	二、医疗卫生	985 644
2. 政府性基金	277 035 840	三、住房保障	847 092
二、事业收入	24 826 109	四、粮油物资管理事务	3 096
三、事业单位经营收入		五、储备事务	12 456
四、其他收入	7 650 272		
收入总计	422 170 381	支出总计	422 170 381

5. 沟通机制缺失，协调能力不足

在社会转型期，残疾人需求多样化与利益要求分化并存。残疾人在需求内容由生存需求向精神享受等综合需求发展的同时，也出现了利益分化不断扩大的趋势，容易引起各类社会矛盾。但目前上海市残联组织的协调和沟通能力还不强，集中表

---

① 数据来源：http://www.shdisabled.gov.cn

现在以下几个方面：

第一，信息沟通的桥梁作用发挥不足。这体现在：一方面，残疾人与政府部门的信息沟通渠道还不够畅通，残疾人不能及时得到他们关注的政策信息，残联组织的桥梁作用未能得到理想发挥；另一方面，残疾人与残联的沟通由于基层残联组织建设存在断层、人员配备不够等现状受到严重的制约，或由于残联帮助残疾人解决问题的能力还不能达到残疾人的期望而拉远了残疾人与残联的距离。

第二，与政府职能部门的工作协调能力不足。以残疾车非法营运为例：在残疾车非法营运的治理过程中，有些政府职能部门或情况了解不充分，或存有畏难情绪，借口残疾人的特殊性而推诿、推脱，而残联组织在与政府职能部门沟通、协调过程中，客观上存在的渠道不畅、能力不足等问题，使得由正常人假冒残疾人开残疾车非法营运的顽疾长期存在，难以有效化解，成为不利于社会稳定的隐患。

第三，政策"落空"情况下人员救济渠道不畅。一些残疾人反映，由于他们的情况恰好处在相关政策所划定的线之外，不能享受相应的特惠性政策，成为政策"落空"者。当这些残疾人及家庭出现突发性重大变故或者特殊困难时，往往束手无策，而有关部门也囿于政策规定而无能为力。在这种情况下，残联组织只能采用个案解决方法，与区、街道（镇）联系给予一定的补助，但整个流程比较复杂，要花费很大的精力且结果并不确定。

问卷调研的数据一定程度上契合了现阶段残联组织实际工作中存在的问题。虽然总体看来，有86%的残疾人认为残联组织最终可以帮助他们解决问题，但其中高达47%选择"能得到解决但需要很多时间"。另有近14%的回答"得不到解决"或"没人理会"，这样的评价显然并不令人满意（见图5—4）。

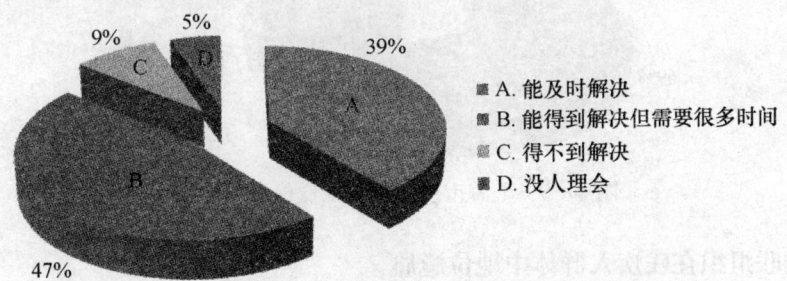

图5—4 残联组织问题解决情况

（二）残联组织服务能力严重不足的后果及影响

1. 残疾人生活水平的改善陷入停滞瓶颈

由于身体缺陷，残疾人部分或完全丧失劳动能力，不能像正常人一样劳动和就业，导致家庭收入减少，生活困难重重。因此，一直以来，物质上的关怀成为残疾人社会救助的重点。虽然残疾人家庭经济收入增长较快，2008年上海城市残疾人家庭生活状况抽样调查显示，残疾人家庭人均可支配收入为15 791元，是2004年的1.8倍，年均增长16.5%，增幅高出普通居民家庭4.1个百分点。但是，残疾人家庭收入水平还只相当于普通居民家庭的59.2%，有92.7%的残疾人家庭人均可支配收入低于全市平均水平（年均26 675元），更有43.1%的家庭收入不到全市平均水平的一半。①

造成上述问题的主要原因在于：第一，政府部门几乎所有标准条例的制定都以正常人为对象，没有对残疾人群体的特殊性给予关照和充分考虑，因而政策往往"普惠"，没有适当的"特惠"倾斜。第二，领取低保金和救济的比例较低。抽样调查数据反映出，上海残疾人领取低保金的比例较低，仅为31%（见图5—5）。而调查同时发现，随着年龄的增加，残疾人领取低保金、救济的比例都在减少。这是导致老年残疾人生活条件较差的原因之一。第三，接受高等教育存在实际障碍。根据抽样调查显示，残疾人口受教育程度普遍偏低，其中受过大专以上高等教育的人口只占12.6%，大部分残疾人的文化程度在高中及以下水平（见图5—6）。

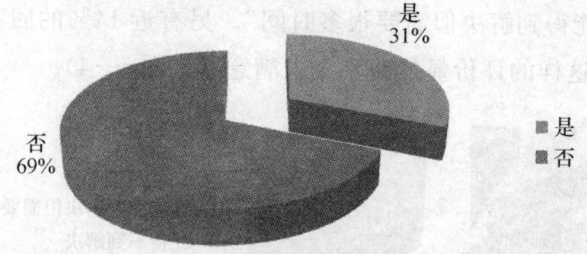

图5—5 上海市残疾人领取低保金的比例

2. 残联组织在残疾人群体中地位尴尬

残联是由残疾人组成的组织，以此推断，残疾人个体对于残联组织的工作方向、方式等应该能产生比较大的影响。但是调查表明：仅有23%的残疾人认为残疾人群体对残联组织有很大的影响力，而35%的受访者认为残疾人对残联的影响

---

① 上海市城乡调查总队：2008年上海城市残疾人家庭生活状况抽样调查。

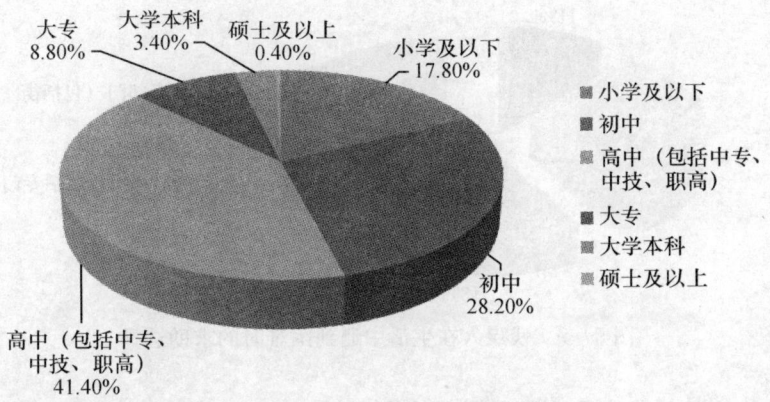

图 5—6　上海市残疾人受教育程度

力有限或者无影响。与此同时,虽然从理论上讲,残联是残疾人权益的捍卫者,残联对于残疾人生活的影响力不言而喻,但也仅有 23% 的残疾人回答残联组织的存在对残疾人群体的生活会产生很大影响(见表 5—3)。

表 5—3　　　　　　　　　残联影响力评价表

	影响很大	有一定影响	一般	没有影响	不清楚
残疾人群体对残联组织的影响力	23%	42%	24%	4%	7%
残联组织的存在对残疾人群体生活的影响力	23%	39%	25%	8%	5%

通过对这两个问题所采集的数据进行对比分析可以发现,在残疾人眼中,残联对他们的生活来说并非不可缺少,虽然有一定的影响力,但这种影响力的深度和广度离开残联组织的初衷还有一定的差距。残疾人群体对残联组织的有限影响力,说明残联组织的"代表"职能未能得到很好的履行;残联组织对残疾人群体生活的有限影响力,说明残联组织的"服务"职能未能得到广大残疾人的认可。

无论是出于何种原因,现状就是:当生活中遇到困难时,40% 的残疾人更愿意向政府部门寻求帮助,而选择向残联组织反映困难的残疾人只占 31%,另有 18% 的残疾人偏向于选择传统的途径,即通过家庭、朋友寻求帮助(见图 5—7)。

这样的情况是残联组织所不愿意看到的,但又是现实存在的。造成这种结果的原因有许多,但归根到底还是残联组织服务意识淡薄,官本位思想严重,给残疾人以高高在上的形象,加之服务能力有限,难以根据残疾人的实际需要,及时做出反应,导致以残疾人群体为根基建立起来的残联组织最终在自己的群体中陷入"可有可无"的尴尬境地。

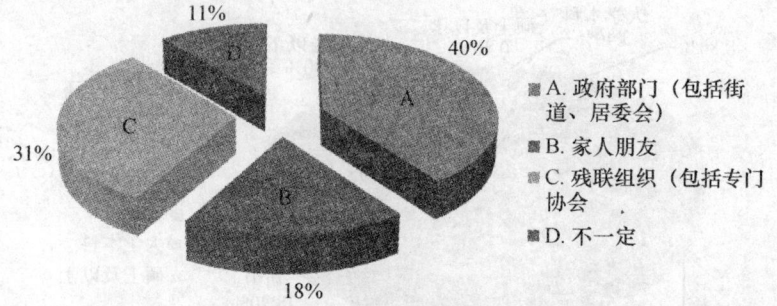

图 5—7 残疾人在生活中遇到困难时的求助选择

3. 社会各界对残疾人事业的关注有限

以残疾人就业为例，受传统观念的影响，社会对残疾人就业能力的认知还存在误区，大多数企业不愿聘用残疾人，残疾人感受到了比正常人更严酷的就业"寒流"。其实许多工作岗位对从业者身体条件的要求并不太高，残疾人完全可以胜任，但是不少用人单位出于自身形象以及用工效率的考虑，宁愿缴纳残疾人保障金也不录用残疾人，这就使得残疾人在整个社会就业体系中处于极为不利的地位。

随着社会发展与观念进步，"残疾"这一词的含义发生了深刻变化。"残疾"不仅仅是个人身体上的某种自身的缺陷和活动的限制，也是社会环境的缺陷和人为的限制，社会环境因素、组织特征以及社会包容度都会影响到残疾。当全社会都在积极为残疾人就业营造良好环境的同时，不和谐的声音依旧时有出现。无论是来自企业的"抱怨"，来自社会的"质疑"，还是来自残疾人自身的"逃避"，无疑都会影响残疾人就业和社会发展。事实上，残疾人通过参加社会生产获得劳动报酬，不仅有利于改善残疾人群体的自身经济状况，还有利于提高其社会地位，减轻社会及家庭负担。作为平等的个体，残疾人应当享有与正常人相同的尊严和权利。

上海市政府对 1994 年施行的《上海市残疾人分散安排就业办法》作了修改。新办法要求辖区内的国家机关、社会团体、事业单位和企业一样，按照本单位上一年度在职职工平均人数 1.6% 的比例安排残疾人就业，未达到规定比例的单位，按本单位上一年度职工工资总额 1.6% 的比例缴纳残疾人就业保障金。残疾人就业保障金越少，表明企业招用残疾人越多，但多年来上海的残疾人保障金却居高不下，一些企业宁愿交钱也不愿招用残疾人，这一现象凸显了社会对残疾人的歧视已是一种普遍存在的现象。

三、功能整合：上海市残联组织的积极应对

（一）枢纽型组织：上海市残联的重新定位

2008年11月，在中国残疾人联合会第五次全国代表大会上对《中国残疾人联合会章程》作了部分修改，明确中国残疾人联合会是国家法律确认、国务院批准的由残疾人及其亲友和残疾人工作者组成的人民团体，是全国各类残疾人的统一组织。这次修改的亮点之一是把残联的性质由"事业团体"确定为"人民团体"。残联组织性质的新规定必然对残联组织的工作方式提出新要求。

在20世纪80年代后期，由于政府及社会对残疾人活动方式和生活需求的特殊性缺乏切实的认识，因此，有关残疾人管理、服务、保障等工作需要由一个具体部门总体负责，以有效推动和落实残疾人工作。正是在这一背景下，上海市残联成立初期的主要工作是努力向政府部门及社会公众说明残疾人的特殊困难和特定需求，"请求"政府部门及社会为残疾人提供急需的服务，并受政府委托承担起管理和发展残疾人事业的责任。由于残联组织卓有成效的工作，社会普遍认同残联组织的地位和作用，凡是与残疾人服务有关的工作逐渐归残联组织负责，包括残疾人的教育、医疗、就业、社保、文化等政府职能部门的工作，残联组织成为一个不是政府的"小政府"。

但是，在新形势下，残联组织对所有涉及残疾人的事务"包打天下"的工作方式与其"人民团体"的性质定位产生了一些不适应：一方面，超越残联组织职能而无力承担。在许多政府职能部门看来，有关残疾人的管理、服务、保障是一种特定类型的工作，主要应由残联组织承担，导致这些工作往往游离于相关政府职能部门常规工作。而残联作为人民团体如果承担起与残疾人相关的全部工作，或因能力不足而力不从心，或因无力协调而难以推进。另一方面，残疾人服务运作的社会化程度难以提高。社会公众把解决残疾人困难完全看成是政府或残联的责任，而把自身关爱残疾人看成是献爱心、做慈善，没有从社会参与的角度，发挥社会公众和社会组织的优势，形成残疾人服务的社会化运作机制。

由于我国的家庭结构及其稳定性近年来发生明显的变化，加上劳动力流动性大，传统的残疾人家庭责任承担能力受到严重影响。而因为照顾家中的残疾人而影响其他家庭成员的正常生活与工作也是社会和谐发展所不应该存在的现象。《残疾

人保障法》明确规定：残疾人社会保障由国家、社会、残疾人家庭和残疾人本人共同承担。因此，在政府的主导责任之外，社会对于残疾人具有不可推卸的接纳义务和保障责任，残联组织更应该努力为残疾人维护权益，反映残疾人群体的困难和呼声，整合社会资源提供多方位的服务，进一步扩大残疾人福利的覆盖面，实现残疾人事业的跨越式发展，满足残疾人日益增长的服务需求。

上海市残联从社会化视角确定枢纽型组织性质，扮演社会建设中承上启下的角色，一方面，残联需要做到传达、落实政府部门的政策导向，服务、支持残疾人群体和家庭；另一方面，残联需要联合、团结各类社会组织，引导、鼓励社会多方参与。这种枢纽型组织所具有的多角色、多功能的作用，是其他任何政府部门和社会团体都无法实现的。在加快社会建设的背景下，需要枢纽型组织来服务、代表残疾人，协助政府开展各项残疾事业建设工作，而这也恰恰是社会赋予残联特殊作用定位和地位的意义所在。

（二）从康复到发展：残疾人需求的多样化

残疾人是社会的特殊弱势群体，给予特定的制度安排来保障他们的生活权益和发展权益，是政府和社会的基本责任。对残疾人的问卷调查发现，在回答"您最需要残联组织为您提供哪些方面的帮助（可多选）"时，"提供物质帮助，改善家庭的生活水平"依然是残疾人最关注和最需要的，选择人数的比例高达58.4%。显然，在今后很长一段时间内，物质帮扶仍然会是残联工作最根本的重心，但在此基础上，必须注意到残疾人的需求开始朝着多样化、差异化的方向发展，残联工作覆盖面的拓宽已经成为其提升服务能力所必须经过的一步。选择"向政府职能部门传达实际的困难与需求"的高比例反映出在与政府部门的沟通问题上，残联组织依然存在诸多不足，这种不足可能是由于残疾人与残联组织沟通渠道的缺失造成的，也可能是由于残联组织向政府传达民意时的效率低下导致，但两者造成的结果都是一致的。除此之外，残疾人的需求呈现出了涵盖文化、就业、娱乐等多领域的需求格局（见图5—8）。

除以上选项外，部分残疾人还提出"残联工作人员应和残疾人打成一片，改善官僚作风，切实为残疾人服务""残联应加强对专职人员的培训，使他们掌握更多专业知识""增加基层工作人员""建立与残疾人固定的联络沟通机制"等需求，而这些需求也正是上海市残联现阶段主要工作困境和缺陷之所在。

残疾人群体对残联组织服务的需求主要可分为以下四个方面（见图5—9）。其中"自身发展"包含教育、就业、技能培训等方面；"精神生活"包含文化、

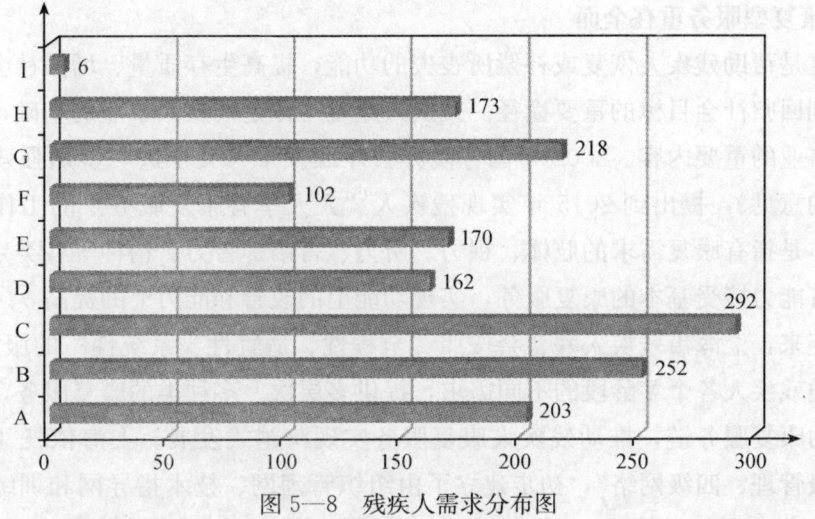

图 5—8 残疾人需求分布图

A—创造更多学习、就业的机会
B—向政府职能部门传达实际的困难与需求
C—提供物质帮助，改善家庭的生活水平
D—提供更多技能培训，加强自己创造收入的能力
E—加强公共场所无障碍设施建设
F—搭建展示风采的舞台，比如举办书画展，参加文艺汇演等
G—开辟更多娱乐、学习、活动场所
H—引导社会舆论氛围，提供和谐的生存环境
I—其他

娱乐、休闲等部分；"物质帮扶"包含基本生活保障、医疗救助、康复医疗等；"基本权利"包括社会地位、诉求反映等。无论从哪个角度分析，残联组织只有基于"服务"意识才能满足残疾人群体的这些需求，强势的管理理念无法从根本上解决一直以来存在于残疾人群体与残联组织之间的隔阂与矛盾。

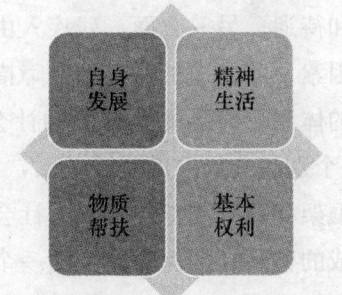

图 5—9 残疾人群体的四类基本需求

（三）功能拓展：上海残联组织功能整合的系统推进

随着时代发展和社会进步，近年来上海残联组织系统性地拓展功能，在进一步提高服务能力，更好地满足残疾人多样化、高层次需求方面有所作为。

1. 康复型服务重在全面

康复是帮助残疾人恢复或补偿所丧失的功能，提高生存质量、增强社会参与能力，达到回归社会目标的重要途径。残疾人康复工作是残疾人事业的基础，是发展残疾人事业的重要内容。2002年国务院办公厅颁发了《关于进一步加强残疾人康复工作的意见》，提出到2015年实现残疾人"人人享有康复服务"的工作总体目标，具体是指有康复需求的肢体、视力、听力、言语、智力、精神等各类残疾人有条件、有能力接受基本的康复服务，实现功能上的改善和能力上的提高。

近年来，上海市残疾人联合会按照"全程性、适宜性、系统性"的服务原则，针对各类残疾人各个年龄段的不同需求，提供多层次、多种类的康复服务，建立有机衔接的康复服务链，推动残疾人康复服务实现跨越式发展。上海依托"两级政府、三级管理、四级网络"，初步建立了由组织管理网、技术指导网和训练服务网构成的社会化残疾人康复工作体系，形成了覆盖全市的康复服务网络，完成了国家下达的各项康复任务。此外，上海市残疾人康复工作还自主创新，打造独特的康复品牌，包括残疾人免费健康体检、送康复服务上门、重残无业养护政策等，这对帮助残疾人康复、鼓励残疾人融入社会起到了积极的作用。

2. 保障型服务重在社保

残疾人社会保障体系是国家为了保障残疾人从国家和社会获得必要的物质帮助而建立起来的援助系统，是对身患残疾的公民这一特殊对象的社会保障制度的总称，主要包含两方面的含义：一方面，残疾人与健全人一样，均是社会中平等的一员，在覆盖社会全体成员的社会保障中，残疾人理所当然应当享有平等的社会保障权利和待遇；另一方面，残疾人由于特殊的身心条件，面临更多的困难、风险和不确定因素，需要追加特定的保障措施。因此，残疾人社会保障体系并不是一个封闭孤立的体系，而是社会整体的社会保障体系的重要组成部分，表现为"特殊与一般""个别与全局"的交互关系，即整体社会保障体系为残疾人社会保障体系提供总体框架和基础支撑，残疾人社会保障体系是针对残疾人对象进一步具体化、叠加化而成的整体社会保障体系的一个子系统。

在上海，残疾人社会保障事业包括残疾人社会保险、残疾人社会救助、残疾人福利事业及其他特殊扶持。其中，残疾人在社会保险与社会救助方面应当通过一般性制度安排来获得与其他群体平等的权益，而残疾人福利事业及其他特殊扶持则需要有专门的制度设计，并相对独立地自成体系发展，包括残疾人康复事业、残疾人特殊教育、残疾人福利设施（如孤残儿童福利院）、残疾人社会服务等，它必须体现出以残疾人为本、满足残疾人需求的显著特色，并构成残疾人合理分享国家发展成果的重要途径。残疾人社会保险、残疾人社会救助、残疾人福利事业三者在保障功能上互补，在层次上递延，交互作用，共同构成残疾人社会保障的三大支柱。

3. 发展型服务重在教育

残疾人教育是以残疾人为对象，根据其残疾类别和接受能力，采取普通教育方式或特殊教育方式施行的教育，包括学前教育、基础教育、高等教育、职业技术教育和成人教育。残疾人教育是国民教育体系中不可缺少的部分，残疾人提高自身素质，改善生活水平，平等参与社会生活，根本在教育。残疾人教育发展水平既在一定程度上标志着一个国家或地区教育事业水平的高低，又从一个侧面反映出一个国家或地区的福利水平与文明程度。学校在教育内容设置上应根据残疾学生的实际情况，把学习基础文化与学习职业技能相结合。同时为未能升学的残疾学生提供实用技能培训，使他们具备谋生的技能，以适应社会正常条件下的劳动和生活。

上海明确残疾人教育工作在各级政府领导下，以教育部门为主，民政、卫生、劳动保障、发展改革、财政、残疾人联合会等部门和组织紧密配合，各司其职，共同做好残疾人教育工作。残联在其中的定位是：通过与其他部门的沟通、协商、配合等方式积极参与，发挥作用，协调工作。根据到2015年"建成结构合理、功能发达、运行高效的残疾人教育服务体系，特殊教育、全纳教育以及职业教育等能够有效满足残疾人的教育培训需求，基本实现残疾人学前教育全覆盖"的发展目标，上海市残联利用自身优势并整合各方资源，努力发展多层次、多形式的残疾人教育，完善以特殊教育学校为骨干、随班就读和特教班为主体的残疾儿童少年义务教育体系，加快发展以职业教育为主的高级中等以上教育，大幅度提高残疾人的自身基本素质和发展能力。

4. 服务供给重在社区化

由于社会资源占有关系的不同和社会不公的客观存在，残疾人往往处于社会弱势地位，即文化水平较差、经济收入低下、社会地位低微，很难融入社会的主流而成为事实上的生活贫困、精神空乏的特殊社会弱势群体。[1] 这不仅对残疾人本人，而且还会对其家庭造成巨大的负面影响。由于残疾人活动相对不便，其活动范围主要是在其居住的社区，残疾人对生活和工作的需求主要依托社区来提供和解决，与健全人相比其"社区化"程度更高。

在上海，社区支持的核心领域是"社区照顾"。就残疾人群体而言，社区支持就是鼓励社区中有能力的居民和团体就近为残疾人提供服务，从而让残疾人能在自

---

[1] 周沛. 残疾人社会福利体系研究. 江苏社会科学，2010（5）

己的社区中接受服务。社区管理和功能发挥主要依靠街道办事处，它指导并监督各居委会的残疾人服务工作。居委会一方面协调政府各职能部门为残疾人提供社会服务；另一方面动员社会各界力量支持、参与残疾人工作，维护残疾人合法权益，因此，社区居委会是残疾人群体社会服务的主要力量之一。上海的社区残疾人群体的社会支持方式是以居委会为主体，以残疾人专门协会为纽带，以社区各类服务机构为依托进行，简而言之，是一种以政府动员和整合的社区行政资源为主、非行政资源为辅的社区支持模式。①

（四）机制创新：上海残联组织功能整合的保障

1. 四级网络的组织机制

按照"横向到边，纵向到底"的要求，上海残联组织体系已经基本构建成型，残联组织网络基本做到全覆盖（见图5—10），为更好地代表和服务残疾人提供了重要的组织保障。目前，上海已经形成了市级残联、区（县）级残联、街道（镇）残联及社区（村委会、居委会）助残员四级网络。

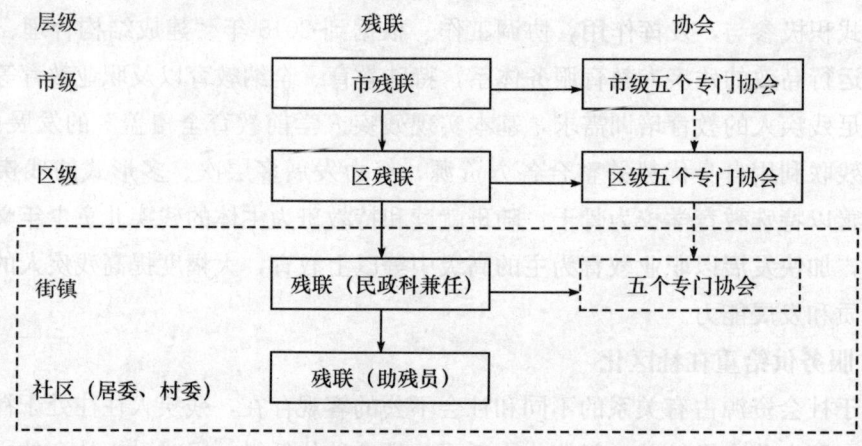

图5—10　上海市残联"四级网络"工作机制

各街道（镇）都按照"一体化"的模式，全部建立了残疾人服务社和助残志愿者联络站。各居（村）委会普遍建立了社区残疾人协会或残疾人工作小组，配备了残疾人工作助理员。同时，市、区（县）残联还有事业性质的、为残疾人提供专业服务的事业中心或服务中心。从市到区县、街镇、居（村）委会的残疾人工作"四

---

① 刘祖云，毛小平. 香港与内地残障群体社会支持方式比较. 中南民族大学学报（人文社会科学版），2010（5）

级网络"基本形成，残疾人工作得到显著加强。

2. 枢纽型组织的运作机制

为了建立完善的残疾人社会保障和服务体系，上海市残联主动转型为残疾人保障领域的枢纽型社会组织，并作为业务主管单位对同类别、同性质、同领域的社会组织提供服务、引导和管理，充分发挥桥梁纽带的作用，不断促进残疾人保障领域社会组织的自我管理和自主发展。[①] 作为政府部门管理、服务残疾人群体的重要抓手，上海市残联最主要的职能就是承接原先由政府各部门承担的业务指导、政治引导和管理服务的职能，整合残疾人资源和社会网络。发展残疾人事业既是一项社会福利事业，又是一个社会职能合理分解、社会资源化配置的运作趋势。上海市残联作为残疾人保障领域的枢纽型社会组织，在充分了解残疾人需求和问题的基础上，把残疾人的呼声和要求及时反映给有关政府部门，协助出台众多惠及残疾人的政策，比如：与上海市卫生局联合下发了《上海市残疾人社区康复工作规范》、联合上海市建设和管理委员会颁布了《上海市无障碍设施建设和使用管理办法》等，规范了无障碍设施的标准，解决了残疾人的实际困难。

3. 社会共建的联动机制

上海市残联的工作很大一部分是基于社会网络的支持，引入社会各方力量，形成社会共建的联动机制。

首先，政府承担残疾人服务体系构建中的主体作用。残联组织在定期考察残疾人的生活状况，对新出现的各种问题进行分析后及时反馈给民政部门，民政部门发挥其在残疾人服务与救助中的协调作用，协助残联组织共同解决问题；社会保险部门在针对残疾人出台相应的政策法规之前，也需要听取残联组织的意见和建议。因此，加强与政府职能部门的沟通与合作不仅能及时互通情况、及时得到政府职能部门的支持，还能帮助政府部门制定更符合残疾人需求的政策，保障残疾人利益。上海市残联与政府相关职能部门保持着及时、密切的沟通与联系，实现与政府部门多层次的对话。

其次，社会各界的力量与资源是残联服务能力的有效补充。在我国，社会团体随着政府职能的逐步下放而踊跃地活动于社会建设的各个方面，这些组织由于其灵活的特点能从微观的角度参与救助残疾人，弥补带有"官方色彩"的残联在残疾人救助中某些方面的不足。近年来，社会上也涌现了一批批热心个人，利用自身的专业特长为残疾人提供诸如残疾人免费康复医疗、聋人助听器赠送等帮助，对残联组

---

① 王浩. 北京首批10家市级"枢纽型"社会组织获认定. 北京晚报，2009年4月

织的服务起到了补充和巩固的作用,大大减轻了残联的负担,此外,上海市残联在积极寻求自身发展、拓宽社会资源的同时,牵线搭桥创建平台,让捐赠团体与个人直接面对残疾人,让残疾人切实感受到来自社会的关怀,取得了良好的效果。

这种社会共建的服务联动机制,不仅让残疾人享受更多实惠,也减轻了残联组织的负担,更在全社会营造了一种关心残疾人、帮助残疾人的氛围,起到鼓励更多人参与到服务残疾人行列中去的积极作用,真正实现了残疾人工作不只是残联的工作,而是整个社会的工作。残联在这中间发挥枢纽型组织的作用,使全社会齐抓共建,共同创造了残疾人工作的新气象。

4. 反映诉求的沟通机制

上海市残联将维护残疾人权利作为残联组织最为重要的工作,千方百计为残疾人争利益、切实推进残疾人面临困难和问题的解决,着重帮助解决失去活动能力但自身权益确实遭受侵害的残疾人面临的问题。上海建立市、区两级联动的残疾人突发事件应急机制,将解决突发性和群体性事件作为重点工作,深入排查各种矛盾纠纷,建立健全全市性预警处置系统,及时发现、快速上报、认真调处残疾人中出现的突出问题。完善市、区残联信访窗口,建立领导定期接待残疾人来访制度。

上海在开展基层残联工作者队伍建设时,聘用更多符合条件的残疾人。通过对他们的培训和聘用,不仅能解决相当一部分残疾人的就业问题,同时也保证了残联工作的有效开展。由残疾人自己领头开展帮扶、慰问工作,更容易拉近与帮助对象的距离,提高沟通的效果,赢得残疾人群体的认同。

5. 需求导向的项目推进机制

上海按照市场化、社会化原则,通过预算保障和项目推动的方式,把用于残疾人服务设施建设的公共资金纳入财政预算,同时,引入社会资金参与残疾人服务设施建设。推进残疾人特殊教育、康复服务、托养服务等运行机制和管理模式创新。完善残疾人服务行业的扶持政策和技术标准,建立监督管理机制和绩效评估体系。

上海残联组织充分利用市、区残联公共服务网以及政府部门公共服务网,加快政府部门公共服务网的无障碍网站改造进度,借助网络双向互通的功能,使残疾人"足不出户"就能反映其诉求、解决其所需。

四、主要结论

(一) 多方合作是残疾人事业稳步发展的大趋势

改革开放以来，随着我国经济、社会的快速发展，残疾人事业也得到了较快发展。但是由于起步晚，底子薄，在现代化的进程中，有关残疾人的各类问题依然日益凸显，这不仅关系到残疾人自身利益，更影响到现代化进程以及社会的稳定和发展。残疾人事业是多部门参与的规模巨大的社会公共服务工作，必须秉承社会公平、公正的服务理念，整合各方资源，进行多部门合作。政府承担财政、政策、规划等责任，残联组织承担具体的落实和操作，社会资源形成有效的后备力量作为前两者的补充，多方形成合作共建的关系，推动残疾人事业稳步发展。

(二) 多功整合是残联组织发展的必然走向

在残疾人事业尚未被充分认识的发展阶段，在残疾人工作百业待兴的组建初期，残联组织利用其"官"的职能，在推动残疾人事业发展中发挥了巨大的作用。随着社会的转型与发展，残联组织不仅是服务残疾人的人民团体，还是协助政府进行社会管理的主体之一，此外，残联组织还要扮演协调各部门工作的枢纽型组织的角色。在不同角色并存的情况下，关键是要实现功能整合。

(三) 服务为先是残联组织大有作为的重中之重

在社会进步中残疾人的需求发生了很大的变化，从早期的解决温饱，获得社会救助，到今日的得到应有尊重，实现自我价值。在社会发展大环境出现重大变化的情况下，残联的工作职能和理念也要与需求俱进，要以残疾人需求为导向做出适时的调整与转变，将重塑服务功能作为重中之重，凭借优良服务树立其在残疾人群体中的威信，赢得残疾人的信任。

第六章
从行政依赖到内部治理：
行业协会发展的动力重铸①

---

① 本章由作者和姜琦合作撰写。

一、去行政化：行业协会内部治理的提出

（一）姓"社"还是姓"政"：行业协会的性质困惑

行业协会是市场经济的产物，其职能来自于市场的需要、企业的需要、社会的需要以及政府的需要。在我国，长期以来政府对行业协会实行行政性管制，将行业协会职能配置完善锁定在政府相关行业管理部门职能转换和放权的路径上，行业协会的发展和运作在很大程度上受到政府有关部门既得利益的牵制。在这种高强度的行政性干预的情况下，行业协会的独立性不强，出现作用被扭曲、社会参与缺失等先天性弊端。这些弊端直接造成行业协会对政府的依赖心理，一些行业协会习惯于行政性的管理方式，在政府与企业之间往往更注重于政府的声音，而忽视企业的诉求，结果是这些行业协会缺乏行业代表性，无法为行业成员提供有效的选择性激励，没有起到促进市场经济体制完善和行业健康发展的作用。

在上海，20世纪80、90年代"出生"的行业协会，往往是由政府行政推动建立，带有很强的时代烙印和路径依赖。在市场经济发展不断深化的新的历史条件下，这些行业协会陷入"角色"不明、性质不清的窘境而止步不前。一方面，这些行业协会往往以政府自居，自以为姓"政"，拉大旗作虎皮，发号施令，乱收费、乱摊派、乱检查，乱评比，出现了很多造成恶劣影响的事件，公信力丧失殆尽，被行业和社会所"抛弃"。另一方面，这些行业协会又受到政府部门较为严格的控制，没有自主办会的权利，也缺少自主办会的能力，得过且过，做一天和尚撞一天钟，失去了作为行业性、互益性社会组织应有的功能。在市场经济大潮的冲击下，"角色"不明、性质不清的行业协会没有了进一步发展的目标和动力。

根据我国社会组织发展的趋势，行业协会要更加强调其民间性、社会性、行业性即非营利性特征，行业协会的"政会分开"、与政府部门脱钩已是大势所趋。行业协会必须要在市场经济发展和社会良性治理的环境中去重新确定自己的定位，也就是说，行业协会要有内生的动力，在主动与市场、政府和社会的互动中为自己寻找新的发展和作用空间。

（二）行业协会内部治理的理论分析

1. 有关非营利组织治理的研究

进入20世纪90年代以后，治理理论在政治学、公共行政学等领域得到广泛运

用，针对非营利组织治理的讨论和研究逐步展开。美国学者 Dennis R. Young 在其编著的《非营利组织的治理、领导与管理：来自研究与实践的新探索》的导论中指出"治理已成为非营利组织能否有效运行的首要问题"，并界定为"非营利组织用以设定长期方向并维持组织整合的机制。一般而言，治理通常围绕理事会的角色及运作为探讨的核心"。[1]

在我国，对非营利组织的研究始于 20 世纪 90 年代初。早期的研究主要是着重介绍国外非营利组织的情况和总结我国民间组织发展现状，以及探讨国家与社会关系、公民社会理论等。从 20 世纪 90 年代末开始，研究的重点开始转向我国非营利组织的实证研究和个案调研，涉及非营利组织的发展途径、能力建设、法律环境等各个方面。有学者在研究我国非营利组织的"善治"问题时提出，对非营利组织来说，治理的最高标准是达到所谓的善治，是使公共利益达到最大化的社会管理过程。[2] 认为应从法律环境、可持续机制、理事会决策等方面加强治理。[3] 通过对我国 NGO 的个案研究探讨非营利部门的治理问题，将治理问题分为组织章程、会员制度、干部来源和决策方式[4]。强调非营利组织治理与企业法人治理（公司治理）的联系，认为非营利组织可以借鉴企业治理的经验，构建完备的法人治理框架。[5] 非营利法人治理结构包括非营利法人内部组织机构的设置（如社团总会或会员大会、董事会或理事会）和组织机构的运行规范（如组织章程、财务人事制度、内部监督机制等）两个方面。[6]

许多学者从不同的角度探讨非营利组织治理运作的问题。从产权角度分析非营利组织的"公益产权"性，指出非营利组织产权存在三个特点，即：受益权与控制权分离造成所有者缺位、使用权的受限以及受益主体的虚拟化，因而认为非营利组织不存在一个完整产权的拥有者，其面对的是一个多元利益相关主体的治理结构。[7] 从非营利组织治理与企业治理的关系、异同等角度，具体阐述了非营利组织的治理结构、理事会制度与决策机制、激励与约束机制、信息披露机制、监督机制

---

[1] 朱小平，程昔武."治理变革"中的非营利组织治理研究评述．审计与经济研究，2007（1）
[2] 俞可平．治理与善治．北京：社会科学文献出版社，2000，第 1 页
[3] 丁元竹．非营利组织的善治与中国的善治研究．深圳慈善公益网
[4] 王名．非营利组织管理概论．北京：中国人民大学出版社，2002
[5] 陈林．从"非国有化"到"非营利化"：NGO 的法人治理．中国 NPO 服务网
[6] 丘海雄，吴军民．行业协会研究综述：经验与课题．见：高丙中，袁瑞军．中国公民社会发展蓝皮书．北京：北京大学出版社，2008，第 250—277 页
[7] 王名，贾西津．中国非营利组织：定义、发展与政策建议．NGO 发展交流网，http://www.ngocn.net，2005-12-30

等内部治理机制的内容。非营利组织内部治理的主要问题包括双重管理体制、理事会构成及执行层构成、监事会存在的问题等若干类。

2. 对行业协会内部治理的研究

随着对行业协会地位和作用认识的深化，一些学者开始关注行业协会内部治理研究，例如，针对政府治理与行业协会、商会的社会合法性、法律合法性、行政合法性、政治合法性进行研究。[1] 从制度需求与制度供给两个不同的视角，对当前我国发展行业协会治理机制进行阐述和分析。[2]

随着行业协会诚信问题、滥用资源问题越来越多地暴露出来，行业协会内部治理问题引起学术界更大的关注。有学者认为，行业协会的自治权是公权和私权的混合体，来自于契约、法律规定和授权，其内容包括规章制定权、监督权、惩罚权、争端解决权和起诉权等。[3] 将行业协会治理存在的主要问题归纳为公共管理体系延伸下的准行政化管理、会员大会行权能力丧失下的单极治理、信息传递和失灵下的模糊治理三类，并提出相应对策。[4] 行业协会的运行与职能的行使，与行业协会内部的制度安排密切相关，行业协会的内部制度安排包括领导体制和管理机制。通过会员代表制和理事会领导体制，反映出行业协会治理结构差异。[5]

（三）行业协会内部治理内涵和结构

本书将行业协会的内部治理含义定义为行业协会基于会员权利而产生的会员权、行业协会社团法人权、决策权和执行权相互制衡的关系，以及对行业协会监督权。换而言之，行业协会内部治理包括内部治理结构、内部治理机制和内部治理制度。

1. 行业协会内部治理结构

任何组织都具有特定的属性和功能，并通过有形的组织机构和人员运作来实现其功能和属性。从某种意义上看，构成行业协会的基本元素是其会员，行业协会的会员将其信用、自身的一部分自主权利（如服从行业协会制定的行规行约而让渡给协会的一部分经营自主权）以及一部分资金（会费），甚至包括一些时间和精力等

---

[1] 郁建兴，黄红华，等. 在政府与企业之间——以温州商会为研究对象. 杭州：浙江人民出版社，2004
[2] 吴宗祥. 行业协会治理机制的制度需求和制度供给. 学会，2003（7）
[3] 鲁篱. 行业协会经济自治权研究. 北京：法律出版社，2003
[4] 张冉. 我国行业协会组织治理研究. 华中科技大学学报，2007（6）
[5] 徐家良. 互益性组织：中国行业协会研究. 北京：北京师范大学出版社，2010，第120页

投资并委托给行业协会,其目的是通过行业协会的运作维护和提高其相应的各种权益(从理论上讲,这些权益也可以转化为单一的经济指标来衡量)。因此,协会成员在行业协会的运作中扮演着委托人的角色。而行业协会一旦组建运作,就成为一个独立的社会组织而存在和发挥作用,作为一个独立和专业化的组织,行业协会拥有专门的组织机构和专职的专业工作人员,从某种意义上说,这些工作人员类似于企业中的经理人和员工,他们掌握并经营管理着行业协会的"资产",在行业协会的运作中扮演代理人的角色。在这一过程中,企业的"私"权利汇集为行业协会的"公"权力,转化为会员权和行业协会社团法人权。在行业协会的运作过程中,又形成了决策权和执行权。这"四权"的相互独立、整合与制衡,构成了行业协会内部治理结构的基础。

行业协会属于外部资源依赖型的组织,其治理结构不仅限于组织内部权力的合理配置,在内部治理结构设计过程中必须充分考虑外部环境的作用力,并将其纳入治理结构的框架之中。行业协会治理结构是实现组织目标的一种制度安排,组织框架包括组织内部机构的设置及运行规范两个方面,行业协会一般的组织机构包括了权力机构——会员(代表)大会、决策机构——理事会(包括常务理事会、会长办公会议,分别按照事情的重要程度来规定由哪一级的决策机构来决策)和执行管理机构——秘书处和相关专业委员会,由于行业协会产权不明确导致执行机构权力过大,部分行业协会往往设立一个独立的监督机构——监事会或监事来行使监督职能(见图6—1)。

(1)会员(代表)大会。基于行业协会是民间互益和自治组织的特点,行业协会应强化类似于公司法人治理结构中的股东会的机构——行业协会会员大会的功能与作用,其功能、权力和运作都可借鉴公司治理中的股东大会。由于某些行业协会规模巨大,所涉及的地区和企业众多,有的还包括数量众多的分支机构,因而可以考虑成立会员代表大会,以在某些情况下代替会员大会行使职能。为了保障会员代表大会的公正性和代表性,代表的数量应占会员总数的一定比例。

(2)理事会。理事会是行业协会会员大会的常设机构和执行机构,在会员大会或会员代表大会闭会期间领导行业协会开展日常工作,对会员大会或会员代表大会负责。它在行业协会治理中的功能相当于公司法人治理中的董事会。理事会由理事构成,理事一般由内部理事和外部理事共同组成,由会员大会选举产生。一般情况下,行业协会秘书长必然是企业的内部理事。为了防止实力雄厚的大企业会员控制行业协会,并损害中小企业会员的利益,在理事会中必须给予中小企业会员一定数额的理事名额,从而保证在协会成员之间形成合理的权利分布,以确保各类会员在

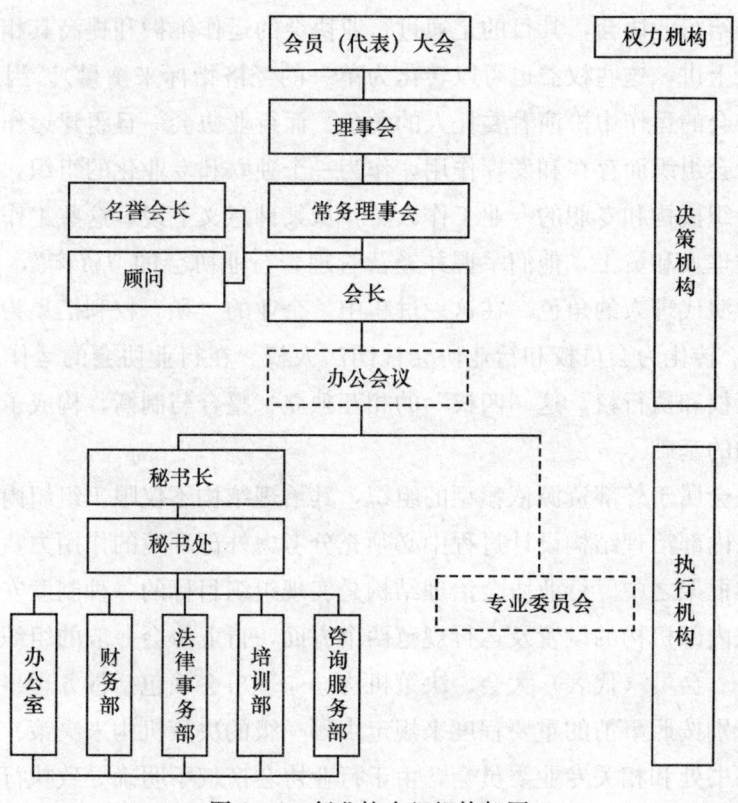

图 6—1　行业协会组织构架图

协会中的利益。

（3）监事会。目前在行业协会的实际运作中，都普遍缺乏一个对协会理事会和秘书长进行制约和监督的常设机构。作为一个民间的行业自治组织，行业协会一旦成立运营就具有相应的行业管理权限，由此，行业协会也必须具有相应的权力监督与制约机制。可以借鉴公司法人治理的理论与实践，在行业协会的治理机构中设置常设监督机构——协会监事会。从性质和功能上看，监事会是行业协会监督检查行业协会的财产及理事会、秘书长业务执行状况的常设机构，监事会是一个监督机关，对理事会执行行业协会的业务活动实行监督并对行业协会财务进行审核。

（4）协会秘书长及协会的相应机构。协会秘书长是在理事会和理事长领导下，负责主持行业协会日常行政性事务的协会专职高层管理人员。就行业协会秘书长的职能而言，从某种意义上看，相当于公司法人治理结构中的总经理，但鉴于行业协会是非经营性、非营利性的组织，因而协会秘书长的主要角色是协会相关资源的直接看管人，只能根据理事会的决策来行动，并在理事会的领导下开展协会的日常

"经营"。因此,行业协会的秘书长与公司的经理相比,其拥有的权力非常有限。为了提高行业协会的运行效率,行业协会的秘书长应挑选高素质的专业化人员,应是从事本行业理论研究或实践工作的专业人员来担任。一般而言,秘书长的权限包括理事会决议执行实施权、行业协会内部组织机构设置方案拟订权、行业协会基本管理制度与规章制定权、行业协会重要工作人员的人事权等。

2. 行业协会内部治理机制

行业协会的治理机制是在行业协会治理过程中,各种治理手段和方法之间相互联系、相互作用、相互影响的内在原因及其规律性,是达到行业协会治理目标的表现形式和作用方式。行业协会治理机制是以治理结构为基础的,只有建立合理、完整的治理结构,并通过治理机制的作用,才能实现行业协会的运作和发展目标。行业协会治理机制内容广泛,涵盖了决策、执行、监督各个方面,存在于制度、功能和环境等不同层面,行业协会内部治理机制主要包括以下几项:

(1)决策机制。行业协会的决策机制的权威来源于会员企业与市场的认同,在具体的议事决策机制中,要求坚持民主化,广泛听取会员意见。传统上,行业协会主要采取召开理事会或常务理事会听取意见和建议,并对重大事项和重要活动进行民主决策。随着行业协会的发展,其民主议事决策机制有了不少创新,如建立代议制的正式决策机制、建立专门政策委员会等。当然,行业协会在内部建立会员控制型的民主议事决策的同时,需要处理好决策代表性与灵活性的矛盾。[1]

(2)人事机制。行业协会会长、秘书长等领导人的素质和能力,直接关系到行业协会治理的成效,其中,协会会长是协会运作的核心。由于行业协会实施的管理是民主管理,其核心领导人通过会员企业选举。按照常规的操作方式都是由会员企业推选在行业内有影响力、信誉好的人员作为会长和秘书长。

(3)财务机制。行业协会作为一种特殊的社会团体,按照民间非营利组织会计制度规定建立相应的财务管理制度,对行业协会收入、支出进行系列规范。目前,行业协会经费的主要收入是会费,而对于会费的缴纳,《民政部、财政部关于社会团体收取会费的通知》中一方面规定社团收取会费的标准应由理事会或常务理事会通过,另一方面又往往直接对其收费标准予以规定。

(4)激励机制。激励约束机制是建立在理性人假设的基础上的,会员企业是行业协会激励约束的主体,而行业协会是激励约束的客体,会员企业通过让渡一定的权力和资源给行业协会,来达到共同的目标。但在实际运行过程中,由于信息分布

---

[1] 张冉. 现代行业协会组织能力. 上海:上海财经大学出版社,2009,第63页

的不对称性，行业协会占有信息优势，因此，会员企业通过权力授予、责任分工、利益分配等激励和约束手段来保证行业协会按照委托人——会员企业的意愿开展活动。由于行业协会等非营利组织的利润非分配性，对于行业协会人员，特别是负责人在实施报酬等显性激励机制的同时，更要发挥声誉等隐性激励约束机制的作用。①

（5）监督机制。行业协会秘书处作为协会的常设机构，秘书长掌握行业协会日常管理实际控制权，由于信息不对称和规避权力机构的控制而谋取自身利益的现象在实际情况中屡见不鲜，由此，行业协会的监督机制应运而生。它是保证其他机制健康有序运行的制约性机制，是由对行业协会进行监督的外部法律法规和内部规范及其运行构成的体系。监督机制作为独立于管理层和执行层的制度安排，通过对行业协会日常运作行为的监督，有效保障协会会员企业和社会公众的利益。

3. 行业协会内部治理制度

行业协会内部治理需要一系列的制度加以保障，而内部治理制度对行业协会而言，是以章程为核心的内部管理制度，主要有民主选举制度、民主决策制度、运行管理制度、财务管理制度、诚信自律制度、信息公开制度、会员权利保障制度、重大事项公开制度、激励制度和监督制度。②

（1）民主选举制度。民主选举制度是指行业协会内部通过一定的方式，在会员中选举产生理事、常务理事、监事以及行业协会负责人等的程序性安排的一系列规范。选举制度包括以下几个方面的内容：选举制度应坚持公平、公正、公开的原则；权力机关的选举制度是对会员大会和会员代表大会、理事会、常务理事会、监事会的选举事项的具体规定；选举工作机构是成立选举或换届选举时组建的选举委员会，一般是由发起人协商产生或由上届理事会推荐产生；选举程序是对成立选举或换届选举的工作流程和选举结果作出的规定等。

（2）民主决策制度。民主决策制度主要包括决策制度原则、决策会议制度。行业协会的会员代表、理事、常务理事、监事、会长、选任制秘书长等，都要遵守民主集中制原则，在充分协商的情况下选举产生。民主决策制度由会员大会或会员代表大会、理事会、常务理事会、监事会、会长办公会议等一系列会议组成，赋予相关职能、处理行业协会相关事务，确保行业协会正常运行。比如制定和修改章程，选举产生理事会和监事会，审议工作方针、计划和总结，授权理事会行使职责等有

---

① 程惜武. 非营利组织治理机制研究. 北京：中国人民大学出版社, 2008, 第129—167页
② 徐家良. 社会团体导论. 北京：中国社会出版社, 2011, 第140—150页

关行业协会的重要事项必须经会员大会或会员代表大会审议通过。会长办公会议由会长召集，在行业协会运行中承担具体事务处理，比如讨论审定提交理事会议批准的规章制度；研究制定行业协会年度工作要点、会议计划，提交理事会批准；研究编制年度经费预算报告和审定年度预算执行情况报告，提交理事会批准；研究拟定秘书处、办公机构职能部门设置和调整，以及部门负责人人选和工作人员工资福利，提交理事会批准。

（3）运行管理制度。运行管理制度主要包括会议制度、学习培训制度、请示报告制度、值班制度、办公用品登记管理制度、档案管理制度、印章管理制度七个方面。会议制度明确会议的时间、参加范围、内容和要求，确保行业协会事务的具体执行。学习培训制度是为了提高工作人员业务水平，增强政治修养，提高服务水平而建立的，包括自学、参加政府或社会所组织的培训活动。请示报告制度是行业协会向业务主管单位、登记管理机关报告和备案涉外活动，即行业协会与境外组织、个人交往合作等有关事项活动的制度。

（4）财务管理制度。主要明确行业协会的资产管理必须接受会员大会或会员代表大会、财政部门的监督；按照民间非营利组织会计制度规定做好账务处理，遵守会计和出纳分开的原则；规定所有费用支出、工资发放、报销都必须由秘书长或会长签字后支付等。

（5）诚信自律制度。行业协会根据自身特点，制定《诚信自律公约》，明确在行业协会与政府、企业、社会交往过程中，树立诚信观念，建立诚信制度，并向社会作出承诺。

（6）信息公开制度。信息公开制度包括真实、准确、全面、及时、规范等内容，公开的信息不得隐瞒或有重大遗漏，可以借助电视、报纸、网络等方式进行信息公开，以赢得政府、企业、社会及利益相关者的支持、合作等。

（7）会员权利保障制度。具体表现在会员的入会申请权、退会权、建议权、优先服务权、申诉权、监督权等方面。当会员权益受到损害时，可向理事会、常务理事会、监事会反映。

（8）重大事项公开制度。重大事项包括行业协会重要的人事任免、会费收取状况和捐赠状况、对外交往等。行业协会成员有权了解行业协会信息，维护行业协会和会员的合法权益，这就要求行业协会主动向会员或政府部门、甚至社会公众定期、及时公开相关信息。

（9）激励制度。激励制度是指鼓励行业协会的领导人员、管理人员和工作人员，得到政府、企业和社会的认可，最大限度地获取社会资源，保持行业协会可持续发展。比如，在决策执行和管理有效性方面通过量化指标，尽可能做到奖罚分明。

（10）监督制度。监督制度是指会员大会或会员代表大会选举监事会，参与重大事务的决策活动，对理事会、常务理事会、会长办公会等实施监督。同时，确保会员对行业协会的重大事务和日常事务拥有参与权，发挥会员监督功能，使监督贯穿在会员的参与过程中。

二、上海行业协会内部治理现状评价

（一）上海行业协会内部治理的发展概述

上海行业协会内部治理发端于政会分开和增强行业代表性，核心是理顺行业协会与企业、政府、市场之间的关系。遵照中央"按照市场化原则规范和发展各类行业协会、商会等自律性组织"的要求，2002年相继出台了《上海市促进行业协会发展规定》《上海市行业协会暂行办法》，为行业协会内部治理提供法规和政策保障，尤其是2005年后，在基本完成行业协会改革调整、社会功能发挥日渐明显的情况下，进一步加强行业协会建设，加大实践探索力度。2010年7月，上海市人大常委会通过新修改的《上海市促进行业协会发展规定》，在登记制度、政会分开、专职工作人员职业化等方面作出新的规定，为深化完善行业协会内部治理创造了良好的政策法规环境。2011年4月，上海市委办公厅、上海市政府办公厅印发《关于进一步加强本市社会组织建设的指导意见》，提出"以完善内部治理结构、健全民主管理制度、提升社会服务能力和增强社会公信力为重点，提高社会组织建设的科学性、有效性"，进一步明确了行业协会内部治理的工作要求和方向。上海行业协会在内部治理方面取得了新成效：

第一，实行政会分开，确立行业协会独立的社团法人地位。政府部门与行业协会在人员、财务、办事机构、办公场地等方面分开。2002年本市成立行业协会发展署，2005年市社会服务局正式运作，面向全体行业协会，超越部门利益，立足公共服务，履行业务主管单位的部分职责；同时提出了政府部门由部门化管理转向行业化、社会化管理的理念，这既为政会脱钩作了制度安排，也为突破部门化管理创造了条件。2010年11月，实行申请设立的行业协会直接登记，为行业协会创造更为宽松的发展环境。

第二，扩大会员基础，增强行业协会行业代表性。吸纳不同规模、不同所有制的会员企业入会，为行业协会的内部治理扩大会员覆盖面，夯实工作基础条件。

第三，规范运行程序，推行《行业协会章程样本》。创设性地提出了"会长和秘书长不得来自同一个单位"，行业协会会员权落实到企业而非个人，并规定了一企一票，为民营企业和中小企业在内部治理中的话语权提供了保障，防止了大型企业"一股独大"的问题；制定和推行《行业协会章程样本》，为行业协会形成科学的内部管理运行提供参考。

第四，实行专职制度，打造行业协会秘书长队伍。在行业协会内部治理的起步阶段，注重建立一支精干高效的秘书长队伍，不断提升行业协会管理者的管理效率和创新能力，行业协会参与社会、经济事务，自主落实职能的能力日益提高，会员企业参与行业协会内部治理的动力不断增强。

第五，法规和政府有关政策已初具雏形。在行业协会内部治理的起步阶段，上海就注重法规和政策的保障相继出台了《上海市促进行业协会发展规定》《上海市行业协会暂行办法》，修改了《行业协会章程样本》等，为行业协会的换届选举提供了各类参考性文件，并将行业协会在内部治理方面已经取得的经验汇总，出版了《行业协会服务与指南》。

通过多年的努力，上海行业协会的内部治理机制开始初步发挥作用，行业协会民主办会意识大大增强，具体表现在：第一，行业协会的行业代表性增强。调查问卷显示，上海行业协会的会员数平均占行业企业数的56.75%，销售额占行业销售额的78.2%。73%的行业协会由企业自发组建，其中2002年以来属于这样组建路径的行业协会更达到88%。民营企业为主的行业协会占49%，其中2002年以来组建的占76%。大部分行业协会表示会员数有不同程度的增加。第二，以章程为依据的行业协会内部管理制度不断健全，行业协会民主议事制度不断完善，行业协会选举程序不断规范。调查显示，除1家行业协会以外，其他行业协会都表示每年召开1次或2次会员大会；95%的行业协会会员大会作出了决议；行业协会的理事会规模逐步朝精简、高效的扁平化方向发展。第三，独立而制衡的行业协会会员权、社团法人权、理事会决策权、秘书长经营权日益清晰。会员大会作为最高权力机构、理事会作为决策机构、秘书处作为执行机构的分层化结构得到普遍认同。2005年以来，部分行业协会在实践过程中创造性地制定了《行业协会高层管理条例》《行业协会议事规则》。调查显示，91%的行业协会在章程中对理事会的授权有明确的原则和规定，95%的行业协会表示理事会严格按照规定程序进行，98%的行业协会表示理事会会议记录完整，93%的行业协会把会议记录作为重要档案保存。

（二）上海行业协会内部治理模式的分类及特征

1. 上海行业协会内部治理的三种模式

上海现有行业协会228家，其中市级行业协会209家，浦东新区行业协会19家。就市级行业协会的发起成立来看，2002年以后新成立的行业协会共有81家（2002年为132家，其中2家退出，2家注销），其中由政府部门推动成立的仅为9家，占新成立行业协会总数的11%，近90%的行业协会是由民间自发成立的。在这81家行业协会中，从政府部门退休后到行业协会担任会长的有6人，从政府部门退休后到行业协会担任秘书长的有10人。

按照发展阶段、行业特征、人员来源三个维度，形成区分上海行业协会内部治理模式的七大要素。从发展阶段来看，分为2002年前和2002年后两个要素；从行业特征来看，分为政府监管行业、强势行业、垄断行业三个要素；从人员来源来看，分为市场化运作、人员招聘等两个要素。在对上述七个要素进行组合后，将上海行业协会内部治理模式分为以下三种类型：

第一种类型是政府部门主导型。2002年前成立，一般为传统体制下撤销的行政性公司或各类工业局改制建立的行业协会，如上海医药行业协会等，以及政府严格监管行业所建立的行业协会，如上海市银行同业公会等。

第二种类型是大企业主导型。上海产业特强行业建立的行业协会，如上海市汽车行业协会等，以及具有自然垄断性质的行业，如上海市燃气行业协会等。

第三种类型是市场导向企业协商型。2002年后，按市场化运作机制建立的行业协会，人员社会招聘、经费自理，如上海市生物医药行业协会、上海汽车配件用品流通行业协会等。

根据上海行业协会的发展状况，对目前上海209家市级行业协会内部治理模式的类别进行分类，其中政府部门主导型的89家，占42.6%；大企业主导型的87家，占41.6%；市场导向协商型的33家，占15.8%（见表6—1）。

表6—1　上海209家市级行业协会分类统计表（截至2011年10月）

分类	政府部门主导型	大企业主导型	市场导向协商型	合计
1. 农、林、牧、渔业	3	6	3	12
2. 制造业	42	27	10	79
3. 电力、燃气及水的生产和供应业	2	1		3
4. 建筑业	1	5	1	7

续表

分类	政府部门主导型	大企业主导型	市场导向协商型	合计
5. 交通运输、仓储和邮政业	2	4	2	8
6. 信息传输、计算机服务和软件业	4	3	1	8
7. 批发和零售业		23	8	31
8. 住宿和餐饮业		1		1
9. 金融业	5		1	6
10. 房地产业	3			3
11. 租赁和商务服务业	8	5	4	17
12. 科学研究、技术服务和地质勘查业	4	4		8
13. 水利、环境和公共设施管理业	4	1		5
14. 居民服务和其他服务业	4	6	2	12
15. 教育	1			1
16. 卫生、社会保障和社会福利业	1		1	2
17. 文化、体育和娱乐业	5	1		6
合计	89	87	33	209

2. 政府部门主导型模式的特点

行业协会内部治理政府部门主导型模式体现在三个方面，即人事行政化、职能行政化、评价行政化。其基本特点是：(1) 代表上级主管部门；(2) 理事会中国有企业比重较大，会长由政府部门推荐；(3) 监事会由上级主管部门负责监管；(4) 秘书长由上级主管机构任命或推荐；(5) 工作人员（秘书长）薪酬参照公务员或者在行政官僚序列中得到提升或奖励。

在上海，政府部门主导型的行业协会分为两个阶段和两种情况：2002年之前，主要是在政府机构改革过程中，由于撤销、转制相关行政性公司或专业性政府管理部门而建立的，这部分行业协会由原行业主管单位负责组建，政府部门主导性较强。2002年以后，随着政府机构改革的深入和行业协会改革的推进，上海原有的行业协会按市场化的趋向，进行改革调整，实行人员、资产、财务、办公场地与政府机关分开，行政化倾向逐年减弱；再则这些行业由于自我转型和市场发展，大量的民营企业涌进，使得所有制结构发生了很大的变化，在一些行业中，国有企业基本退出，民营企业成为主体，行业协会会员单位中的民营企业占大部分比例。

目前，政府部门主导型的行业协会主要是在政府监管较强，以条管理为主的行业，比如上海金融业的行业协会（银行、证券、保险、期货、基金同业公会）和经济鉴证类的协会（会计、税务、资产、律师等，参照行业协会管理），一般国家有专门的法规和明确的监管部门。这些行业协会往往不受地方法规的限制,政府部门有的采取派专员入驻协会、有的采取与事业单位合署办公,实行两块牌子一套班子。在这些行业协会中,尽管也有完整的内部治理结构和管理制度,但总体上市场化运作程度不高,这既同我国的市场经济发展程度相关,也同现行政府管理体制相关。由于行业协会的会员构成已发生了显著变化,这些行业协会在日常运作和管理中经常碰到两难的问题:既要按政府部门的要求行事,又要满足会员企业要求,难以形成市场化运作的内部治理结构、机制和管理制度。

3. 大企业主导型模式的特点

大企业主导型的行业协会是在政府的引导和推动下,由企业自主组建的,在为企业服务的同时,依靠政府的支持,行使部分行业管理职权。特别是在上海一些国有资本紧紧控制的行业,政府可以通过影响国有企业来实现政府的意愿。现在国有企业控制比较强的行业是资本密集型行业和技术密集型行业,这些行业往往存在占据主导地位的国有企业(即本书称为的大企业)。大企业主导型行业协会的领导或者行业协会秘书处、协会的工作人员由大企业领导或者大企业委派的人员来担任,甚至有些行业协会的会费、活动经费也是由大企业来提供的。在这种情况下,行业协会相当大的程度上是代表这个大企业的要求和利益的。

大企业主导型模式体现在三个方面,即大企业领导任协会领导、大企业职员任职协会常设机构、大企业提供主要经费。其主要特点是:(1)一般召开会员代表大会;(2)会长是国有大企业负责人担任;(3)由上级主管部门和理事会共同履行监督职能;(4)秘书长由会长单位派出,理事会任命;(5)工作人员(秘书长)薪酬在国有大企业支取或是参照国有大企业同类职务水平。

4. 市场导向企业协商型模式的特点

2002年以后,上海诞生了许多新的行业协会,往往是在市场配置充分的新兴领域和行业中。这种行业协会很大的特点是会员的力量相对比较均衡,同时这个行业的主管部门也不是单一的主管部门。在这种情况下,这些行业协会就有了它自身发展的空间,在不同主管部门中争取支持,为行业协会努力发挥自身的作用提供了很好的机会。

市场导向企业协商型模式体现在四个方面:协会领导轮流担任、常设机构人员专职化、协会经费会员分担、与政府部门"若即若离"。其主要特点是:(1)全体会员所有;(2)会员大会选举产生理事,由理事会选举产生会长,理事会任命秘书长并决定协会重大决策及行使监督职能;(3)监事会由会员大会选举产生;(4)秘书长在行业内部聘请有管理经验的人才,由理事会聘任;(5)工作人员(秘书长)

薪酬市场化，有的行业协会采取按业绩给秘书长发放奖金的激励机制。

（三）上海行业协会内部治理不健全的具体表现

自 2002 年以来，上海行业协会经过近 10 年的改革发展，内部治理建设完成了整体性的形式跨越，但尚留有过渡性的转型特征。政府部门主导型和大企业主导型行业协会占大部分，而市场导向下企业协商型的行业协会仅占全部行业协会的 11.2%（见表 6—1）。行业协会治理能力的培养还处于初级阶段，其内部治理存在许多问题：

第一，内部治理发展不平衡。虽然目前上海确定了以会员大会为最高权力机构、以理事会为决策机构和以秘书处为执行机构的统一治理框架，但行业协会所处的行业发展程度不同、工作基础不同、会员凝聚力不同、会员企业的关注度不同，这都直接影响到会员参与内部治理的积极性和行业协会民主意识、自我管理能力水平，从而使内部治理的发展不平衡。原先政会关系比较紧密、经过改革调整的协会，一方面其内部制度的建设和程序比较"规矩"，但另一方面要避免长久政会不分遗留下的行政治理内部化的可能性。2002 年以来由民营企业为主体自发成立的行业协会，虽然比较有活力，但对行业协会内部制度建设缺乏经验，对会员企业的会员权、理事会的决策权、秘书长的经营权的平衡缺乏有效的方式。

调查显示，2002 年以前组建、经过改革调整的行业协会 21% 认为自己存在的主要问题是"政会不分"，而 2002 年以来组建的行业协会存在这个问题的比例是 18%；前者在"会企不分"问题上的比例是 11%，后者为 24%；前者认为自己存在的主要问题是"民主选举、民主决策、民主监督不够"的占 25%，后者占 35%。调查问卷中有 29 家行业协会认为"会员单位权利意识不强"是行业协会内部治理过程中遇到的主要困难，占被调查总数的 64%。

第二，政策法规支持不足。政府监管体系和法律体系的到位是行业协会民主办会制度得以产生、坚持、发展的重要保障。由于行业协会本身自我管理机制还不够完备，需要政府在已有的基础上提供政策支持，为行业协会健康发展指明方向，又不抑制协会创造性开展工作的积极性。目前行业协会管理主要依照《社会团体登记管理条例》，各地根据实际情况制定了政策和法规，但同上位仍有冲突，在加强内部治理上，法律规章的指导不够，缺乏针对行业协会内部治理建设的指引性文件，特别是缺乏针对性、操作性的措施，政策供给呈现整体性不足。

在调查中，有 29 家行业协会认为"相关法律、法规相对缺失，缺少可供参考的依据"是当前行业协会内部治理过程中遇到的主要困难，占被调查总数的 64%；

93%的行业协会反映,需要依靠政府政策推动行业协会的内部治理。60%的行业协会希望对行业协会的内部管理制度有明晰的表述。这说明不断完善法律法规对指导行业协会建设的紧迫性。

第三,多重关系尚不明确。虽然目前上海确定了以会员大会为最高权力机构、以理事会为决策机构和以秘书处为执行机构的统一治理框架,但在具体运作中存在两个难点:一是业务主管部门的监管和理事会的独立决策权如何平衡,理事会的独立性如何在政府监管下得到保证;二是理事会的权威和独立决策地位如何在发挥执行层积极性的前提下加以保证。理事会成员的主体是不领薪的志愿人员,而秘书长等秘书处专职工作人员掌握着机构的运营、资源的管理、人员的调度,有很大的操控权,理事会存在被执行层架空的可能。因此,在目前的法律框架下,行业协会的内部治理将要面临理事会、执行层与业务主管部门之间关系的梳理和结构的完善。

同时,一些行业协会往往简单地以社团登记管理部门的《社会团体章程示范文本》的要求设置治理结构,造成内部治理结构的雷同化,难以体现不同行业、不同产业的特点。

第四,运作机制缺乏效率。由于缺乏内部激励机制和外部监督机制,行业协会运作往往会失衡。行业协会实行"一地一会"和"一业一会",具有一定的行业垄断性,从而减弱了行业协会内部治理的动力;协会工作人员队伍职业化程度不高,导致竞争和退出机制缺失。由于业绩评估模糊化,难以对管理行为作出准确判断,秘书处的日常运作难以进行量化考核。

在政府部门监管的年度检查中对行业协会年度开展活动虽有要求,但没有严格的规定,一般情况下,每年召开1次会员(代表)大会或1~2次理事会就能通过年检;而理事会对开展活动的评估、经费使用的监督,往往是通过每年1次的会员(代表)大会报告形式通过。这种制度安排难以激发活力,提高运作效力。

第五,运作透明程度不高。行业协会设有会员大会、理事会、监事会的组织构架。一般一个会员企业,不论企业大小,权力是平均化的,而享受到的服务也是相同的。但由于存在政府部门和大企业主导型的行业协会,在实际运作中,决策层(理事会)多数是大企业或政府指派的相关人员,往往占据行业协会会长、副会长等领导职务,存在着"少数人治理多数人"的现象,调查中有7家行业协会认为现在"急需解决会企不分的问题",占被调查总数的17%,说明确有个别会员仗着自己实力雄厚,在处理日常行业协会事务中以自我小集团利益为中心,没有考虑大部分会员单位的集体利益,这极大地影响了行业协会的持续、健康、稳定的发展,也与"自主办会、民主办会"严重背离。

造成运作透明度不高的原因既有会员积极性不高的问题，也有领导层、执行层在商量、制定和实施内部治理规则时发动会员不够、涉及范围小的原因。同时，虽然行业协会愿意在加强内部治理上接受政府主管部门的监督检查，但是缺乏"行业协会是社会资源，也要主动接受社会监督"的意识，更谈不上主动制定有关接受社会监督的制度，造成了社会甚至行业内部对行业协会关心不够、知晓度不高、误解不少的状况。

三、协商治理：行业协会持续发展的动力

(一) 理想模式：市场导向企业协商型

随着政府职能的转变，非公经济的迅速发展，市场导向企业协商型行业协会代表着现代行业协会未来发展的方向，行业协会将更注重自我管理、自我规范、自我协调，更好地履行好行业协会的代表、自律、协调、规范的职能。

1. 完善的法人治理结构

行业协会通过内部权力之间的相互分离和制衡，形成健全的法人治理结构，为行业协会持续健康发展奠定基础。

第一，扩大会员代表大会的权力。行业协会内部治理结构完善与否的标准之一在于其是否代表大多数会员的利益，只有代表性强，规范能力才能强。而行业协会应该如何制约其主导大企业自身的逐利倾向，平衡少数但实力雄厚的大企业与数量虽众多但实力却薄弱的中小企业之间的利益关系？这就需要从组织权力结构方面来保证，即建立健全会员代表大会制度，通过扩大会员大会的权力，给广大中小企业充分表达意见的机会，防止行业协会被少数人操控、为少数人谋取私利。

第二，会长择优产生机制。规范落实民主选举制度，公开、公平、公正地选举协会会长、副会长，在人事上首先与政府脱钩，同时以投票方式充分尊重会员意见，把行业中真正有威望和凝聚力，掌握行业现状和前沿发展方向，乐于服务广大同行、分享经验、共享信息资源、致力于带动全行业振兴的企业家们吸引到行业协会领导岗位上。同时，实行领导人任期制度。为了防止出现少数人长期控制行业协会的现象，一些重要职位特别是会长设立任期限制，其他职位可实行定期轮换制度，保证行业协会的领导层保持活力，确保行业协会的高效率。

第三，秘书处工作人员专职制。秘书处作为日常工作执行机构，是行业协会理

事会决议的执行者，对行业协会的日常运作起到根本作用，因而其工作人员专职化是行业协会完善法人治理结构、维持正常运作的有力保障。明确规定秘书长的产生方式和工作人员的任用程序，更有利于约束秘书处执行决议时对政府或企业的不同程度的倾向问题，尽量做到中立。秘书长不但要有丰富的工作经验、过硬的专业知识、较强的组织协调能力，还要有良好的社会关系。一般工作人员的年龄、专业、学历等则要形成合理的梯度和结构。

2. 完善的内部管理运作

行业协会的有序运作需要着力建设三个体系架构——财务制度、人事管理制度、绩效考核的制度。

第一，规范的财务制度。协会在参照国家《民间非营利组织会计制度》的基础上制定协会《财务规章制度》，进一步加强财务规范管理。例如，财务收支报表要每月报税务局、每季送达会长，并按规定在理事会、常务理事会和会员大会审议；严格审批手续，秘书处添置的设备在1万元以上5万元以下的，由会长决定，超过5万元由会长会讨论决定，1万元以下的，由秘书长决定；秘书长本人报销需经会长批准后方可报销付款。

第二，完善的人事管理制度。协会对各级人员的招聘进行明确的规定，如协会专职或兼职工作人员由秘书长会议讨论提请秘书长聘用，并报会长核准。协会秘书处实行"岗薪制"的分配制度，为工作人员提供收入和福利保证，并规定随着经济效益的增长逐步提高工作人员各方面待遇；秘书长的岗薪由会长会（常务理事会）决定；秘书处的专兼职工作人员岗薪由秘书长根据协会经营状况、开源节流原则和岗位职责制定，并报会长批准。不断充实行业协会的人才队伍，提高行业协会的工作效率，真正做到岗薪分配的合理性和规范性，避免暗箱操作带来的负面效果。

第三，有效的绩效考核制度。建立符合行业协会实际的系统化的绩效管理体系：（1）制订绩效计划。通过行业协会理事会、会员大会、各工作部门的反复沟通，在制定协会、部门、个人绩效目标上达成共识，保证工作人员理解并认同协会的绩效目标和责任。（2）进行绩效辅导。行业协会管理者在日常工作中，观察与记录工作人员的表现，通过反馈让工作人员了解自身的工作进展，重点是与工作人员建立一种双向式的讨论模式，进而提高工作能力和绩效水平。（3）建立绩效评估机制。行业协会管理者通过正式的评估形式和谈话，对工作人员在整个绩效周期的表现进行反馈，同时为下一周期的绩效计划做好准备。（4）建立绩效激励机制。行业协会秘书处对工作人员进行评先树优，对做出贡献者予以表彰、奖励，同时对绩效欠佳的工作人员进行酌情分析，实行差别性管理，包括在岗培训、岗位调动等。

(二) 法人治理是行业协会内部治理的核心

所谓法人治理，其核心内容是明确利益相关人的权利和义务、确立法人的组织机构和运行机制。行业协会属于社团法人，虽然社团法人治理是从企业法人治理引申过来的，但是，行业协会的非营利性、社团性特点决定了行业协会的内部治理与企业内部治理相比较具有不同的特点：

第一，价值取向的不同决定了治理目标的差别。在价值取向上，追求利润最大化是企业压倒一切的目标，而行业协会作为非营利性的行业性社团，决定了其所要负责的对象更为广泛，追求的价值内涵更为丰富，目标更为多样，如行业的健康发展、会员利益的实现、社会公众的受益、行业协会自身的可持续发展等。

第二，利益纽带的松紧决定了治理机制运行动力的差别。企业的治理直接与所有权、经营权相关，而行业协会的执行层与行业协会没有所有权关系，秘书长与行业协会之间没有根深蒂固的利益关系。

第三，权力的集中程度决定了行使决策权路径的差别。企业的股权结构是比较理想的分散化结构，但行业协会会员权的平均化和分散度都要远远超过企业。因此，企业决策权的行使相对明确，而行业协会决策权的行使存在一些不确定性。

第四，激励机制的区别决定了内部治理实现效果的差别。企业的产出和服务有直接、清晰、明确的标准，而行业协会的产出和服务难以有效测量，业绩评估相对模糊。

行业协会要围绕"民主办会、服务立会、创新强会"，健全现代行业协会内部治理制度：不断完善以章程为核心的内部管理制度，健全选举、议事、决策、财务、人事等内部制度和民主决策、民主监督机制，建立权责明确、有效制衡的法人治理结构。建立诚信自律机制，行业协会要确保会员的知情权，维护会员的合法权益，主动接受会员和社会监督，提升行业协会的凝聚力和公信力。

(三) 加快完善行业协会内部治理的对策

作为利益群体的代表，行业协会所发挥的"反映诉求、规范服务"的作用，是社会治理需要调动的"积极因素"。当前，行业协会的生存与发展环境发生了很大的变化，为行业协会加强和完善内部治理提供了很多有利的条件；同时，社会经济的发展和行业协会的自身发展也对加强和完善行业协会的内部治理提出了更为现实和迫切的要求。

1. 构建合理分权的内部治理结构

以合理分权为核心,形成会员大会实质行权、理事会科学决策、秘书处贯彻执行、监事会有效监督的组织架构(见图6—2)。

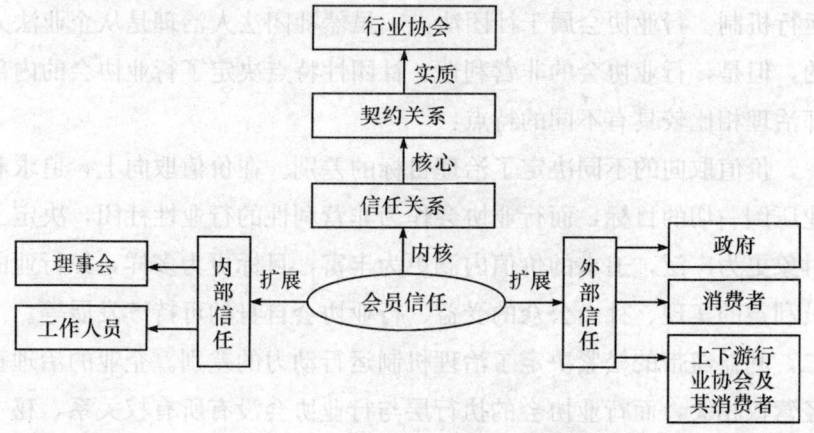

图6—2 行业协会组织构架关系图

(1)会员在整个行业的比重问题。行业协会能否真正代表本行业,维护行业的共同利益,其重要的衡量指标是行业中有多少企业加入成为会员。在调研中发现,上海的行业协会平均会员单位占到行业企业的60%左右。在行业协会登记和年检时,可以提出规定会员在整个行业的覆盖率,增加会员数占行业企业相应比例的要求。

(2)会员权力均等性的问题。不少行业协会确定理事、常务理事、会长资格,都设定了相应的会费标准,换言之,以会费为门槛进行筛选,相应地提高了中小企业会员获得权力的成本。因此,在行业协会章程中,应明确不同类型(规模、所有制)企业在理事会或监事会中的比例的规定。

(3)会长产生形式的问题。不管大企业委派会长,或者几个大企业轮流当会长,会长职责与企业利益之间都会有瓜葛。会长在处理行业协会发展的各种问题时,必须要有相应的制度保持客观公正性,也可以聘请社会上或者行业内有影响的人或者有知名度的人来担任会长。

2. 制定科学规范的组织章程

章程是行业协会会员共同意志的体现,具有"根本法"的地位,是内部治理的重要依据。行业协会的章程规定了会员大会、理事会、常务理事会的召开次数以及每届的任期。但是,许多协会并没有严格按照章程规定召开这些会议。一些行业协会以工作忙、费用紧张等理由不开或少开;有的甚至以会长办公会议来代替常务理事会；还有一部分行业协会不能按章程规定按期换届，行业协会的章程实际被虚置。

因此，制定科学规范的章程十分必要。从登记管理机关来说，不能以统一"章程样本"限制行业协会章程的个性化特点，而是要以核准的章程来规范协会行为。在章程作出的规定与政府监管部门的政策发生冲突时，要尊重章程规范，建议行业协会通过章程修改来改变现行的做法。从行业协会来说，章程既是行业协会运作的依据，又是约束行业协会行为的规定，一旦经过会员大会通过，就要严格执行，任何人不能违反章程规定自行其是，更不能对章程规定的事项不顾，超越章程。

3. 完善高效运作的内部运行机制

行业协会要以多边合作为理念，完善会员单位发展和联系机制、重大事项决策机制、信息收集传递机制、会员单位沟通机制、社会资源动员机制。其中，会员单位发展和联系机制是基础，重大事项决策机制是关键。行业协会内部运行机制，就好比规定了"问题的解决路径"，比如界定什么是重大事项、采取简单多数还是三分之二多数通过的方式等。

（1）内部治理结构是一个权力的平衡，如果会长、副会长、常务理事人选以会费为门槛的话，可能会导致权力结构的偏向。规模或资金实力越大的企业在行业协会中的权力地位越高，长此以往，内部治理结构的重心也会发生变化。事实上产业是一个生态系统，大企业作用的发挥离不开中小企业的支撑，只有大中型企业形成一个合理的结构，才能灵活应对行业的变化，行业才更具有竞争力。

（2）对行业协会而言重大事项包括选举、改选领导层，行业协会的资金财务运作等。在重大事项确定后，根据不同的事项，明确相应事项的决策机构，分别由会员大会、理事会、常务理事会哪个层面来负责决策和监督。

（3）决策的方式是采用投票还是举手表决，是简单多数通过，还是三分之二多数通过，这些设定都会对结果产生重大影响。

（4）监督的前提是信息公开。监督是对协会领导的监督、对协会运行的监督。行业协会信息公开是行业协会取得行业信任、政府信任、公众信任的重要基础，也是监督有效的基础。

4. 健全规范化的行业协会自律体系

行业协会秘书处与会员的委托代理关系是双重的，一是会员与行业协会之间，二是行业协会的理事会或者会员大会与行业协会工作人员（或者秘书长）之间。双重委托代理关系下容易造成内部人控制。企业中经理人专职从事经营管理，掌握着企业经营状况的信息，可以利用信息的不对称来谋取自身的利益或是专职人员群体的利益。企业如果没有有效监管经营管理层的制度安排，一定会存在内部人控制的问题，行业协会也同样如此。另外，如果缺少激励的制度安排，行业协会的运作和发展就没有动力。现实情况下，有些行业协会的权力重心在会长，有些行业协会权力重心在秘书长。各个行业协会差异很大，这并非是会长和秘书长能力或者背景所致，而是行业协会内部结构状况的反映。

所以，对以秘书长为代表的专职工作人员，一定是两重的，既要监督，避免内部人控制问题，同时又要激励。需要根据行业协会实际，合理构建会员大会、理事会、会长、秘书处（秘书长）四者之间的结构，处理好四者关系。

5. 建立第三方的行业协会内部治理评价体系

以信息公开为基础，构建透明的信息披露机制、内外监督机制和独立的第三方评估制度。行业协会内部治理评价要以信息披露机制、内外监督机制为依托，在内部制度上，建立会员和监事会对会长、副会长、常务理事、秘书长及秘书处工作人员的监督，加大对其不当行为的处罚；常设机构定期向政府管理部门和会员汇报工作情况，自觉接受监督；会员定期进行自查和互评；建立行业信用监督和评价体系，对于失信的会员单位进行必要的惩处。

在此基础上建立独立的第三方评估制度，对行业协会运作情况定期评估并向社会公布。

6. 加强政府的政策支持和监管力度

政府要主动推动构建互动、合作、互律、共赢的政会合作模式，重构政会关系。按照行业协会的发展阶段和发展实际，提供具有针对性的政策支持和制度支持，加大对行业协会的支持力度，推动行业协会的内部治理建设。为此，要形成统一、共性和指引性的制度：

第一，出台行业协会内部治理的自律性规范，对操作性的内容进行明确界定，引领行业协会工作高效运转。第二，开展业务、财务、经济安全等方面的全方位培训。第三，加快培育行业协会管理人才，积极探索适应现代行业协会要求的选人用人机制，把组织考核推荐和引入市场机制、社会公开招聘结合起来，建立、健全行业协会管理者的培养、选拔、管理、考核、监督的办法，制定符合行业协会特点的绩效评估体系。第四，加强对行业协会领导层的评议和监督，建立会长人选谈话制度和预审制度。第五，设立专门服务行业协会的财务公司，向行业协会派遣财务人员，加强对行业协会的监督和管理。

四、主要结论

(一) 行业协会的内部治理与发展阶段密不可分

行业协会的内部治理是行业协会发展到一定阶段的必然要求，加强行业协会内部治理对行业协会的发展起到保障作用。2002年，上海行业协会开始进入改革调整的时候，主要解决行业协会作用不明显的问题。2005年以后，当行业协会改革调整基本完成、新的产生机制基本明确，行业协会发展到了新的阶段，行业协会自身、会员和社会各界对加强内部治理、完善民主程序提出了要求，行业协会普遍把自主办会提到议事日程上来。2010年后对行业协会内部治理提出更高的要求，2011年上海市民政部门结合行业协会的实际，开展上海行业协会规范化建设评估，将内部治理相关内容纳入评估标准，进行量化考核和综合评估，进一步推动行业协会可持续的规范发展。

(二) 行业协会的内部治理与政府支持密不可分

行业协会内部治理需要政府支持的外在动力加以推进。一方面，行业协会刚刚走上市场化办会的道路，与市场经济发展的要求还有不少距离，计划经济的色彩还未完全退去，企业在行业协会的平台上如何协商、如何共事，需要学习和实践。另一方面，按照现行政策法规，行业协会实行"一地一会"和"一业一会"，具有一定的行业垄断性，掌握了一定稀缺性社会资源的法定社团，政府主管部门在其成立登记完成以后，同样有责任指导、监督其按照法律、法规自主办会。因此，行业协会的内部治理离不开法规和政策的指引，离不开政府的支持，需要政府的制度供给和政策供给，为行业协会的规范发展、行业协会的内部治理提供良好的政策环境。

(三) 行业协会的内部治理与会员利益实现密不可分

会员是行业协会的主体，利益的驱动和均衡是行业协会内部治理的动力所在。不同所有制、不同规模的会员企业的利益权，行业协会领导层中理事会、秘书处、法定代表人、会长、秘书长的权利和利益都需要均衡。会员的参与是行业协会内部治理得以实现的重要驱动力。只有当会员关心自己的权益、维护自己的权益时，行业协会加强内部治理才会有不竭的动力；只有当行业协会真正成为尊重会员权利、反映会员诉求、维护会员权益的会员之家时，才能进一步唤起会员积极按照民主程序行使会员权利的意识。同样，运转高效的内部治理结构也将会为实现会员利益提供有力的保障。

（四）行业协会的内部治理与创新理念和方法密不可分

虽然行业协会在实践中可以参照企业、特别是股份制企业的治理方法，解决四个权力之间制衡关系的核心问题，但是行业协会具有其不同于企业的组织使命和属性，是带有一定公权力的互益性组织。因此，加强行业协会内部治理既不能照搬企业治理的概念，也不能照搬国外行业协会的内部治理理论。在现实的经济社会发展背景下以及现行的制度框架下，如何来保证行业协会内部权力结构平衡，既充分激发工作的活力，又保证健康发展的秩序，需要不断创新理念和方法。

第七章
从形态塑造到能力提升：
科协建家的时代意蕴①

---

① 本章主要内容来自作者承担的上海市科协委托课题：新时期推进科协建家上新水平对策研究，2010年。

一、体制内建家：科协建家走入困境

(一) 科协建家理念的演进过程

科协是党领导下的人民团体，是科技工作者的群众组织。党和政府对科协的性质规定及作用要求始终贯穿一个核心理念，即科协必须努力为科技工作者服务。因此，建设"科技工作者之家"是科协存在的基本前提和开展各项工作的力量所在，也是科协区别于其他社会组织的基本特征。"科技工作者之家"的本质，就是以科技工作者的共同价值观和共同需求为纽带，具备并发挥其特定功能的一种社会组织形式。作为全国科技工作者的群众团体，科协建家理念蕴涵于科协的基本性质，贯穿在科协系统发展的全过程中。

50多年来，建设科技工作者之家始终是各级科协组织的重大任务。在上海，科技工作者之家的重要标志——上海科学会堂，是全国第一个专门用于科技交流和科技工作者活动的场所。周恩来总理、陈毅副总理等党和国家领导人曾经在科学会堂接见上海的著名科学家，当时上海重大的科技学术交流活动，几乎都在科学会堂举行。"文革"结束后，在走进科学春天的春风吹拂下，广大科技工作者从全市四面八方汇集到科学会堂，申诉冤情、反映意见、学习充电、交流切磋，整个科学会堂处处人声鼎沸，热气腾腾；时时欢声笑语，春意浓浓。上海科学会堂在广大科技工作者内心中留下了许多美好佳话、刻下了对"家"的温馨记忆。

1. 纽带和助手：科协建家理念的形成期（20世纪50—70年代）

1958年9月，中国科协第一次全国代表大会上通过的大会决议将中国科协定性为科学技术群众团体，明确"中国科学技术协会是中国共产党领导下的、社会主义的、全国性的科学技术群众团体，是党动员广大科技工作者和广大人民群众进行技术革命和文化革命、建设社会主义和共产主义的一个有力的工具和助手"。

中国科协"一大"通过的大会决议中，有关科协性质的认识和表述印有鲜明的时代痕迹，对科协所承担的具体任务的规定使中国科协更类似于一个科技工作部门，科协组织联系科技工作者的专门部门和工作载体几乎没有，只是陆陆续续建立了地方科协、各级学会和基层科协组织，在这种情况下，科协组织是依附于党的系统下生存、服务于党和政府政治意图、制度化参与政治的组织，科协成为开展技术革命和文化革命的全民性质的组织。但是，把中国科协定性为科学技术群众团体，在很大程度上体现了科协作为"科技专业共同体"的要求,其中包含着科协联系科技工作者的理念。

1979年12月,中共中央对中国科协党组关于召开中国科协第二次全国代表大会的请示作出批示,明确指出科协是"科学技术工作者的群众团体,是党领导下的人民团体。它是党团结联系科技工作者的纽带,是党领导科技工作的助手"。这一批示具有非常重要的意义,明确了科协是科技工作者的团体,而不是科技工作团体。这一定性使科协与政府部门、科研机构相区别,进一步明确了科协的基本性质,突出了科协组织与科技工作者联系的重要性。

2. "三主一家":科协建家理念的完善期(20世纪80—90年代)

进入20世纪80年代,中国科协强调了两个维度的"服务"工作:第一个维度是中国科协团结和动员广大科技工作者为国家发展和社会进步服务;第二个维度是中国科协为广大科技工作者服务,满足他们的现实需求。虽然这两个维度的服务工作不能绝对分开,但第二个维度的"服务"更加凸显了"科技工作者之家"理念的内在要求,由此,科协建家的目标更加清晰和完整。

1986年,中国科协"三大"修改通过的《中国科学技术协会章程》除了进一步明确"中国科学技术协会是中国共产党领导下的科学技术工作者的群众团体"之外,还第一次比较具体地提出了科协为科技工作者服务的内容,使科协建家理念更加具体化。

1991年,中国科协"四大"修改通过了新的《中国科学技术协会章程》,第一次把"反映科学技术工作者的呼声,维护科学技术工作者的合法权益,为科学技术工作者和科学技术团体服务"作为科协的宗旨之一。

1997年,在中国科协五届三次全委会上提出了"三主一家",即科协是科普工作的主力军、学术交流的主渠道和国际民间科技交流的主要代表,是"科技工作者之家"。

3. "三服务一加强":科协建家理念的成熟期(21世纪以来)

2005年,中国科协六届五次全委会又在"三主一家"的基础上提出了"三服务一加强"的新目标。"三服务"就是各级科协要"努力为广大科技工作者服务,为经济社会全面协调可持续发展服务,为提高公众科学文化素质服务";"一加强"是加强科协自身的组织建设。这是中国科协根据新时期面临的新任务和新要求,对科协建家理念更为成熟和完整的阐述,各级科协只有竭诚为科技工作者服务,在加强服务中推进建家工作,发挥广大科技工作者的聪明才智,才能履行好桥梁纽带的职责,才能依靠科技工作者为提高公众科学文化素质、为经济社会发展做出更大的贡献。①

2006年，在中国科协"七大"上，中央对科协提出了新的更加明确具体的要求：继续把加强党和政府同科技工作者的联系作为基本职责，把竭诚为科技工作者服务作为根本任务，把科技工作者是否满意作为衡量科协工作的主要标准，结合构建社会主义和谐社会，在广大科技工作者与各级党委和政府之间建立起畅通稳定的沟通渠道。认真研究和把握新形势下科技工作者工作的特点和规律，及时了解科技工作者在工作、学习、生活中遇到的实际困难，及时反映科技工作者的意见和建议，切实维护他们的合法权益，将科协组织与科技工作者的联系贯穿科协工作的始终。

2008年12月15日，胡锦涛在纪念中国科协成立50周年大会上发表重要讲话，提出"科协组织要当好科技工作者之家，把为广大科技工作者提供优质高效服务作为根本任务"，进一步解放思想，创新工作方式，拓宽工作领域，丰富工作内涵。

2011年，习近平在中国科协"八大"上对新形势下科协组织围绕党和国家工作大局更好地履行工作职能提出四条要求。包括要致力于促进科技人才成长和提高，更好地为科技工作者服务；要着眼于建设科技工作者之家、当好科技工作者之友，更好地加强自身建设，努力开创科协工作新局面。

（二）新的历史条件下科技工作者状况呈现三大变化趋势

进入21世纪以来，在经济结构和社会结构加快转型的背景下，我国科技工作者的状况出现了一系列新的变化。以上海为例，科技工作者的空间布局和利益诉求等呈现出三大变化趋势：

1. 科技工作者流动呈现向企业集中趋势

在建设以企业为核心的技术创新体系及构建创新型城市的过程中，上海科技工作者呈现向企业流动和集中的趋势，具体表现为由高校、科研院所向企业流动、由国有单位向非公企业（民营、外资企业）流动、由分散化布局向高科技园区集聚。也就是说，目前大量科技工作者实际上集中在传统体制之外的非公企业和高科技园区。这些科技工作者对融入科技工作者之"家"具有极强的内在需求，非常希望加入科技学会等学术团体，并能有更多机会参加各类学术交流和学术培训活动，不断扩展自身的学术眼界、提高自身的学术水平。

---

① 沈爱民. 从"三主一家"到"三个服务". 科协论坛，2005（2）

第一，由高校、科研院所向企业（包括国有、外资、民营）流动。据上海市统计局提供的第一次全国经济普查上海地区的数据显示，截至2004年底，在上海138万名专业技术人员中，企业（包括国有、外资、民营）中共有专业技术人员968 947人，占70.2%，高于全国平均水平。与此同时，非公企业中科技工作者的数量和层次不断上升。1990年上海国有企事业单位各类专业技术人员有86.16万人，而2005年则只有71.99万人，下降16.4%。上海民营科技企业的从业人员中，高中级人员2000年为8.9万人，2005年为10.9万人，增加22.5%。在全市企业具有中级技术职称以上的专业技术人员中，非公企业占81.4%。①

第二，由国有单位向非公企业（民营、外资企业）流动。近年来，上海民营科技企业科技工作者比例开始高于国有企业，这意味着大量科技工作者集中在传统体制之外的领域。2005年，上海民营科技企业从业人员达到53.68万人，其中，科技人员为20.75万人，占从业人员的38.6%；在科技工作者中，具有中级职称的人员占35.2%，具有高级职称的人员为占17.6%。这些比例都高于上海国有企业的平均水平。根据《上海统计年鉴（2007年）》的数据计算，2006年全市国有企业职工人数为146.38万人，其中，工程技术人员为20万人左右，占13.7%。在工程技术人员中，中级职称人员为6.46万人，占32.3%；高级职称人员为2.17万人，占10.9%。②

第三，由分散化布局向高科技园区集聚。20世纪90年代以来，上海高科技产业集聚式发展主要体现为园区集聚，分为三大类园区：国家级高新技术产业开发区、国家大学科技园和区县科技园区。大批科技企业和科技工作者集中在高科技园区，高科技园区已经成为上海科技工作者集聚高地，成为上海"创新驱动、转型发展"的策源地。

2. 科技工作者需求呈现多样化趋势

目前，中青年科技工作者已经构成为上海科技工作者的主体。根据作者所做抽样调查数据分析，在上海科技工作者中，35岁及以下的占47.23%，36～45岁之间的占37.08%，46岁及以上的占15.69%。也就是说，45岁及以下的中青年占上海科技工作者总数的80%以上（见表7—1）。

科技工作者的需求呈现出多样化的特点，由寻找自身作用的合理定位向追求持续发展方向转变，需求水平也是低、中、高多层次并列发展。例如，在对非公企业科技工作者调查中，他们认为自己在竞争公共资源开展科技创新活动方面处于相对

---

①② 上海市统计局. 上海统计年鉴（2007）

表 7—1　　　　　　　　被调查的科技工作者性别和年龄结构

年龄	男		女		合计	
	人数	比例	人数	比例	人数	比例
35 岁及以下	326	41.79%	288	55.38%	614	47.23%
36～45 岁	303	38.85%	179	34.42%	482	37.08%
46 岁及以上	151	19.36%	53	10.19%	204	15.69%
合计	780	100.00%	520	100.00%	1 300	100.00%

弱势，要求社会为他们提供公平机会。在对中青年科技工作者调查中，他们普遍要求突出能力和业绩导向，增强激励，敢于激励；要求科研项目申报审批程序更加公开透明、简化手续。同时，中青年科技工作者还特别要求降低居住费用。在科技工作者创新情况调查中，对提高激励强度的呼声特别突出。

3. 科技工作者利益呈现差异化趋势

在科技工作者之间，利益要求出现了一定程度的差异化。例如，科技工作者对工作的满意程度随着年龄的增长而提高。35 岁及以下的科技工作者中只有 3.11% 的人对自己的工作很满意，36～45 岁的科技工作者中有 4.22% 的人对自己的工作很满意，而 46 岁及以上的科技工作者中有 9.23% 的人对自己的工作很满意（见表 7—2）。

表 7—2　　　　　　　　科技工作者对目前工作的满意度

程度	按年龄分类		
	35 岁及以下	36～45 岁	46 岁及以上
很满意	3.11%	4.22%	9.23%
比较满意	39.93%	49.58%	45.13%
一般	45.99%	41.98%	43.08%
不太满意	9.82%	3.80%	2.05%
很不满意	1.15%	0.42%	0.51%
合计	100.00%	100.00%	100.00%

科技工作者普遍感到承受较大工作压力，但同时，在最大压力的判断上，不同年龄段的科技工作者有所差别。在回答工作中遇到的最大困惑这一问题时，35 岁及以下的科技工作者认为是"跟不上知识更新速度"；36～45 岁的认为是"业务/科研活动时间不充足"；46 岁及以上的认为是"创收压力"（见表 7—3）。

表7—3　　　　　　　　　科技工作者在工作中的最大困扰

困扰类型	35岁及以下		36～45岁		46岁及以上	
	人数	比例	人数	比例	人数	比例
跟不上知识更新速度	89	17.76%	62	17.13%	23	14.47%
没有合作团队	22	4.39%	24	6.63%	17	10.69%
缺乏业务/学术交流	81	16.17%	47	12.98%	14	8.81%
业务/科研活动时间不充足	64	12.77%	64	17.68%	15	9.43%
工作不受重视	37	7.39%	30	8.29%	16	10.06%
职称/职务晋升难	45	8.98%	27	7.46%	10	6.29%
教学压力	9	1.80%	13	3.59%	5	3.14%
创收压力	77	15.37%	45	12.43%	35	22.01%
发表论文压力	34	6.79%	24	6.63%	8	5.03%
人际关系不和谐	5	1.00%	2	0.55%	3	1.89%
业务活动缺乏创新	30	5.99%	18	4.97%	5	3.14%
其他	8	1.60%	6	1.66%	8	5.03%
合计	501	100.00%	362	100.00%	159	100.00%

（三）体制内建家方式造成科技工作者的认同度下降

在传统体制下，科协主要依托行政系统建立其组织体系，构成覆盖全国的科协组织网络。目前，对于中国科协的概念有广义和狭义之分。广义概念是指包括全国组织、地方组织和基层组织在内的整个组织体系；狭义概念特指中国科协的全国组织。

作为广义概念的中国科协，是三级架构的组织体系，即全国科协组织、地方科协组织、基层科协组织。全国科协组织包括全国协会、机关部门和事业单位。地方科协组织又可分为三级，即省、自治区、直辖市科协，简称省级科协；市（地级市）、地区、州、盟科协，简称市级科协；县（县级市）、区、旗科协，简称县级科协。每一级的构成与全国科协组织相当，也有学会、机关部门和事业单位。基层科协组织是建立在农村、街道社区、企业、高等院校、科研院所等基层单位的科协组织，隶属于不同层次的地方科协组织。

具体地说，中国科协的组织结构所构成的相互关系和运转程序的"图谱"是：

1. 中国科协在中央的领导下开展工作，全国学会是中国科协的团体会员，接受中国科协的领导。

2. 省级科协在省委的领导下开展工作，是中国科协的地方组织，接受中国科协的业务指导；省级学会是省级科协的团体会员，接受省级科协的领导，同时是相对应的全国学会的团体会员，接受相应全国学会的业务指导。

市级科协在市委的领导下开展工作，是中国科协的地方组织和省级科协的下级组织，接受省级科协的业务指导；市级学会是市级科协的团体会员，接受市级科协的领导，同时是相对应的省级学会的团体会员，接受相应省级学会的业务指导。

县级科协在县委的领导下开展工作，是中国科协的地方组织和市级科协的下级组织，接受市级科协的业务指导；县级学会是县级科协的团体会员，接受县级科协的领导，同时是相对应的市级学会的团体会员，接受相应市级学会的业务指导。

3. 基层科协在所在单位的党组织（党委、总支、支部）的领导下开展工作，同时，按照隶属关系，分别是批准其成立的上级科协的团体会员，并接受其业务指导。

在这个庞大的组织体系中，中国科协的全国组织和全国学会之间横向的领导关系、与地方组织之间纵向的指导关系，地方组织与同级学会之间横向的领导关系、与下一级地方组织之间纵向的指导关系，环环相扣、相互衔接，形成了一个横向联系、纵向贯通的网格化的组织网络和严密体系。全国的科协组织正是以这一"垂直型"的组织体系架构，作为联系广大科技工作者的主渠道。目前，中国科协拥有198个代表国内最高学术水平的自然科学和交叉学科领域的全国学会，以及31个省（区、市）科协、12万多家各类基层科协组织。[①] 上海市科协所属各类学会（包括协会、研究会）共184个，其中应用技术类（以技术应用为主要导向）学会115个，占62.5%；基础类学会35个，占19.03%；其他学会34个，占18.47%（见表7—4）。[②]

长期以来，全国科协组织过分强调自身的行政性而淡漠社会性，在做与其所联系的科技工作者的工作时，缺少应有的主动性，尤其是对适应市场经济发展要求而不断成长的非公企业及其科技工作者缺乏了解和沟通。同时，科协组织刚性的行政化结构使得各级科协对变化的形势和目标群体的现实需求不敏感，缺乏及时做出适应性反应和调整的能力。从总体上说，科协的职能发挥仍旧带有浓厚的"二政府"色彩，科协开展工作时过于强调政治性属性，过于突出行政化色彩，在相当程度上，漠视群众性属性，没有根据现实需要的变化和群众需求的变化来改变工作方式、内容。

---

① 中国科协. 中国科协统计年鉴（2012年）
② 上海市科协编著. 上海市科技学会发展报告（2012）. 上海科学普及出版社，2012，第73页

表 7—4　　　　　　　　上海市科协系统学会发展情况

学会分类		数量	占比
应用技术型学会	信息科学	16	8.7%
	机电科学	18	9.78%
	材料能源	16	8.7%
	城市科学	20	10.87%
	轻纺科学	12	6.52%
	医药科学	21	11.41%
	农业科学	12	6.52%
基础型学会	基础科学	16	8.7%
	生命科学	19	10.33%
其他学会	软科学	16	8.7%
	工作者	14	7.6%
	传媒	4	2.17%
总计		184	100%

"体制内建家"的惯性使得科协建家工作更多地关注传统体制之内，工作理念和方式与形式发展要求不相适应，造成科技工作者之家"门难进"的现实状况，科技工作者（特别是青年科技工作者）对"科技工作者之家"的认同度和归属感有所下降。在回答科协建家面临的主要问题时，接受调查的科技工作者中57.23%认为"科技工作者之家"形象不鲜明；44.68%认为科协在传统工作领域受到各方面挑战，科协团体优势并不明显；38.30%的科技工作者认为科协活动手段缺乏创新，与科技建家发展联系不紧密（见表7—5）。可以说，履行桥梁纽带职责、建设"科技工作者之家"，已成为科协工作中最为薄弱的环节，科协越来越感受到建家工作的压力。

表 7—5　　　　　　　　科协建家面临的主要问题

问题	人数	比例
"科技工作者之家"形象不鲜明	269	57.23%
科协活动手段缺乏创新，与科技建家发展联系不紧密	180	38.30%
传统工作领域受到各方面挑战，科协团体优势不明显	210	44.68%
其他	8	1.70%

综合作者调研和访谈中了解的情况，目前科协建家工作存在以下四个方面的突出问题：

第一，与科技工作者联系相对薄弱。科协在联系科技工作者工作中存在"四多四少"现象：一是联系上层、高级科技工作者多，联系基层、一线科技工作者少；二是联系科研机构、高等院校科技工作者多，联系企业、特别是中小企业科技工作者少；三是联系中老年科技工作者多，联系青年科技工作者少；四是联系公有制单位科技工作者多，联系非公有制单位科技工作者少。在对科技工作者的调查中，处在体制外的科技工作者普遍反映"寻家不见门，见门难进家"，不免生出"乡关何处"之叹。

学会是各自学科、专业领域中科技人员自愿结合组成的社会团体，是该领域科技工作者的"家"，学会与会员的关系可以说是学会诸多关系中最基本、最重要的关系，会员是学会作为一个社会组织存在的最根本的基础。然而，目前许多学会与会员的联系也比较薄弱。市科协所属11个学会群的185个学会目前拥有个人会员20.72万人，[①] 不仅会员的覆盖率不高，会员队伍的发展远远落后于上海科技人员队伍的发展速度，而且有相当一部分会员很少或基本不参加学会活动。在接受调查的科技工作者中，目前已经是基层科协组织个人会员的为287人，占22.08%（见表7—6）。表示偶尔参加自己所加入的基层科协组织活动的占55.22%，几乎不参加的占22.60%（见表7—7）。同时，接受调查的科技工作者中表示对科协组织不太了解的占65.77%（见表7—8）。这说明有相当数量的科技工作者对"家"的感情比较淡漠。

表7—6　　　　　　　　　科技工作者参加基层科协组织情况

加入基层科协组织个数	人数	总数	比例
1	242	242	18.62%
2	40	80	3.08%
3	4	12	0.31%
5	1	5	0.08%
合计	287	339	22.08%

表7—7　　　　　　　　　科技工作者参加基层科协活动情况

选项	人数	比例
经常	104	22.17%
偶尔	259	55.22%
几乎不参加	106	22.60%
合计	469	100.00%

---

① 上海市科协编著．上海市科学学会发展报告（2012）．上海科学普及出版社，2012，第8页

表 7—8　　　　　　　　科技工作者对科协组织了解程度

程度	人数	比例
非常了解	22	1.69%
比较了解	249	19.15%
不太了解	855	65.77%
完全不了解	162	12.46%
未回答	12	0.92%
合计	1 300	100.00%

第二，学会自我发展能力较弱。长期以来，科协组织的活动基本集中在学术交流和科学普及等方面，但活动内容比较老套，活动方式缺乏创新。科协组织的活动在为经济建设和社会建设服务方面还缺乏主动性和创新性，突出地表现为两个"不够紧密"：一是学术交流、专题研讨的内容往往与科技、经济和社会的发展规划结合得不够紧密；二是组织的活动与技术创新和技术创新体系建设结合得不够紧密。难以引起科技工作者的关注和兴趣。学会组织的各项活动往往缺乏信息量，缺乏争鸣，更缺乏有影响力的"品牌"，其有效性和权威性也难以确立。在对上海160个学会调查中，有特色品牌活动的学会仅有36个，仅占22%。

同时，在满足科技工作者多样化需求方面的能力较弱。在对上海科协组织所属学会现状调查中发现，许多学会的行政依附性仍然较强，服务能力严重不足。首先，经济能力相当有限。大多数学会的经费来源单一，尚未形成甚至目前也难以形成多渠道且来源稳定的经费保障机制，部分学会经费拮据，有的甚至严重短缺，已经不能维持学会的正常运转。其次，专职人员老化严重。学会专职工作人员的来源主要依靠挂靠单位和退休人员，远未形成社会化和职业化的人才进入机制，面临人才缺乏、人员老化、后继乏人的困境。最后，信息化水平总体较低。许多学会的信息化建设步履缓慢，没有建立自己的官方网站，视频方式、远程系统、群建网络、手机功能等信息化手段未能得到运用，严重制约活动能力和活动水平的提高，难以树立新型科技社团的形象。

第三，传统工作领域受到各方面的挑战。科协组织传统的工作领域日益受到挑战，渐渐失去昔日的优势。比如学术交流、决策咨询领域，现在不仅学术团体在做，科研院所、高等学校、企业乃至政府部门也都在积极进入，很难说科协组织还是学术交流的"主渠道"和决策咨询的主要思想库。再如对科技工作者的工作，也不只是科协组织一家在做，党的组织部门、政府人事部门，以及工会、共青团、妇联等人民团体，也在面向全体科技人员或面向特定群体的科技人员做工作，而且党的组织部门、政府人事部门具有更强的资源优势。而就目前的实际情况来看，科协组织不仅缺乏党政部门所具有的资源优势，也缺乏工会、共青团、妇联等其他人民团体所有具有的服务能力，在各方面的挑战面前竞争乏力。

第四，科技工作者之家的物化载体建设滞后。20世纪90年代以来，上海城市建设突飞猛进，城市面貌日新月异，大量标志性公共建筑拔地而起，崭新的公共服务设施遍布全市，向世人展示上海的水平、上海的速度和上海的精神，上海人民为此而骄傲和振奋。拔地而起的公共建筑成为上海国际化大都市的象征和标志，成为上海人民敬业精神、不凡业绩的缩影和丰碑，成为凝聚人心的强大力量。

与上海城市建设所取得的显著成效相比，上海科协组织的物化载体建设相对滞后，科学会堂虽然经过扩建面积有所增加，但设施老化比较严重，信息化程度尤为落后；其他科技活动场馆的建设也进展缓慢。许多科技工作者很少到科技场馆活动，更有一些科技工作者甚至不知"家"在何处。科技工作者之"家"缺乏标志性的建筑和直观的感受，造成对"家"的认知不清晰，无法形成以科技工作者之"家"作为科技工作者社会身份认同的象征或符号的意识。

二、形态塑造：科技工作者之家形象展示

（一）把握科技工作者的新需求

在新的历史条件下进一步做好科协建家必须以科技工作者为主体，按照"需求导向"的原则，切实了解和把握广大科技工作者的现实需求。从总体上看，目前上海科技工作者的现实需求出现四个新变化，即：从寻找合理定位向追求持续发展转变；从渴望发挥作用向体现社会价值转变；从期待良好环境向提升整合能力转变；从重视硬件条件向注重情感纽带转变。

1. 融入科协组织的内在需求

科技工作者对融入科协组织具有极强的内在需求，非常希望加入科技学会等学术团体，并能更多地参加各类学术交流和学术培训活动，不断提高自身的学术水平。科技工作者希望科协组织提供多样化的服务和活动，包括信息服务、内部学术交流活动、进修培训服务、政策咨询服务、提供与社会各界交流机会等。

上海科技工作者希望科技学会能够提供多样化的服务和活动。其中，最希望提供的帮助和服务是："信息、技术服务"（占60.54%）、"提供科技人员交流机会"

（占 42.38%）、"进修培训服务"（占 36.77%）、"政策咨询服务"（占 32.54%）、"提供与社会各界交流机会"（占 31.77%）等（见表 7—9）。

表 7—9　　　　　科技工作者最希望科协组织提供的帮助或服务

选项	人数	比例
信息、技术服务	787	60.54%
政策咨询服务	423	32.54%
就业服务	111	8.54%
进修培训服务	478	36.77%
保障权益	226	17.38%
资助研究	316	24.31%
解决生活困难	74	5.69%
提供科技人员交流机会	551	42.38%
提供与社会各界交流机会	413	31.77%
向政府反映意见	226	17.38%
其他	25	1.92%

不同类型的科技工作者对最希望科协提供服务内容的排序上存在一定差别。如企业科技工作者的排序是：法律政策服务、信息服务、技术服务、学术交流服务等。海归科技工作者的排序是：信息服务、学术交流服务、法律政策服务、申请项目经费和技术培训服务等。

2. 实现自我价值的长期需求

科技人员作为文明程度较高、信息来源广泛、国际联系较密切的知识群体，思想较为活跃，独立性、敏感性、选择性也比较高。科技工作者对发挥创新能力、做出创新贡献、在报效国家中实现自身价值具有较高的期待，对优化创新环境和创新条件提出明确的要求，包括政府鼓励创新政策、产学研合作、风险投资的可获得性、宽容失败的氛围、信息和通信服务质量、课题（项目）申报审批程序的公正性等。

接受调查的科技工作者认为，政府在鼓励创新政策和信息、通信服务质量方面做得比较好。但认为在风险投资的可获得性、宽容失败的氛围两个方面做得很好和非常好的比例非常低（见表 7—10），表明目前风险投资对科研项目的支持非常有限，同时全社会对科研失败的宽容比较差，给广大科技工作者带来精神上的巨大压力，"成则为王，败则为寇"的思想还在科研创新中占有很大的席位。另外，接受调查的企业科技工作者及中青年科技工作者认为，课题（项目）申报方面存在审批程序不透明问题,挫伤创新热情(见表7—11)。

表7—10　　　　　　　　科技工作者对创新环境的评价

选项	非常好	很好	一般	不理想	不知道
政府鼓励创新的政策	10.08%	38.15%	38.08%	6.23%	5.85%
创新型人才培养	6.15%	25.15%	46.69%	14.54%	5.77%
产学研合作	4.38%	20.46%	52.38%	14.85%	6.23%
知识产权保护	3.85%	22.69%	49.77%	17.08%	5.00%
信息、通信服务质量	3.77%	31.38%	49.00%	10.46%	3.92%
风险投资的可获得性	1.62%	11.85%	51.00%	19.38%	14.31%
宽容失败的氛围	1.46%	10.85%	43.54%	34.85%	7.38%
挑战学术权威的氛围	1.62%	10.00%	37.38%	42.00%	7.00%
学术独立、不受行政干预	1.77%	12.38%	39.15%	37.23%	7.54%

表7—11　　　　　　科技工作者认为科研项目申报中存在的问题

存在问题	人数	比例
不知道	38	12.14%
没有问题	23	7.35%
申报手续复杂	78	24.92%
申报周期过长	60	19.17%
资金到位不及时	40	12.78%
招标信息不公开	55	17.57%
审批程序不透明	135	43.13%
拉关系、走后门严重	122	38.98%
基础研究不受重视	68	21.73%
民生科技不受重视	8	2.56%
企业申请受歧视	16	5.11%
其他	15	4.79%

3. 减轻生活压力的迫切需求

目前,上海科技工作者中有相当数量的青年科技工作者来自外省市。由于物价、房价近年来出现了持续上涨趋势,给青年科技工作者的生活带来了一定的压力。尤其是不少青年科技工作者出生于农村,他们来上海工作的时间不长,个人积蓄也不多,这几年房价、租金的快速上涨,对他们形成的生活压力更大。当前上海科技工作者迫切要求解决两大问题:一是解决安居问题。以前很多用人单位都建有集体宿舍和食堂,对解决外地籍青年的生活居住问题发挥了很大作用,但在房改过程中,很多单位取消了集体宿舍,主要靠个人买房或租借解决,负担大大上升。而由于青年科技工作者不属于低收入阶层,他们也无法享受最近推出的经济适用房政策。二是减轻继续教育成本负担问题。很多青年科技工作者在职业竞争中面临能力不足甚至本领恐慌问题,因此,都迫切希望参加进修和学习(见表7—12)。但现在继续教育的费用在不断上升,而且继续教育的项目也在增加,相应负担比以前更重,对他们而言是较大的压力。而老科技工作者,尤其是离退休科技工作者则十分关注提高养老保障问题和医疗服务问题。

表7—12　　　　　　　　科技工作者参加进修或学习的需求

程度	35岁及以下	36～45岁	46岁及以上
非常需要	40.73%	24.31%	21.72%
比较需要	44.70%	52.45%	33.33%
一般	12.42%	18.76%	33.84%
不太需要	1.82%	4.05%	8.08%
完全不需要	0.33%	0.43%	3.03%
合计	100.00%	100.00%	100.00%

(二) 赋予科协建家时代新内涵

1. 从"建家"到"当家":科协建家的本质内涵

2008年12月,在纪念中国科协成立50周年大会上,党和政府对科协组织的发展提出了新的明确要求,"科协组织要当好科技工作者之家,把为广大科技工作者提供优质高效服务作为根本任务"。这为科协建家注入了新的时代内涵,也为科协建家工作提出了新的目标和任务。

根据社会学有关家庭研究的理论,"家"的本质是以婚姻血缘关系为纽带的社会生活的组织形式。由此可以演绎出科协建家的本质,即以科技工作者的共同需求、共同价值观为纽带,发挥其特定功能的社会组织形式。科技工作者之"家"的核心力在于共同价值观念;"家"的凝聚力在于发挥特定功能;"家"的吸引力在于满足实际需要;"家"的持续力在于不断调整创新。广大科技工作者不仅是科协建家工作的主体对象,也是科协建家工作的主要评判者,是科协建家工作的出发点和落脚点。对科技工作者而言,"家"的组织形式就是各类科技团体,主要是各类学会;"家"的表达方式主要是各类学术活动和服务活动;"家"的具体形态包括物化形态和网络形态。

科协建家的构成要素主要包括核心价值、主要职能、组织结构、运作条件等，这些要素构成了科协建家的总体框架（见图7—1）。

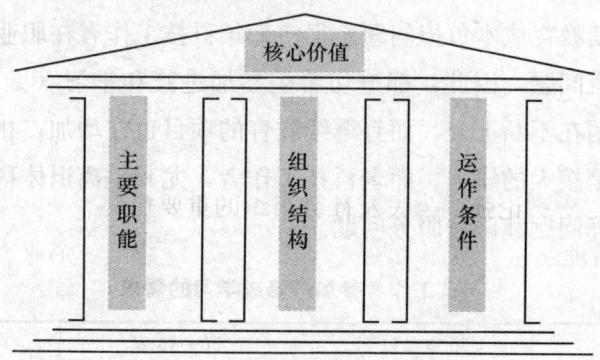

图7—1　科协建家的构成要素

第一，"家"的核心价值。科协建家的核心价值来源于对"家"的本质的认同。科技工作者之"家"的本质是特定范围群体的"共同体"，这就意味着其成员具有相同或相近的历史使命、追求目标、道德规范等。科协作为"科技专业共同体"，其成员在从事科技事业过程中反映出相同或相近的历史使命、追求目标、道德规范等，由此对"家"产生认同感、归属感和亲切感。科协建家工作要体现广大科技工作者以自己的专业能力服务于国家改革发展和地方经济社会发展的历史使命，以取得重大科研成就实现自我价值的追求目标，以具有时代性的精神力量作为引领社会进步的道德榜样。

第二，"家"的主要职能。科协建家的职能分为内部职能和社会功能，内部职能是指"家"为其成员提供的支持性作用；社会职能是指"家"在社会经济发展中所起的作用。任何一个组织要有生命力、影响力，就要具备充分的活动空间和完整的作用职能。因此，科协建家的重要工作是"家"的职能塑造。职能塑造的内涵是，在"家"的实际运作过程中实现多种职能的组合。必须要动态地认识"家"的职能塑造：首先，"家"的各种职能之间没有优劣高低之分，关键是要适应一定时期社会和经济发展程度的要求；其次，"家"的职能不是由政府规定或赋予的，而是由现实社会的需要以及社会组织的互动决定的；最后，"家"的职能及组合构成不是固定不变的，而要根据环境和要求的变化进行适时调整。新形势下科协建家的基本职能是提供满足科技工作者现实需要的服务。

第三，"家"的组织结构。社会学理论认为，家的组织结构是静态与动态的统一。从动态角度看，实际上是"家"的组织建设和组织发展问题。（1）社会网络。社会网络（social network）是指个人之间的关系网络。构成社会网络的成员之间存在一定形式的互动，并有某种认同感和团结感；但与群体成员相比，社会网络成员的关系较为松散；成员所属的网络往往是多重的，如同学网络、朋友网络、亲戚网络等。社会网络可以发挥多种功能，包括影响个人的许多决定和选择、信息和建议的基本来源、提供合作伙伴、提供情感上的社会支持、具有社会资本的意义等。这些特征和功能比较符合现代社会中科技工作者广泛性分布和快频率流动的状况。（2）合作治理。治理理论强调公民及社会组织的重要作用和积极参与政治生活的权利。[①] 社会合作治理是社会各相关主体（包括政府、居民、企业、社会团体、中介机构等）之间合作和互动的过程或制度。[②] 合作治理的目标是建立政治稳定与社会活力相统一的社会秩序；建立社会共同体的网络组织，实现非行政性的纵向沟通和横向联系；进行广泛的社会动员，培养社会自我管理、自我发展能力。从发展的趋势看，社会治理的结构将趋向于完全契约制和协商民主制；社会治理的运作形态将趋向于制度化和规范化。（3）虚实结合。在信息社会背景下，科协建家不仅要建成实体的"家"，还要考虑建成虚拟的"家"。不仅要研究建立各种新型的与会员之间相联系的物化形态中心（如科学会堂、科技馆等），研究形成多层次的社会联系网络；还要研究借助互联网建设网上之"家"。

第四，"家"的运作条件。运作条件是指保证"家"正常运行和发挥作用的基本条件。新形势下科协建家工作的运作条件包括政策保障、基本设施和运作机制。其中，建立健全规范的运作机制是关键，必须研究建立适应新的历史条件要求的有效运作机制，包括民主协商机制、监督约束机制、资源整合机制、财务管理制度、危机处置机制、社会评价机制等。

在新的历史条件下，要在坚持科技工作者之家的本质基础上提高对"当家"的认识。第一，"家"是联系的纽带。以科技工作者的共同需求和共同价值观为纽带，联系和凝聚广大科技工作者，体现科技共同体"身份认同"的内在功能，增强科技工作者对"家"的认同感和归属感。第二，"家"是心灵的港湾。关心科技工作者工作和生活、倾听他们的呼声、维护他们的权益，让科技工作者感受到"家"的温暖，增强科技工作者对"家"的亲切感和舒适感。第三，"家"是精神的家园。积极创造尊重知识、尊重科技工作者的良好氛围，为科技工作者营造宽松和谐、积极

---

① 韩俊. 公民社会：善治与民间组织发展. 见：卢汉龙主编. 社会建设与社会治理. 北京：社会科学文献出版社，2006，第275—294页

② 刘澄. 沟通与合作：工青妇组织"桥梁"作用新探. 中国社会发展战略，2005（2）

向上的"家庭"环境,用科学的价值观潜移默化地影响科技工作者,增强科技工作者对"家"的荣誉感和自豪感。第四,"家"是活力的源泉。努力为科技工作者创造自由探索、勇于批判、大胆创新的文化氛围,激发创新活力、迸发创新火花,增强科技工作者对"家"的神往和迷恋。

2. 从"重形"到"塑魂":突出科协建家的文化意蕴

科协文化是科协成员及科技工作者共同遵循的目标、行为规范、思维方式等的总称,渗透于科协工作的各个领域。科协文化的形成不是单个因素、措施、活动所能造就的,而是经过长时间的凝聚和积累而形成的。上海市科协50多年的发展历史倾注了几代科协工作者的智慧与汗水,凝聚了科协工作者的梦想与期待,同时也为形成科协文化积累了丰富的资源。

科协文化的核心价值取向是为保证科协工作总体目标实现而提出的"工作愿景",并集中体现在"工作理念"之中;其行为规范是科协工作者职业道德、团队意识、工作作风、思维方式等精神气质的升华和追求。通过加强科协文化建设,推动科协工作者重塑对理想、信念的追求和对合理价值观的建构,人文素质得以优化,从而有效推进科协自身建设,促进科协更好地做好"三个服务"的工作。

科协文化作为科协组织特有的组织文化,也有三个层次构成,其中,核心价值观念层位于内核,行为规范层居于中间,物质形象层处于外围(见图7—2)。科协文化的核心价值观念层主要包含总体目标、工作理念;行为规范层主要包含职业道德、团体意识、工作作风、思维方式等;物质形象层主要包含物质性的环境氛围的营造,它形象地表征着自己的文化特质。

核心价值观念层是科协文化的核心和灵魂,起决定作用;行为规范层是展现科

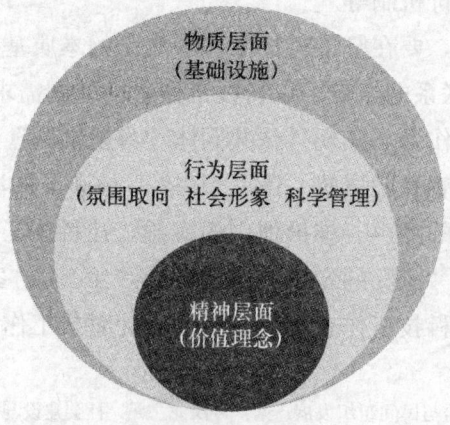

图7—2 科协文化的三个层次图

协文化的重要形式，是科协文化的主体，起核心的外化作用；物质形象层是科协文化的必要构件，起支撑作用。核心价值观念层、行为规范层和物质形象层"三位一体"，构成了科协文化的整体框架。

科协建家只有通过依靠共同的价值观以及为实现这共同价值观做贡献的责任感，才能产生强大的凝聚力和吸引力。科协文化是科协建家的灵魂，对科协建家起着目标导向、激励凝聚、管理实践、规范行为的作用，决定着科协建家的凝聚力和吸引力。科协文化的载体是活动（特别是品牌活动），这是科协建家活力的生动体现。科协文化的核心是价值观，就是在实践中形成的科协建家的历史使命、社会价值和社会形象。科协文化进一步升华凝练为科协精神，成为科协建家的坚定信念和不懈追求。

在新的历史条件下科协建家工作特别要重视挖掘和传承科协文化的深厚内涵，丰富科协文化的时代内涵，扩展科协文化优势，为科协建家注入"浓浓亲情"。组织的核心价值观是指组织评判事物和指导行为的基本信念、总体观点和选择方针。充满活力的优秀组织总是不断地追求崇高的目标、社会的责任和创新的信念。在深入研究科协组织的发展历史、弘扬科协组织的传统精神、挖掘科协文化的形成轨迹和深厚内涵的基础上，提炼科协建家的历史使命、组织价值和社会意义，并进一步提炼科协精神。在秉承优良传统的同时，不断培育和丰富科协精神的时代新内涵，进一步扩展科协文化的独特优势，以文化力提升影响力，以影响力强化凝聚力。

3. 从"单一"到"复合"：实现科协建家的功能整合

新的历史条件对科协建家提出了全新要求，科协建家工作要以科技工作者为主体、以科协文化建设为内核、以科技工作者的共同价值观和共同愿景为纽带、以服务科技工作者为宗旨、以功能整合和功能发挥为重点、以建设"多彩之家"为目标，内增活力、外扩影响，有形与无形相结合、实体与虚拟相整合，把科协真正办成社会有影响力、国际有知名度、广大科技工作者真心热爱的"信赖之家""温馨之家""诗意之家""激情之家"，为增强自主创新能力、建设创新型国家、加快和谐社会建设提供强大的科技支撑和智力支撑。

（1）"信赖之家"（白色）。体现科技工作者在从事科技事业过程中形成的共同的历史使命、追求目标、道德规范等，使"家"成为科技工作者从事创新创业活动重要的精神支柱。

（2）"温馨之家"（红色）。通过有形之家（家的物质基础）和无形之家（温馨且有归属感的精神家园）的建设，创造"家"的氛围，营造"家"的温馨，培育"家"的情感，提供"家"的服务，积极为广大科技工作者营造学习、交流、创新和创业的和谐环境。

(3)"诗意之家"(绿色)。协调各方面利益,规范成员行为,健全管理制度,确保在规范基础上的和谐,体现在和谐精神下的有序,达到"家"的可持续发展,最大限度地使"家"的所有成员和睦相处、各尽其能、各得其所,使科技工作者与其他社会成员协调相处。

(4)"激情之家"(紫色)。构造创新磁场,点燃创新激情,激发创新灵感,释放创新活力,使"家"成为全社会科学传播的主阵地、自主创新的策源地、科技发明的竞技场。

在实现建设科技工作者"多彩之家"的过程中,功能整合和功能发挥居于重要地位。科协建家的功能要反映"家"的特质,起到吸引、凝聚"家庭"成员的作用。科协建家的功能分为内部功能和社会功能。内部功能是指"家"为其成员提供的支持性作用;社会功能是指"家"在整个社会经济发展中所起的作用。随着时代的发展,科协建家的功能经历了从以"内"为主到"内外"打通、从"单一"结构到"复合"结构的演变。新形势下科协建家要求塑造三大功能:第一,利益代表功能。以科技工作者为主体,发挥党和政府联系科技工作者的桥梁和纽带作用,把竭诚为科技工作者服务作为根本任务,反映他们的声音,代表他们的利益,把科技工作者紧紧地团结在党和政府的周围,在和谐社会建设中发挥科技工作者的重要作用。第二,综合服务功能。把握新时期科技工作者发展需求的特点和规律,积极为科技工作者提供良好服务;及时了解科技工作者在工作、学习、生活中遇到的实际困难,切实维护他们的合法权益。第三,社会价值功能。充分发挥科协组织的科学技术优势、人力资源优势、组织网络优势,围绕经济社会发展中的重大科技问题,组织学术交流、科学普及、人才举荐、决策咨询活动,倡导创新文化,推动创新活动,成为创新型城市建设的发动机和重要的创新源头,体现科技工作者的社会责任。

在强调功能整合的同时还必须重视科协建家功能的发挥,要坚持中国科协"三服务一加强"的目标,突出重点领域和关键作用,如:"代表"功能要突出发挥维护作用和桥梁作用,切实维护广大科技工作者的基本权益,积极沟通科技工作者与党和政府及社会之间的联系;"服务"功能要努力提高满足科技工作者多样化需求的、针对性更强的综合服务能力;"社会"功能要更加重视发挥协调作用和整合作用,提高协调社会各方和整合社会资源的能力。

无论是科协建家的功能整合,还是科协建家的功能发挥,都依赖于夯实两大基础:

第一,优化基层组织网络。发挥科协的政治优势和组织优势,把基层组织建设的触角重点向创新前沿延伸,广泛吸收处于创新第一线的科技工作者。完善枢纽型组织布局。根据科技工作者主要集中在高科技园区的新特点,重点在高科技园区推进枢纽型组织的布局和建设工作,实现高科技园区科协的全覆盖。加快企业科协建设。争取企业(特别是非公企业)科协建设取得实质性进展,为增强企业自主创新能力提供科技支撑。

第二,加快学会改革发展。把加快科技学会的改革发展作为重中之重。科技学会改革发展的重心应放在积极改善与广大会员的联系方面:满足多样化需求,建立多层结构的会员制度;制定会员发展规划,适应科技工作者的分布、流向和就业等方面出现的多样性趋势,将不同机构、不同层次、不同年龄、不同发展阶段的科技工作者吸纳进学会,尽可能广地扩大学会对本领域科技工作者的覆盖面;加强学会能力建设,特别要通过创建有特色的学会品牌活动,吸引、凝聚广大科技工作者;探索日常工作负责人专职化、职业化的途径,逐步形成吸引优秀人才参与学会工作的机制,建立一支精干、高效的高素质管理人员队伍,为科技工作者提供高质量的服务。完善学会内部治理结构。科技学会的内部治理结构更应该强调民主和公正,确保会员权利与义务的平衡。科技学会要按照自我管理的原则,建立规范的管理组织结构;根据高效规范的要求,建立经费筹措、财务审计、集体决策、协商调节、监督约束、社会沟通等主要运作机制。

三、平台构建:科技工作者之家能力提升

提升科技工作者之家的能力是科协建家工作内强素质外塑形象的有效途径,通过提升为广大科技工作者服务的能力,建立与广大科技工作者良好的关系,既是科协组织生存发展的客观需要,更是科协组织应该承担的社会职责。科协必须强化大团体的意识,突出大联合的优势,广泛动员社会力量,充分整合社会资源,搭建社会化的信息联系、学术交流、综合服务、成果转化、选拔举荐五大类服务平台。

(一)沟通联系平台

充分把握新的历史条件下科技工作者的动态,及时传达党和政府的科技政策,主动了解科技工作者的需求,准确反映科技工作者的诉求和意见,为党和国家制定科技政策提供参考。

1. 制度化的沟通机制

进一步加强与有关党政部门的联系合作，积极争取他们对科协建家工作的理解和支持，把握发展方向，进行重大决策，解决关键问题。邀请党和政府领导及有关专家定期举办各种专题报告会，就科技体制改革、科技创新激励、科技成果产业化、知识产权保护等问题进行专题座谈。定期召开科技工作者座谈会，围绕经济、科技、社会建设全面、协调、可持续发展中的热点、关键问题，围绕公众普遍关心的社会问题和可能影响长远的潜在问题，围绕党和政府有关科技政策开展交流，准确了解和反映科技工作者的诉求、意见。成立科技政策宣讲团，组织有关专家定期到各学会、大学、独立研究机构和企业巡回宣讲，让广大科技工作者及时地了解新的科技政策，并将政策化为千百万科技工作者的具体行动。

2. 经常性的调研制度

定期开展科技沙龙、科学家派对等活动，倾听科技工作者的心声和向往。定期对科技工作者状况进行全面、系统的调查，每年进行有针对性的专题调研，以了解他们的生活、工作、社会保障以及继续教育等方面的情况，并反映他们的呼声和意见。加强对不同层次、不同年龄科技工作者的思想、工作、生活状况的调查研究，了解科技工作者多样化的需求。

3. 鼓励科技工作者参与社会公共事务决策咨询

加强咨询工作力度，组织科技工作者积极承担国家和地方政府关于科技方面的咨询课题。拓宽视野，集聚社会咨询人才，充分发挥各学会智力密集的优势，开展科技重大问题的调研，不断形成高质量的建议。定期组织科技工作者围绕关系国计民生、区域协调发展、重大突发事件等，开展跨学科、跨部门、跨行业、跨地区的学术研讨和课题研究；开展对重大项目评价、论证、讨论，并将学术观点上升为政策建议，为党和政府的决策建言献策，促进决策的科学化、民主化。

（二）学术交流平台

促进国内外学术交流活动是广大科技工作者最为迫切的需求，也是科协建家为科技工作者服务的重要内容，采取多样化方式为科技工作者提供进行国内外学术交流的机会。

1. 加强跨界融合型学术交流

通过协会（学会）年会、主题报告、互动沙龙、学术论坛等多样化形式，组织科技工作者进行跨学科、跨区域、跨国界的学术交流，切入经济社会发展中的重点、难点和热点问题，使学术交流更具综合性、前瞻性、战略性，激发创新灵感的产生，促使科技创新的发展。

2. 打造学术类品牌杂志

科协建家内含着科学共同体的本质，在学会主办的学术杂志上发表学术论文意味着学术共同体对研究成果的鉴定与承认，具有很高的学术信誉度。学会主办学术杂志的学术水准越高，对科技工作者的吸引力则越大，科技工作者就会更加自觉地靠拢学会、融入学会。

3. 鼓励学术观点百家争鸣

组织跨学科团队对经济社会发展中的重大问题开展综合研究，组织跨国高层次专题性的联合科学调研活动。成立自然科学与社会科学学会，研究自然科学与社会科学共同面临的问题及融合发展的方向。组织和支持各学会开展科技创新重大问题的研讨。

4. 加强学术规范建设

建立健全科技工作者职业道德同行评议机制，使科技工作者在科研工作中恪守职业道德，和谐相处。健全同行评审专家资料库，对同行评审专家采取必要的"避嫌"制度，努力提高评审的公正性和客观性。

5. 开展国际科技社团合作

与全球具有重要影响力的科技社团共同举办国际专业培训班，开展当代世界最新科学知识和技术以及科学管理等方面的培训，包括技术扩散、成果转化、知识产权、专利战略、科技评估、资源配置、创新决策和科技管理等内容。塑造国际学术交流品牌活动，邀请世界级的科学大师参加科学讲座并发表演讲，使科技工作者和社会公众能够在"家"门口获得世界学术前沿领域的最新知识和信息。邀请本学科的国际大师级科学家或一流顶尖人才担任主讲人参加学会组织的专业（专题）讲座和交流，以适应会员扩大眼界的需要，提高会员参加的热情。在交流内容上具有学术前沿性或涉及社会热点问题，将学会的学术交流与学术研讨或解决社会热点问题的咨询决策结合起来。

（三）综合服务平台

根据广大科技工作者的现实需要，探索提供包括权益维护、知识产权和专利的申请保护、人才流动、择业创业、继续教育、社会保障咨询等内容的专业服务。

1. 承接政府转移职能

政府部门把与科技工作者利益直接相关的资质评定、职称评定、奖项评定等职能逐步转移给科协组织等，发挥科技社团作为科学共同体所具有的科学、民主精神,保证各项评定工作公正合理。

2. 完善继续教育服务

以更开放的姿态吸引社会资源参与教育培训工作,以服务为宗旨,以市场为导向,为科技工作者提供多层次、复合型的专业培训。

3. 构建知识产权服务体系

由各级科协组织与政府部门、律师事务所等合作建立知识产权服务体系,聘请专利法律顾问,为科技工作者提供专利申请咨询服务和专利代理服务。

(四)成果转化平台

按照共建共赢的原则,联合相关企业、大学、研究机构、中介机构、金融机构等,建立产学研平台,作为促进科技工作者成果转化的载体,形成科技创新要素的集聚。

1. 建立以科协为主体的科技成果转化服务机构

定期举行企业技术创新专题研讨会,交流最新科技知识,跨单位地会诊企业技术创新中遇到的技术难题,以促进企业与企业之间以及企业与高等院校、科研院所之间的知识流动。由科协组建中介服务机构,沟通高等院校、科研院所科技工作者与企业技术创新活动的联系;组建科技工程咨询中心,组织跨单位的科技工作者承接企业创新中的技术研发项目,介绍与转让研发成果。由科协牵头联合政府相关部门、专业中介机构等为科技工作者的科技成果转化提供"一门式"服务。

2. 强化为科技类非公企业服务

组织专家到科技类非公企业宣传、解释科技优惠政策。为科技类非公企业的科技成果产业化提供政策引导、项目申报、风险投资等外部服务工作。探索为科技类非公企业自主研发成果鉴定工作。针对科技类非公企业自主研发的科技成果社会化认可的需要,建立研发成果评估机构,运用科协的公信力,帮助企业产品进入社会。逐步建成项目化的民间科技团体的投入机制。

3. 创新科企联动模式

成立科学家与企业家协会,促进双方沟通和交流。举办产学研联动创新论坛,深化科技与产业结合的交流和研讨。建立技术"医院",为企业的创新发展进行诊断和服务。

(五)选拔举荐平台

在科协建家工作中要形成创新竞争的激励机制,努力促使一大批具有世界影响力的科技大师、科技领军人才、优秀创新团队和一批掌握核心竞争力、具有自主知识产权或拥有高成长性项目的高层次创业人才在创新竞赛中脱颖而出,自主创新成果之花竞相盛开。

1. 选拔举荐拔尖科技人才

科协组织主动介入人才选拔举荐工作,争取科协的评选推荐工作能够与地方党委、政府或有关部门实施人才强国战略的计划结合起来,坚持客观、公正的标准,以提高科技团体推荐人才的中选率;进一步加强组织两院院士候选人初、遴选工作和国家自然科学基金委员会创新群体推荐工作;积极参与中国科学院百人计划的组织实施工作。

2. 表彰奖励优秀科技人才

积极实施各类优秀科技人才评选和奖励活动(如科技精英、青年科技英才等评选),奖项的评选对象要面向所有科技工作者,提高奖励的激励强度,加大对优秀科技人才的宣传力度。

3. 推荐发表(出版)高质量研究成果

科技工作者科技研究开发活动中很重要的产出成果是科技论文或论著。科技论文或论著能否在正式的学术杂志上公开发表或出版,对科技工作者个人和科技共同体都至关重要。科技工作者通过科技学会的推荐而发表(出版)高质量的研究成果,意味着科学共同体对其研究成果的鉴定与承认,由此能够给其带来较强的成就感,增加自己在科学共同体内的学术信誉度。

4. 举办科技创新人才高级培训班

通过举办各类研讨会等学术交流活动,与国内外同行进行交流,共同探讨科技发展新理论和新理念。既可以利用科学会堂举行定期的交流活动,也可以开设网上学术论坛及学术会议。组织科技工作者组团走向国际参与国际交流,与国外同行广泛接触,交流科技发展现状和趋势。

四、主要结论

(一)科协建家要处理好政治性、社会性和服务性之间的关系

科协组织的政治性、社会性和服务性之间存在着相互支撑的关系:政治性隐含或渗透于社会性之中,有利于形成科协组织的凝聚力;社会性通过服务性得到体现

和发挥，有利于提高科协组织的吸引力；在社会性和服务性得到充分发挥的基础上其政治性得到有效展示，有利于扩展科协组织的影响力。

（二）科协建家要处理好高端与基层之间的关系

科协建家要坚持按照"哪里有科技工作者，科协组织建设和服务工作就应该做到哪里"的方针，克服目前科协组织发展和工作追求"高层次、高规格"的现象，把工作重心下移，深入科技工作者集聚区域，完善组织网络，搞活"神经末梢"。

（三）科协建家要处理好建网络、搭平台和搞活动之间的关系

科协建家中通过建网络、搭平台和搞活动之间存在双向互动关系。一方面，以无形的组织网络托起有形的整合平台，以有形的整合平台上演丰富的有效活动。另一方面，以多样活动的成效凸显有形平台的作用，以有形平台的作用彰显无形网络的活力。通过建网络、搭平台、搞活动的互动过程，最终达到活动有显示度、平台有活跃度、网络有生命力的效果。

第八章
从无所适从到自主行动：
社区社会组织的合作治理①

---

① 本章主要内容来自作者承担的上海市普陀区委办委托课题：社会组织在维护社会和谐稳定中作用的调研，2011年。

一、矛盾和悖论：社区社会组织的模糊地位

（一）社区建设概念下的社区社会组织地位

1. 行政化导向的社区建设

在我国，随着市场经济体制的完善和社会经济发展水平的提高，社会结构发生了巨大变化，要求加快政府职能转换步伐，政府要从事必躬亲的具体管理者转变为社会管理的设计者、指挥者和监督者，通过政企分开、政事分开、政社分开的途径，改变政府包揽一切的局面，实现社会管理方式的转型。在这一过程中，具有自主性的社会空间得到扩大，大量社会组织如雨后春笋般萌芽、生长和发展，涉及社会生活各个领域，初步形成了门类齐全、层次各异、覆盖广泛的社会组织体系，为多方主体参与社会建设和社会管理提供了较好的基础。

社区作为一定地域范围的社会生活实体，是社会的重要组成部分。在我国社会转型和城市经济社会发展进程中，社区还是社会管理方式转变的重要承接载体。在20世纪90年代以来上海社区建设过程中，行政管理权力对街道的下放以及在街道层面的整合，主要是从政府作为社区建设的主导力量出发，通过加强基层政权建设来强化对社区及社会的管理。从实际操作来看，通过政府直接建立机构和提供经费，依靠既有的行政体系乃至运用行政手段，比起进行广泛的社区动员来在短期内更为简单有效。这样的做法，在社区建设起步阶段是可行的。但是，随着社会转型的加快和社区建设的深入，社区已经呈现出开放式结构，社区居民需求多元化态势与社区居民利益分化趋势同时并存，社会矛盾进一步向社区传递导致社区不稳定影响增加，所有这一切意味着单纯依靠行政力量来推动社区建设已经不能适应新的形势要求。

F·滕尼斯于1881年首先使用"社区"这一名词，用来表示由具有共同价值取向的同质人口组成的关系密切、守望相助、富于人情味的社会共同体。[1] 从社会学意义而言，"社区"一般是指生活在一定地域范围内、具有共同意识和共同利益的社会群体。社会学者们列出了社区应该具备的四个基本要素：一是相对独立和稳定的地域；二是居住着以一定生产关系与社区关系为纽带组织起来的生活人群；三

---

① 何海兵. 和谐社区：上海和谐社区建设报告. 上海：学林出版社，2010，第9页

是有共同利益和管理组织；四是有地缘上的归属感和心理上的认同感。也就是说，在社会学理论中，"社区"的本质是姓"社"，更强调的是精神层面上的互动和成员间的自治。2000年年底，《民政部关于在全国推进城市社区建设的意见》指出："社区是指聚居在一定地域范围内的人们所组成的社会生活共同体"，[①] 符合社会学的"社区"内涵。

但是，从上海20世纪90年代以来社区建设的实际进程来看，更多体现的是"区"的含义，即指行政区划意义上的行政区，是典型的行政型社区。[②] 行政型社区主要指以政府为主导的社区管理模式，沿袭了过去"单位制""街居制"城市基层社会管理体制的主要做法，政府运用自上而下的行政手段，通过对社区组织与社区资源的控制来达到管理社区的目的，可以说是一种行政化导向的社区建设。90年代中期上海提出社区建设的口号，一方面反映了由于经济体制改革造成很多人脱离原单位，必须依托街道进行托底的现实情况；另一方面，也反映了原来以垂直为主的行政管理体制已经不适应新的情况。上海试图以"社区"这个概念对原有的街道进行改造，使其能够承担托底的责任。因此，上海提出社区建设的动因，是政府的管理架构适应新形势、新情况作出的调整。上海社区改革的方向是从垂直管理为主转向属地管理为主，但实际操作中仍然直接将"街道"定位于"社区"的范围，仍然以行政管理权力下放为重点，仍然以行政力量为推动力。这样的社区建设更多体现的是政府的意志，更强调的是政府的主导，更重视的是政府的目的。

上海的行政型社区模式一方面确实快速地弥补了"单位制"解体所留下的组织和管理真空，为经济发展提供了稳定的社会环境，改善了社区的人居生活，居民得到了实惠。[③] 另一方面，随着社区建设的持续推进，行政型社区模式暴露出越来越多的弊端：政府包揽社区事务给政府财政造成巨大的压力；政府凭借行政手段把居民委员会纳入政府体系之下，通过"下命令"及"定考核"的方式，对其加以管理和控制；政府在社区管理中包揽了过多的事务同时也承担了过多的责任，居民委员会的自治能力得不到发挥；社会组织也因被剥夺了培育发展的时间和空间，缺少资源而成长受到限制；居民对于社区建设缺乏参与热情，社区在居民心中没有归属感和家园感。行政化导向"所构造的社会与传统体制具有同构性，即社会仍然为政府

[①] 中共中央办公厅、国务院办公厅. 关于转发《民政部关于在全国推进城市社区建设的意见》的通知，人民日报，2000年12月13日
[②] 魏娜. 我国城市社区治理模式：发展演变与制度创新. 中国人民大学学报，2003（1）
[③] 陈伟东，李雪萍. 社区行政化：不经济的社会重组机制. 中州学刊，2005（2）

所吸纳，社区的工作主要是落实政府任务"。① 行政化导向下的刚性、规模性特征无法有效应对社区公共事务的烦琐化、多样化和差异化，必然要求更具柔性和弹性的制度安排取代，多元化的组织也必然应运而生。

2. 社区社会组织作用的三种观点

在加快社会建设的大背景下，社区建设和社区发展必须要面向社会与市场两个扇面，更多地发动社区居民参与社区管理，更多地调动社会力量提供公共服务，更多地整合各类组织资源形成合作治理，最终达到社区和谐稳定的目标。也就是说，在新形势下，上海社区发展面临着居民"再社会化"、组织"多元化"及管理运作体制和机制"重构"的任务，而社会组织的不断成长和有效作用是实现上述任务的重要条件之一。

近年来，上海社区社会组织得到较大发展，社会组织的数量快速增长、类型不断增加、影响面持续扩大、运作机制探索创新、管理体制逐步完善，在维护社区及社会和谐稳定中发挥了积极的作用。但是，学术界和实际部门在有关社会组织发展状况的评判及社会组织发挥作用的认识等方面存有不同的看法。尤其是目前处在社会矛盾凸显期，一方面，社会矛盾呈现出群体性、利益性和反复性等新的特点；另一方面，基层特别是社区成为化解社会矛盾的着力点。

在这种情况下，对于社会组织所能发挥的作用意见不一，存在三种主要观点：第一，"比较优势论"。这种观点认为，社会组织在参与社会治理、提供公共服务方面具有独特的比较优势，包括公益导向、专业特性、贴近需求、志愿服务等，因而能够发挥重要作用。第二，"补充作用论"。这种观点认为，社会组织的作用是对政府行政管理的一种补充，主要集中在公益性和志愿性服务方面。第三，"锦上添花论"。这种观点认为，社会管理及维护社会和谐稳定主要是政府部门的责任，社会组织只是起到锦上添花作用，满足社会成员文化娱乐活动的需要。

事实上，从政府角度和社会组织角度，对于社会组织的成长和发展都存在疑惑。从政府角度看存在一种"矛盾"心理，即：一方面，全能政府的消解使得政府全部承担社会管理和公共服务的职能已力不从心，因此，"需要"社会组织的成长和发展；另一方面，随着社会组织的成长和发展，必然要求对社会管理的权力结构进行调整，因此，"担心"社会组织的"分权"会削弱政府对社会的控制能力。从社会组织看处于一种"悖论"状态，即：一方面强调自主性和独立性，希望弱化行政色彩；另一方面又期望政府给予重视，支持和扶持其发展。

---

① 陈伟东，李雪萍. 社区行政化：不经济的社会重组机制. 中州学刊，2005（2）

（二）社区社会组织的分类

社区社会组织是社会组织在社区层面的一种具体化的组织形式，是伴随着社区功能的逐步完善而发展起来的一种新型群众组织。[①] 对社区社会组织可以依据不同标准做出不同的分类：按照是否登记注册分为正式组织和非正式组织；按照主办者是否为政府部门分为官方色彩的组织和民间性质的组织（见图8—1）。此外，上海的一些社区在实践中提出一些创新形式，例如，"准社会团体"性质的行业联谊会，即：没有在登记管理部门正式登记注册，但得到街道办事处支持并实际起到作用的街道（社区）范围内的行业性组织。因此，现实中上海的社区社会组织可以分为社会团体、民非单位、群文团队、行业联谊会四个大类（见图8—2）。

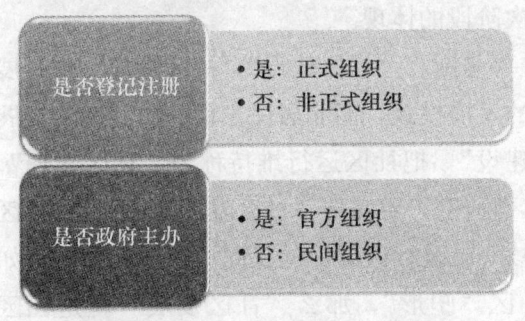

图8—1 社会组织的一般分类图

图8—2 社区社会组织现状分类

二、社区治理：多元主体的合作式治理

（一）社区发展理念中的合作式治理

"社区发展"这个概念最早是由美国社会学家F·法林顿提出的，联合国在1955年发表的《通过社区发展促进社会进步》的报告里加以引用，使其成为一个被国际社会广泛接受的全球性的概念和课题。报告指出："社区发展的目的是动员和教育社区内居民积极参与社区和国家建设，充分发挥创造性，与政府一起大力改变贫穷落后状况，以促进经济的增长和社会的全面进步。"[②] 不论是英、美等西方

[①] 李慧凤，许义平. 社区合作治理的实证研究. 北京：中国社会出版社，2009，第207页
[②] 徐永祥. 社区发展论. 上海：华东理工大学出版社，2001，第3页

发达国家，还是新加坡、泰国以及我国香港、台湾地区，普遍使用"社区发展"这个词组来表述关于社区的体制、服务、建设、经济、环境、生活等全方位、综合性的事务。

社区发展概指居民、政府和有关的社会组织整合社区资源、发现和解决社区问题、改善社区环境、提高社区生活质量的过程，是塑造居民社区归属感（社区认同感）和共同体意识、加强社区参与、培育互助与自治精神的过程，是增强社区成员凝聚力、确立新型和谐人际关系的过程，也是推动社会全面进步的过程。虽然东、西方社会关于"社区发展"的理解侧重点不同，但有一点是共通的，那就是强调"通过居民的积极参与去推动社区发展"，而不是"政府和社会工作者'代替'社会成员做'越俎代庖'的事情"。[①] 可见，社区发展的内在核心是强调居民的主动参与和共同分享，是社区成长进入更高层次阶段的体现。

纵观20多年来我国社区的变迁，主要是围绕"社区建设""社区管理"来开展社区工作。这都属于政府主导的外推型的发展模式，而非居民主动的内源型的发展模式。如果把社区从无到有称为"社区建设"，把社区运行维持称为"社区管理"，那么，社区从有到好，则不仅需要"社区管理"，更需要"社区发展"，因为"社区发展"更加强调社区内生力量的作用，核心就是社区居民的认同、参与和自治。如果说"社区建设"与"社区管理"是社区"塑形"，那么"社区发展"就是社区"入神"，只有神形兼备，社区才能真正焕发出蓬勃的朝气和强大的生命力。

社区治理是社区内相关主体（包括政府、居民、企业、社会团体、中介机构等）之间合作和互动的过程或制度，尤其是通过建立共同协商和广泛参与机制，促进政府与社会之间的互动。从社会组织结构理论出发，在社区治理的框架中强调合作治理具有现实的基础。在社会转型过程中，政府职能转变和市场发育成长共同推动着社会组织的大量涌现。社区社会组织不仅承接政府转移的职能，而且在政府、市场与社会公众之间起到沟通桥梁的作用，体现出"合作"的价值取向。由于社区社会组织在增进社区居民互动沟通、真实反映社区居民想法、维护社区居民利益、提升社区居民生活品质等方面具有不可替代的优势，应发挥其社区治理主体的作用帮助实现社区自治的目标。[②]

在社区发展理念下的社区治理体现多元主体合作式治理的趋向，首先要求多元主体能够自主地"进入"社区参与社区的各项活动，在平等的基础上开展多层次、

---

① 徐永祥. 社区发展论. 上海：华东理工大学出版社，2001，第4页
② 梁国健. 第三部门在社区管理中的作用. 大江周刊（论坛），2010（5）

多形式的合作,在"自上而下"的政府推动和"自下而上"的公众参与过程中寻找多元主体的地位及关系。[①] 在上海"行政型社区"的硬壳下,社区社会组织的破茧而出自然是行动先于思想、行动重于思想。因此,首先需要寻找和分析实践中的"行动者"。

(二)上海市普陀区区情概述

1. 地理位置

普陀区地处上海市西北部,区域面积 55.47 km^2。经过多轮调整,截至 2005 年年底,普陀区下辖 6 个街道、3 个镇(石泉路街道、曹杨新村街道、甘泉路街道、宜川路街道、长风新村街道、长寿路街道、真如镇、桃浦镇、长征镇),设 205 个居民委员会和 8 个村民委员会(见表 8—1)。截至 2007 年末,普陀区常住人口 113.40 万人,其中外来常住人口 23.77 万人。2009 年末,普陀区常住人口 113.59 万人,其中外来常住人口 22.70 万人。全区户籍总人口 87.26 万人。人口密度为 15 731 人/km^2。

表 8—1　　　　　　　　普陀区街道(镇)情况汇总表

序号	街道(镇)	面积(km^2)	常住人口(万人)	居委会(村)
1	石泉路街道			23
2	曹杨新村街道	2.10	9.7	20
3	甘泉路街道	2.34	10.5	20
4	宜川路街道			20
5	长风新村街道	5.94	10.7	23
6	长寿路街道	3.98	13.8	31
7	真如镇	4.32	6.1	32
8	桃浦镇	18.8	8.1	27
9	长征镇	10.8	8.7	32

注:桃浦镇人口为 2003 年数据;长征镇人口为 2007 年数据;长寿路街道人口为 2009 年数据;曹杨新村街道人口为 2005 年数据。
资料来源:根据网上资料整理。

2. 区情特点:普陀区社区社会组织生长发展的综合环境

从普陀区 60 多年的发展历程来看,其区情特点表现出明显的阶段性特征的

[①] 吴军. 社会组织:功能定位、运作机制和发展取向——基于上海浦东新区潍坊社区的分析. 理论月刊,2010(12)

重叠。

(1) 作为传统的老工业区。在20世纪80年代前，普陀区集中了大量的工业企业和产业工人，涌现出一大批著名的劳动模范。产业工人构成普陀区居民的主体，曹杨新村等许多工人新村全国闻名。当然，进入到90年代后，普陀区总体的居住条件和居住环境相对落后，存在较多的社会矛盾。

(2) 作为人口导入地区。20世纪90年代后，随着上海城市建设的大发展，大批市区居民动迁到普陀区，整个普陀区的户籍人口总量出现较大增长，普陀区成为重要的人口导入地区。但是，20世纪90年代中期以来，普陀区的户籍人口增长速度开始下降，户籍人口规模渐趋稳定状态。从1995年到2009年，户籍人口仅增加4.69万人多，15年间增长了5.7%左右（见图8—3）。有学者研究认为，这与上海轨道交通建设布局有相当大的关系。① 随着轨道7号线、11号线、13号线的开通运营以及加快建设，未来普陀区的人口规模有可能出现新的增长。

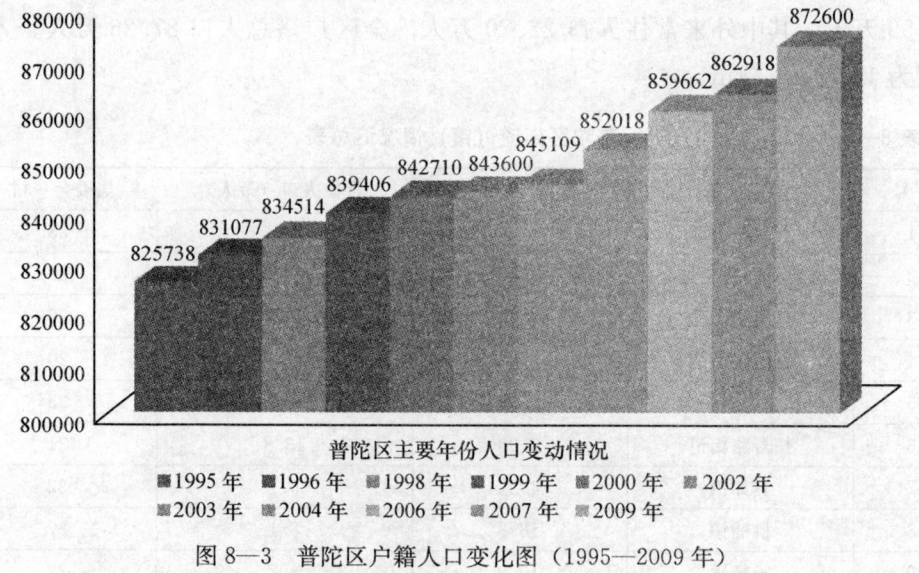

图8—3 普陀区户籍人口变化图（1995—2009年）

(3) 作为特色产业功能区。普陀区位于沪宁发展轴线的起点，是上海连接长三角及内地的重要陆上门户和交通枢纽，区位优势相对明显。20世纪90年代后，普陀区大力发展商贸物流产业，目前已初步形成了"大市场、大流通、大配送"的格局，集聚了麦德龙（中国）总部、农工商超市总部等一批知名商业企业，形成了一

---

① 张小松，胡志晖，叶霞飞. 城市轨道交通开发利益影响范围研究. 同济大学学报（自然科学版），2005（8）

批大型生产要素市场的集聚，形成了城市配送物流和医药物流的产业特色。

（三）制度建设：普陀区社区社会组织有序发展的体制机制

1. 明确培育发展社会组织的思路

普陀区要求各街道（镇）结合社区工作实际，形成明确可行的培育发展社会组织的思路。例如，曹杨社区党工委、街道办事处坚持以"发展社区、参与社会、关注民生、服务群众"为宗旨，明确提出"政府推动、党建渗透、民间运作、社会参与"的总体思路，积极探索"党和政府退一步、社会组织进一步"的新路子。

作为一级"准政府"的街道办事处努力发挥"推动"作用，对行政工作进行全面梳理，按照强化、弱化、转化和政企、政事、政社分开的要求，分清职责、明确主体，逐步将可以由市场和社会组织承担的事务性工作实行分离。曹杨新村街道办事处先后将原由政府部门直接管理的公德培育、安全稳定、法律服务、文化教育、扶贫帮困等五大工作交给社会组织。对于那些已由政府部门分离出来但尚无社会组织承接的事务，街道办事处根据社区居民不同层次的需求和社区建设的要求，主动培育和发展不同类型、各具特色的公益性社会组织。

2. 加强社区社会组织党建工作

普陀区按照"社区党建全覆盖"的目标，推进加强社区党建工作的落实。作为"社区党建和社区建设扩大试点"单位，曹杨社区为实现社会组织党建全覆盖，以党员服务中心和民间组织服务中心为平台，综合运用党建联谊会、精神文明全委会、"青年之友社"为载体向各类社会组织渗透，以设立独立党支部、联合党支部、临时党支部、党小组、选派党建联络员或指导员五种方式实现党建全覆盖。

在普陀区曹杨社区内的5家社会团体组织均成立独立党支部；34家民非单位中29家建立联合党支部，3家建立党总支，2家设立党建指导员；各类群众团队成员以本社区居民为主，其中的党员的组织关系均已属地化到居民区党组织管理。

3. 创新社区社会组织服务平台

在普陀区各类社会组织如雨后春笋般大量涌现，这些社会组织主要集中在社区。社区社会组织在"服务政府、服务社会、服务居民"的同时，自身也需要得到服务，普陀区积极支持街道（镇）按照"以民助民"的思路成立民间组织服务中心，为社会组织的成长发展搭建新的服务管理平台。

2002年，长寿路社区成立民间组织服务中心，其性质是公益性、服务性和非营利性的民办非企业，登记管理机关是普陀区社区管理局、业务主管部门是街道办事处。民间组织服务中心承接对社区内社会组织管理和服务的职能。长寿路社区民间组织服务中心的理事会由各办公室主任、专家、社区居民构成，理事会设会长（1正3副）。民间组织服务中心与街道办事处的关系是合作关系而非上下级隶属管理关系。在具体工作中，民间组织服务中心按照"政府主导、民间运作、社会参与、百姓受益"的工作机制，作为社区社会组织的"家"发挥着"六个平台"的作用：社会组织党建工作的支撑平台、社会组织扶持培育的发展平台、惠及社区百姓的服务平台、整合社会资源的合作平台、政府购买服务的承载平台、社会组织监督预警的信息平台。

4. 探索社区社会组织培育方法

政府作为发动者和设计者，在社区建设中发挥着主导作用，但是，社区建设并非政府可以独立承担的，还需要社会力量的共同参与。社会组织的成长对推动社区建设进一步发展具有重要意义。社会组织作为一支全新的力量，是对市场失灵和政府失灵的有益弥补，是解决社区面临的一系列新问题的有效途径。社会组织能够利用其特有的资源和能力提供沟通协商渠道和专业化服务，承接政府转移的职能，以更好地满足居民的不同需要。

曹杨社区采取广泛宣传、梳理归类、对口培育、分类指导、重点扶持、规范运作等方法，大力培育社区社会组织。曹杨社区退休职工数量较多，退休职工中不少是困难群体，需要政府和社区提供帮助，因此，退休职工实行社区化管理成为新形势下维护社会稳定、构建和谐社区的重要工作。曹杨新村街道为了实施退休职工社区化管理，由街道老年协会和工会共同筹建公益性的社会组织：曹杨社区企业退休人员公益服务社，按照"1+4+20"进行人员配置，即退休人员公益服务社由1名专业社工负责日常工作，4名社工负责1个责任块（将全街道20个居委会组合为4个责任块），20名义工承担本居委会的相关工作。街道办事处对退休人员公益服务社提出明确的工作任务、工作制度和工作方式，同时拨付工作经费、落实办公场地、添置办公设备等。在退休职工社区化管理方面形成政府（市、区、街道）主动扶持，群众性社会组织（街道老年协会、工会）负责管理、公益性社会组织（退休人员公益服务社）具体运作的合作关系。

5. 推动组建新型区域社会组织

在普陀区的社区内活跃着许多服务型企业，就近为居民群众提供所需的服务。这些企业往往规模较小、没有归口管理部门，在了解政策、掌握信息、规范经营、业务交流等方面缺少途径，感到无"家"可依靠，迫切希望有一个自己的"家"。普陀区根据社会发展出现的这一新情况，鼓励创新，推动组建新型区域社会组织，为小企业及业主搭建服务交流平台。

曹杨社区组织社区内各行业单位组建"准社会团体式"的新型社会组织，包括帮帮曹杨创业者联谊会（主要是非正规就业业主）和10大行业联谊会（房屋中介租赁、食品、百货、超市、沐浴、美容美发、医药保健、旅游、娱乐、餐饮行业）。这些联谊会是松散型的民间组织，没有在社团局注册，是集服务、协调、融合为一体的平台，为企业和业主向政府部门反映利益要求、提供政策咨询、组织同行业业务交流、办理社会保险及综合保险、促进规范经营和运作、开展回报社会的慈善帮困活动等。创业者联谊会和行业联谊会按照组织章程选举会长、理事，在街道民间组织活动中心的指导下开展工作、组织活动，以更好地服务会员、回报社会。

（四）功能发挥：普陀区社区社会组织促进社区和谐发展

1. 社会组织承担起政府转移的部分职能，成为政府与社区居民之间的桥梁和纽带

在建立社会主义和谐社会的进程中，政府将逐步把一些社会管理职能交给社会组织，社会组织承担了很多政府不应承担也无力承担的职能，社会组织成了连接企业、个人与政府的桥梁。在社区发展中，社会组织在政府与分散的居民群众之间形成了一个"中介载体"：一方面，社会组织能够代表所属群体的利益要求起到下情上传的作用；另一方面，社会组织能够起到把党和政府的方针政策上情下达的效果。

曹杨社区的杏梅园居委会管辖有四个小区，其中两个商品房住宅小区，两个物业管理住宅小区，共有居民户数1 467户，居民4 100余人，其中60岁以上的老人872人，占居民总数的21％。杏梅园居委会结合小区特点和实际，以提高群众自治水平和公众参与为导向，通过街道领导、居委会组织、群众运作的形式，依靠群众、发动群众、辅助群众，在"四高"小区创建中，发挥小区党员的先进作用，整合各类团队资源，培育起一支小区自治性团队——百灵鸟团队，在居委会的指导下，共同投入加强小区物质文明、精神文明和政治文明的建设活动。

百灵鸟团队的各分队充分发挥党员的先锋模范作用，不断提高小区管理的群众自治水平，扩大和巩固小区管理的群众基础和支持度，加强居民间的沟通，为居民各尽其能、各展所长提供了平台。在总队的领导下，各分队立足各自的领域，发挥积极的作用，在小区中形成正面的舆论导向，弘扬正气，畅通上情下达、下情上传的沟通渠道。例如，百灵鸟文明查脏团队结合"爱卫会"百日竞赛活动，开展"碧水蓝天工程"，分组深入到小区各个楼组和每个角落，查脏清乱，保持小区外环境整洁。同时，活跃在小区中指正不文明行为和不文明用语，以正确的舆论引导居民的文明行为,发挥了很好的纠错功能。百灵鸟团队用群众的力量解决群众自己的问题,调动群众的积极性和主人翁意识。通过一段时间的开展,小区内入室盗窃率大大地降低,居民的居住安全感大幅上升;小区的绿化地环境得到改善,居民乱晾晒、乱扔垃圾等现象大为减少。通过"民带民"的宣传教育,居民的文明素质有了明显的提高,小区的文明风气成为主导,为创建文明社区贡献了力量。

2. 社会组织在不同群体之间进行利益协调和沟通对话,成为社区调解社会矛盾的缓冲带

在加快社会转型的大背景下,社区作为社会的基本单元,已经成为社会成员活动的主要区域,社区汇集着多样的社会人群,管理着大量的社会事务,体现着不同的利益要求。由于利益差异而形成的社会矛盾和社会问题必然会沉淀到社区层面,社区又成为社会矛盾和社会问题的集聚地。事实上,在社区中存在的各类矛盾并非对立性和对抗性矛盾,简单地采用司法或行政手段并不一定是最为有效的,而建立制度化的利益协调机制和沟通对话渠道对于缓解矛盾是更为行之有效的办法,社会组织就是制度化的利益协调机制和有效的沟通对话渠道的构成要素。

曹杨社区为充分发挥人民调解在协调沟通、调解矛盾中的优势,整合相关资源建立公益性社会组织:曹杨社区人民调解工作室。人民调解工作室的调解员主要由社区离退休干部、专业司法人员组成,他们大部分生活或工作在本社区,既了解社区居民的状况,也为社区居民所熟悉,因而对于矛盾起因了解更具体,调解更到位,效果也更明显。他们在工作实践中总结出了"八诊"工作法,即"预诊"下基层、"门诊"解民忧、"听诊"抓疏导、"急诊"化矛盾、"出诊"重调处、"会诊"破难题、"巡诊"剖个案、"复诊"查反馈,使调解工作实效性大大增强。人民调解员的工作对有效地化解社区内的各类纠纷、保持社区稳定起到了十分重要的作用。

3. 社会组织积极投身社会公益事业,成为社区发展公益事业的生力军

发展社会公益事业是政府的重要责任,但是,由于政府部门的操作具有标准化和统一性的特点,不能充分提供个性化、差异化的服务,许多公益事业由政府直接组织实施可能达不到最好的效果。因此,政府必须转变职能,真正从社区工作的"大包大揽者"转变为社区建设的规划引导者、社会组织的依法监督者、公益服务事业的积极倡导者。而社区中大量公益服务事业的具体运作和实际操作可交由市场组织和社会组织承担,发挥市场组织和社会组织专业化、效率化的优势。

曹杨社区在推进"社区建设实体化"过程中,结合建设健康社区和开展等级卫生街道除害工作的特点,总结抗击"非典"时期的成功做法,按照"政事、政社分离"的原则,大力培育公益性社会组织:曹杨社区公益卫生保洁服务社。把原来由政府直接承担的社区卫生事务及公益卫生服务（如"四害"消杀、滋生地控制、虫害防治、社区虫情监测）等社会公益事业分离出来，通过打包项目、计划预算、购买服务等形式交由公益卫生保洁服务社承担。对社区内各单位的卫生除害服务，采用市场化有偿服务方式，通过签订合同明确承担责任、考核标准及收费水平。在实践中，形成了一支稳定的卫生除害、卫生保洁的专业化队伍，完善了相应制度，提高了社区卫生除害的总体能力，曹杨社区被评为全市第一批生物虫害控制示范街道。

4. 社会组织的组织优势有利于重建社会关系，成为社区居民提高自治水平的助推器

在我国社会进入快速转型的重要阶段，社会公众各种新的需求日益显现。由于社会管理体制的重心下沉，社会公众的新需求大部分要落在社区得到实现，由此，社区承担了满足公众需求的重要责任。随着经济社会发展，社区居民的需求日益多样化、个性化，社会组织所具有的自治机制、社会资本和组织网络等优势，能够满足社区不同群体的多样化需要，有助于在社区居民之间重建关系、发展技能、分享知识，取得共识，进而提高社区居民的自治水平。

真如社区是一个有着近八百年历史的江南古镇，辖区面积 6.09 km^2，常住人口 16 余万人。由于历史原因，经济基础较差，居民绝对贫困人口数量较多。真如镇党委、政府按照"社会化运作"的理念开展扶贫帮困工作。其中，扶贫帮困资助家庭的确认和资助额的确定，不再直接由政府部门承担，而是交由社会组织承担。真如社区爱心服务社是公益性社会组织，负责对申请扶贫帮困资助的评估。在居民家庭提出申请后，经过所在居委会初步核实，由真如社区爱心服务社进行评估，其评估结果报街道社保科核定，再经区民政局备案后最终确定（见图8—4）。爱心服务社评估人员由社区服务中心主任、居民区书记、爱心人士、居民代表、曾受资助居民等7~8人组成，对申请进行核实、讨论和评估，确定是否予以资助及资助额，每位评估人员签字确认。社会组织负责评估工作改变了政府既当运动员、又当裁判员双重角色可能出现的居民对结果公正性的质疑，使社会救助回归社会性和慈善性的本质，做到了政府、社会、被资助居民的多方满意。

（五）绩效评价：普陀区社区社会组织作用成效的居民感受

社区居民既是社区社会组织提供服务的直接受益者，又是社区社会组织的主要参与者，因此，居民的评价是最为重要和真切的。作者在普陀区对居民进行了问卷调查。

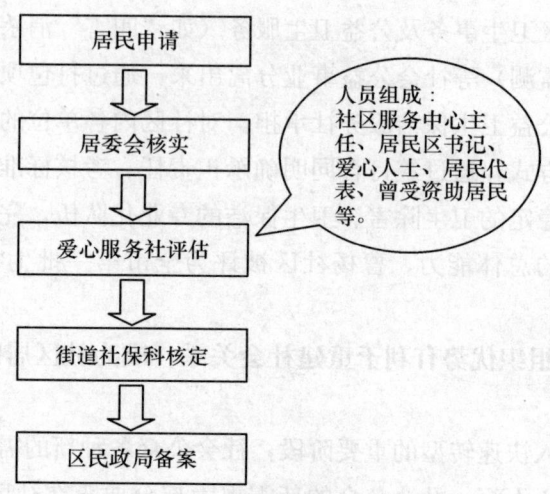

图8—4 社区扶贫帮困资助流程图

1. 对社区社会组织作用的评价

（1）半数受访者认为社区社会组织总体运作良好。其中，5%的受访者总体评价很好，48%认为比较好，两者相加达53%；29%的受访者评价一般，另有2%和1%的受访者认为情况不尽如人意；不清楚和没有选择的受访者各占3%和11%（见图8—5）。也就是说，有1/3的受访者对社区社会组织运作情况评价不高，还有少数受访者对此关注度不高。

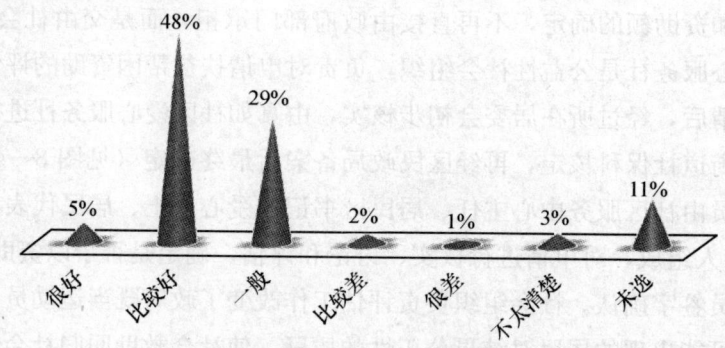

图8—5 社区社会组织运作情况评价

（2）2/3受访者表示社区社会组织作用发挥较好。其中认为作用很大的占23%，认为作用较大的占50%，认为作用一般的占22%，认为根本没有作用的占总数的2%，还有4%的受访者表示不清楚（见图8—6）。

（3）近九成受访者对社区社会组织有一定了解。有近90%的受访者对社区社会组织有一定的了解，其中有32%的受访者对社区社会组织的认知达到很清楚的

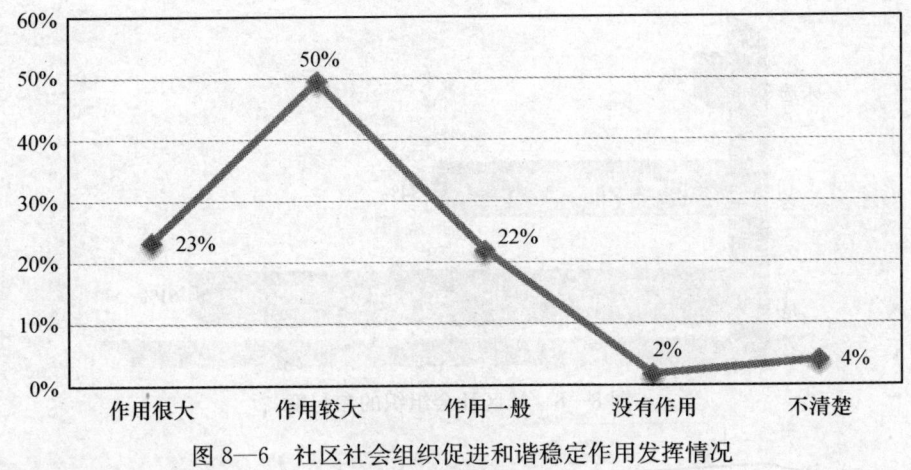

图8—6 社区社会组织促进和谐稳定作用发挥情况

程度,而完全不清楚和未选的受访者只占到12%(见图8—7),这说明社区社会组织开展的各项活动对居民生活产生一定影响。

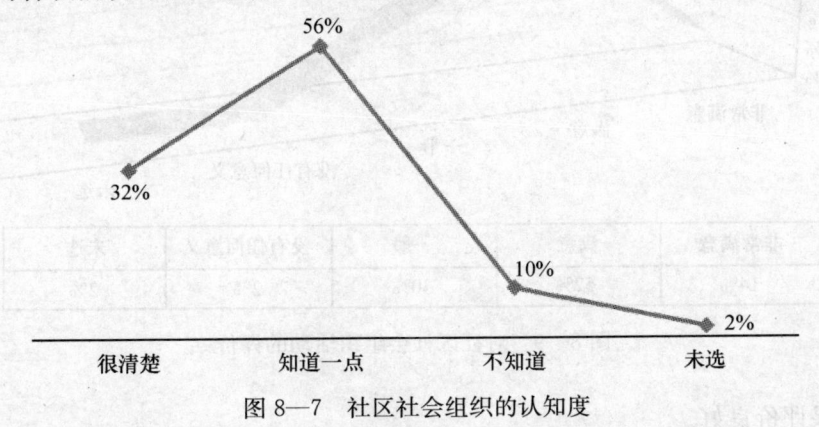

图8—7 社区社会组织的认知度

(4)一半多的受访者参与社区社会组织活动。在受访者中,有1 592人表示参与过社区社会组织,占受访者总数的63%(见图8—8),这与社区社会组织认知度的调查结果有一定差距,说明居民虽然对社区社会组织的认知度较高,但直接参与的积极性一般。根据调查中了解的情况,这与居民自身的状态有相当大的关系。社区居民中的在职人员,尤其是政府部门、事业单位、国有企业、外资企业等单位的在职人员,对于参与社区社会组织积极性不高。

(5)六成受访者对社会组织的活动感到满意。感到非常满意和满意的分别占14%和52%,30%受访者感到社区社会组织的活动效果一般,只有2%的受访者感觉社会组织的活动没有意义(见图8—9)。总体而言,绝大部分受访者对社会组织

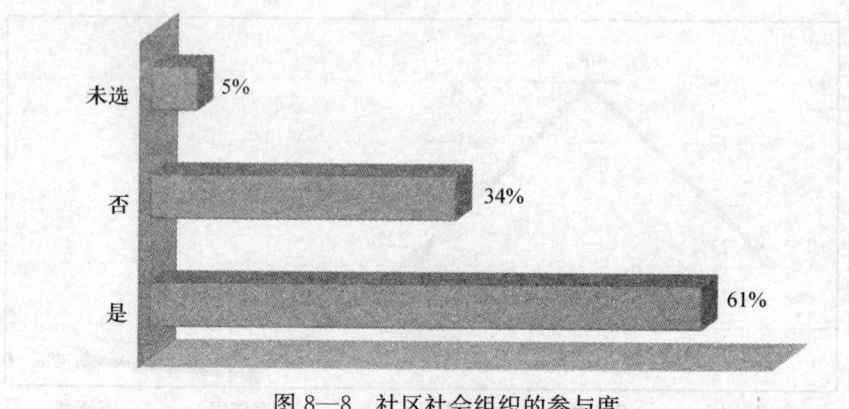

图 8—8 社区社会组织的参与度

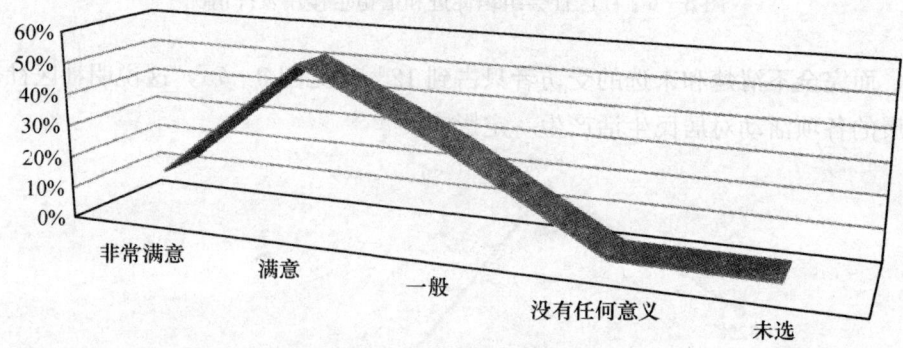

非常满意	满意	一般	没有任何意义	未选
14%	52%	30%	2%	2%

图 8—9 对社区社会组织活动的评价

活动效果评价良好。

2. 对社区居民个人的积极影响

(1) 凸显"社区是我家"的责任意识。居民参与社区社会组织的类型依次为：志愿者、义工类，共 792 人，占总数的 31%；社区服务类共 344 人，占总数的 18%；文化体育活动类和承接公共职能、公共事务类分别为 376 人和 344 人，占总数的 15% 和 14%；慈善救助类和教育类分别为 202 人和 76 人，占总数的 9% 和 3%（见图 8—10）。可以看出，大多数受访者对志愿类和服务类的社区组织兴趣浓厚，参与者占总数的 49%，说明居民已经在较大程度上具有"社区是我家"，参与社区事务是应尽的责任和义务的意识。

(2) 参与社区社会组织活动收获良多。49% 的受访者认为学习到新的知识，58% 认为丰富自身的生活，44% 认为结交到新的朋友，41% 认为满足为社会服务的

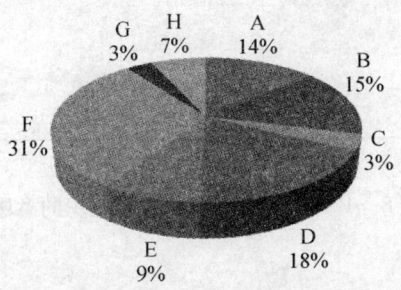

图 8—10 社区社会组织的参与类型

愿望,26%认为得以修身养性,25%认为参与社区治理(见图8—11)。可见,通过参与社区社会组织的各类活动,既充实居民的个人生活,提高生活品质,同时也起到服务社区和社会的效果。

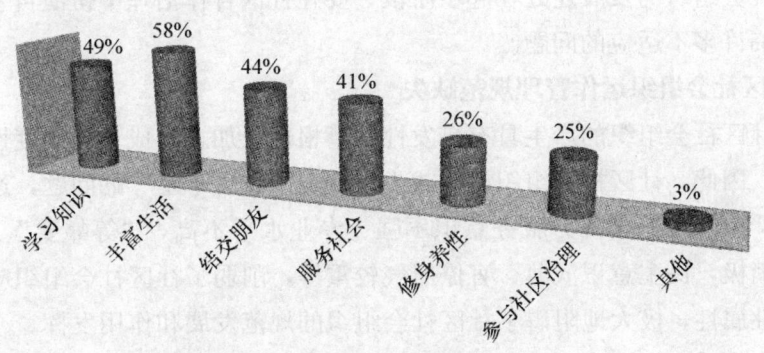

图 8—11 参加社区社会组织的收获

(3)未来参与社区社会组织的意愿存在分歧。在未参与社区社会组织的受访者中,63%的人表示愿意在未来参与社区社会组织;6%的人明确表示没有参与意愿,13%的人尚未确定(见图8—12)。也就是说,六成受访者考虑愿意在未来参与社会组织,这说明目前社区社会组织的发展对居民具有一定吸引力。但仍然有部分居民对未来是否参与社会组织举棋不定。

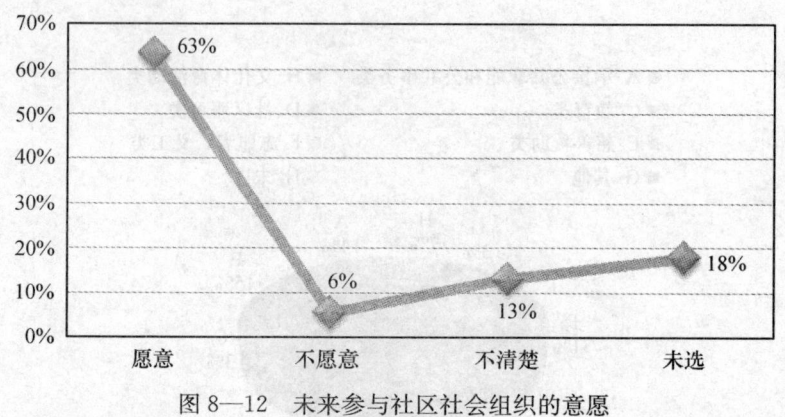

图 8—12 未来参与社区社会组织的意愿

三、自主行动：社区合作治理的活跃力量

（一）社区社会组织自主行动的制约因素

社区社会组织的发展还处在起步阶段，要在社区合作治理中扮演自主行动者的角色还面临许多不适应的问题。

1. 社区社会组织运作管理规范缺失

由于社区社会组织的产生具有自发性和草根性，加之其成长的制度性支持条件还不充分，因此，社区社会组织或多或少存在着"先天不足"的问题，运作和管理的规范性严重缺失，表现为服务意识不强、专业水平不高，"等靠要"思想作怪、作用发挥消极，民主意识淡薄、官僚习气较重等，削弱了社区社会组织应有的社会性、民间性属性，极大地阻碍了社区社会组织的规范发展和作用发挥。

2. 社区社会组织参与领域比较狭窄

目前社区社会组织中文化活动型、生活服务型比较多，社区社会组织参与社区民主决策与管理还比较薄弱，民主政治的参与功能还处于初步培育阶段，加之社区社会组织与居民代表大会、居委会之间缺乏制度化联系渠道，所以在表达居民利益诉求、组织居民参与社区管理、监督社区权力运作等方面的作用还不明显。另外，参与社区社会事业和福利事业的社会组织相对较少，渠道也不够顺畅，不能适应社区社会事业发展的需要。

3. 社区社会组织发展资源仍然缺乏

社区社会组织发展面临的最大困境是资源不足，造成资源不足的原因来自于政府、社会、社区三个方面：首先，财政资源保障不充足。长期以来，以经济建设为中心目标而形成的财政预算体制和政策，已经不能满足社会建设和社会组织发展的需要。从调查情况来看，社区社会组织参与社区活动普遍缺乏经费，一些主要提供社区服务的民办非企业单位，其开展活动所需经费主要靠街道办事处的补贴，活动开展得越多，需要补贴的经费也越多，街道办事处已有力不从心之感。其次，社会捐助资源难以获得。由于我国目前的法律法规对社会捐助的动员和激励不足，在一定程度上影响企业及社会力量捐赠支持公益事业的积极性，使社区社会组织较难获得来自社会的捐赠。最后，自身盈利资源难以开发。社区社会组织是非营利性的，但并不意味着不能具备一定的盈利能力，也不意味着不能开展适当的盈利活动。只要社区社会组织的盈利主要用来满足自身生存、发展和活动所需，政府就要对其盈利活动在提供场地、减免税收等方面给予一定的政策支持。但目前在这些方面的政府支持政策基本还是空白。

受访者认为社区社会组织面临的主要问题集中在以下四个方面（见图8—13）：活动经费不足（占58%）；组织参与人员素质不高（占33%）；社会公众缺乏理解（占33%）；群众参与度不高（占28%）。由此可知，居民认为活动经费不足是社区社会组织面临的最主要问题，经费不足已影响到社区社会组织各项活动的开展，制约了社区社会组织的发展。

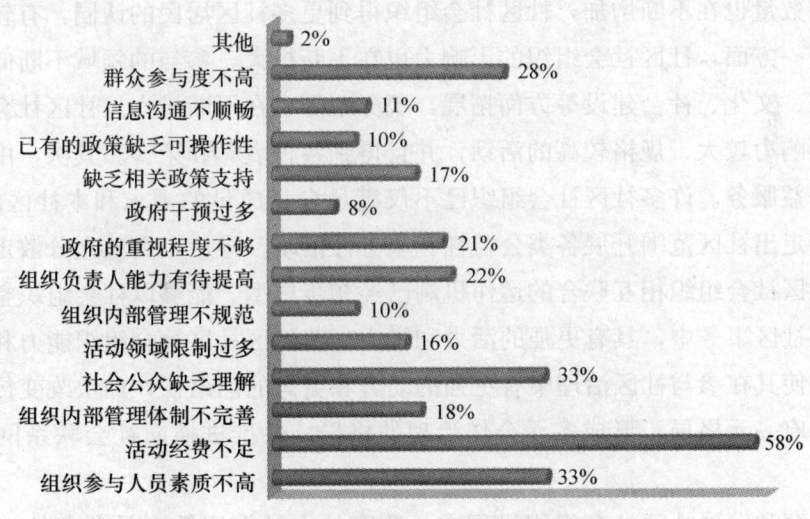

图8—13 社区社会组织发展面临的主要障碍

4. 社会组织管理制度创新不足

目前，政府对社会组织实行登记管理机构和业务主管单位的双重规制体制，强化了社会组织的准入条件、提高了社会组织的准入门槛，一方面带来多头管理缺合力、监管职责难落实等问题，另一方面造成大量社会组织因找不到"婆婆"无法登记而使"合法性"不够完整的问题。目前，社区中存在许多非正式的社会组织，就是这种问题的集中体现。虽然各级政府也做了一些改革创新的尝试，如普陀区的街道（镇）成立民间组织服务中心、行业联谊会、群文团队联谊会等，但这些创新尝试由于本身的法律依据不充分，存在较多的不确定。

（二）信任与合作：社区社会组织发展的环境

社区社会组织是伴随着社区建设的推进和社区功能的完善而发展起来的一种新型的社会组织形式，是完善社区公共服务和民主自治的重要组织资源。从这个意义上说，培育社区社会组织就是培育社区的组织生态。培育和发展状态良好的社区社会组织，不仅可以满足社区居民多样化的发展需求，而且还可以扩大公共服务的选择空间、推动社区民主自治的有序成长，进而促进整个社区的和谐稳定。政府与社会组织通过增进彼此之间的相互合作与信任，建立起真正的合作伙伴式的社区治理模式。

从普陀区的经验来看，社区社会组织的发展已经显出一些新的趋势：首先，由数量增加走向质量提升。一方面，社区社会组织数量逐年递增，同时，参加社会组织的居民数量也在不断增加，社区社会组织得到更多社区居民的认同，有较大的吸引力。另一方面，社区社会组织的影响力也在不断扩大，参与的领域不断向社区政治、经济、文化、社会建设等方面拓展，服务范围也在不断扩大。社区社会组织经常组织影响力较大、规格较高的活动，并且得到各种表彰和荣誉。其次，由自我满足走向公益服务。许多社区社会组织已不仅满足自身成员的需求和本社区的需求，而且逐步走出社区范围开展各类公益性和服务性活动。最后，由独立分散走向集中联合。社区社会组织相互联合的运作机制已经初步成型，能够以社会组织整体性的力量参与社区事务中，具有更强的活力和张力。普陀区社区社会组织能力和影响力的提升，使其在参与社区治理中有更强的动力和更大的话语权，加快改变传统社区管理中政府一元格局，形成多元合作治理的格局，并推进横向社会联系网络的形成。

在培育和发展社区社会组织过程中，政府的主导作用并不是单向的"自上而下"的行政性过程，而是着重突出政府主导是一个有意识、探索性的发展现代社区的互动过程。普陀区在政社合作中推动社区社会组织发展的实践证明，现代化社区并不一定是在与政府相制衡的情景下此消彼长地发展起来的，而是在与政府有效合作的条件下健康有序地发展壮大的。

(三) 愿望和需求：社区社会组织发展的重点

按照需求导向的原则，要从社区居民的需要和愿望出发，培育发展社会组织，充分发挥社区社会组织的积极作用。

1. 社区社会组织的主要作用：聚焦民生

受访居民对社区社会组织应当发挥的作用内容认识比较一致，主要集中在与"民生"有关的内容（见图8—14），其中：提高公共服务能力，创新公共服务机制，占27%；提升社区文明程度，构建和谐社区，占23%；拓宽社区就业渠道，缓解社区就业压力，占17%；化解社区各种矛盾，维护社区稳定秩序，占17%；整合社区资源，建设新型社会救助体系，占15%。

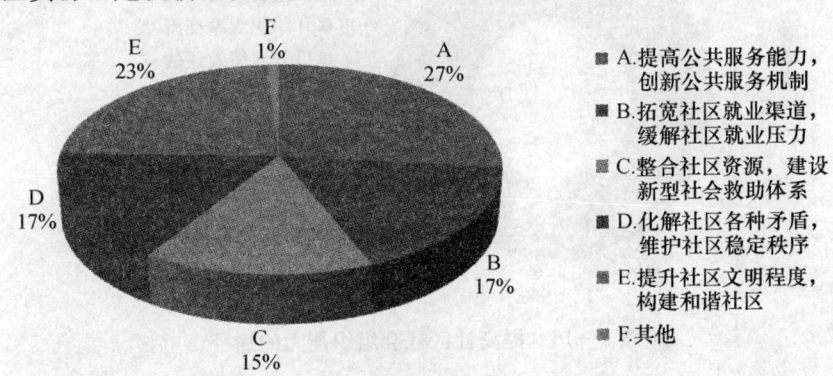

图8—14 社区社会组织发挥的主要作用

2. 社区社会组织急需加强的能力：服务居民的能力

在社区社会组织最需要加强的能力方面，受访者将加强为社区居民服务的能力放在第一位，占受访者的53%，其他需加强的能力依次为：日常运作及管理的能力（占45%）、组织和动员会员的能力（占37%）、取得政府支持的能力（占30%）、谋求创新与发展的能力（占24%）、把握政策环境的能力（占21%）、为会员服务的能力（占16%）（见图8—15）。

3. 提高社区社会组织能力的途径：多管齐下

受访者对提高社区社会组织的能力积极献计献策（见图8—16），具体有：进行教育培训（占26%），组织观摩交流（占18%），政府加强管理和服务（占14%），加强自身学习（占14%），加强社会监督（占11%），开展绩效评估（占9%），实施公众监督（占7%）。

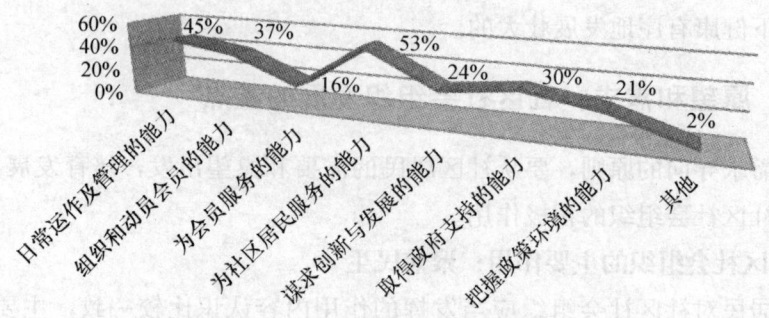

图8—15 社区社会组织需要加强的能力

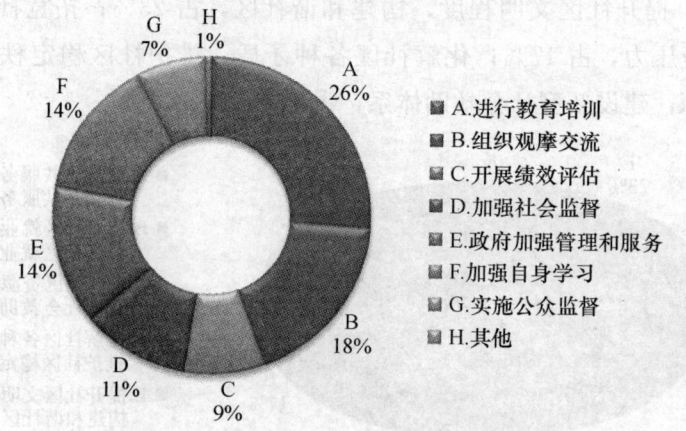

图8—16 提高社区社会组织能力的途径

4. 评价社区社会组织工作绩效的标准：影响力和规模性

绝大多数受访者认为应当把社区社会组织在社区及社会的影响力（占74%）和社区社会组织的规模（占50%）这两个方面作为评价社区社会组织工作绩效的标准；其他评价标准包括政府部门对社区社会组织的年检（占24%）、社区社会组织在一年内所获得的各类表彰（占23%）等（见图8—17）。此外，也有受访者提到公众的反映度和认可度也是评价社区社会组织工作绩效的重要标准。

5. 对社区社会组织监管主体：街道办事处为主

分别有50%、36%和36%的受访者认为街道办事处、民政部门以及社区居民三者都应当承担对社区社会组织监管的职能。另外，有21%的受访者认为新闻媒体也应当对社区社会组织进行一定的监督管理，17%的受访居民建议上级业务部门应当从业务方面对社区社会组织进行监督管理（见图8—18）。总之，社区社会组织的监督管理体系应当由多层次各方面的主体共同承担；以街道办事处、民政部门和社区居民为主要主体。

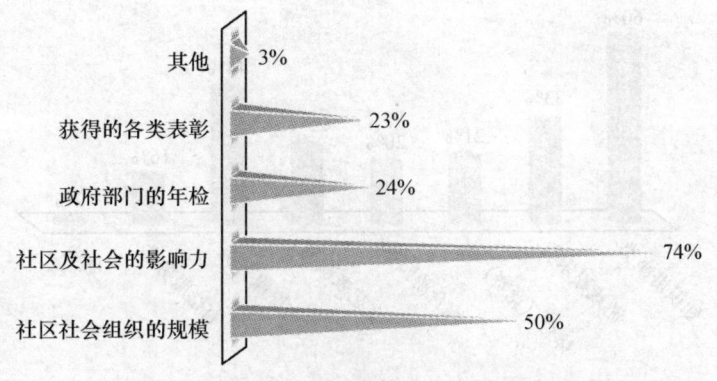

图 8—17　评价社区社会组织工作绩效的标准

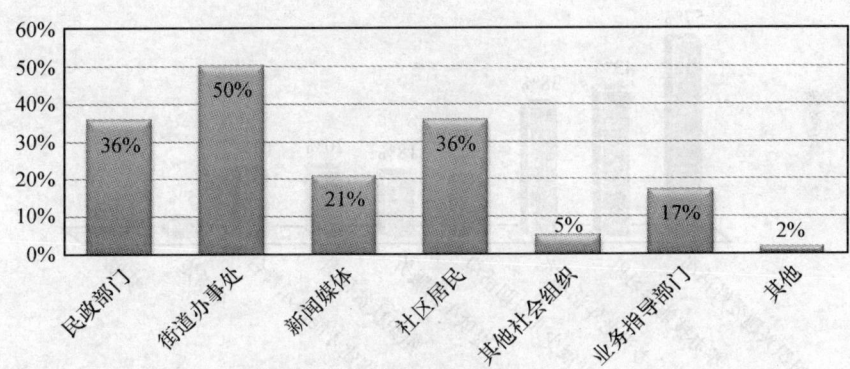

图 8—18　社区社会组织监管主体

6. 愿意参加的社区社会组织活动类型：兴趣多样

受访者对社区社会组织活动的兴趣多样化（见图 8—19），包括知识讲座类（占 60%）、志愿服务类（占 44%）、游戏娱乐类（占 33%）、文艺表演类（占 25%）、体育（竞赛）类（占 21%）、综合游园类（占 20%）、有偿服务类（占 16%）。可见，大多数受访居民对知识讲座类和服务类的社区活动兴趣浓厚。

7. 目前最需要提供的文化生活服务类型：集中在兴趣爱好活动、技能学习班和专设老年活动室三类

在目前最需要社区提供文化生活服务的类型选择方面，受访者在调查中表示出强烈要求的集中在以下三种类型：组织兴趣爱好活动（占 57%），举办技能学习班（占 43%），专设老年活动室，包括老年交流活动、老年互学活动等（占 38%）；其他文化生活服务类型也有所体现，包括开展少儿假期活动（占 17%）、提供生活服务（占 18%）、组织扶贫帮困（占 20%）、搭建才能展示舞台（占 19%）。而表示不清楚需要何种文化生活服务类型的受访者占 5%（见图 8—20）。

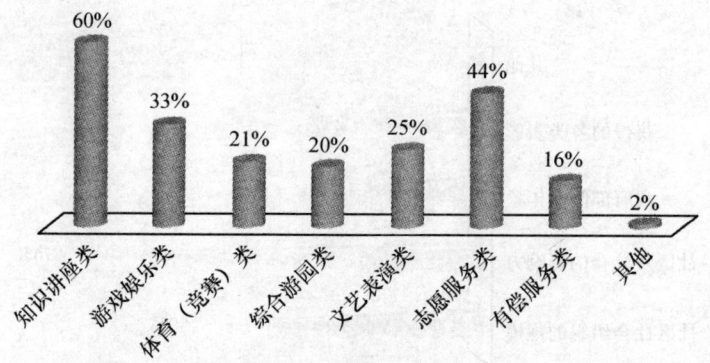

图 8—19 愿意参加的社区社会组织的活动类型

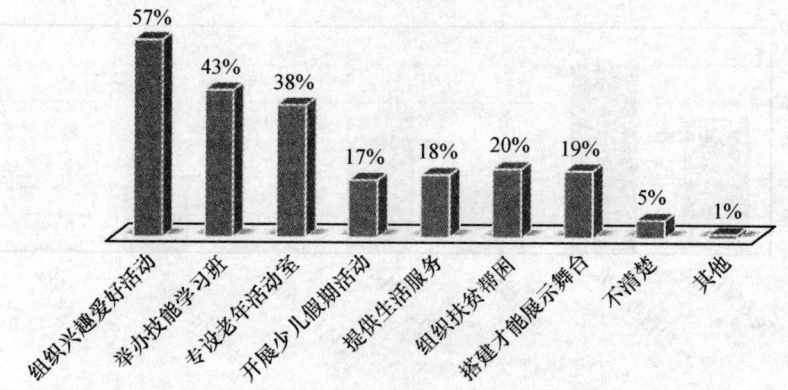

图 8—20 目前最需要提供的文化生活服务类型

8. 居民反映意见或建议的途径：社会组织为先

受访者反映意见或建议的途径选择依次为：通过本人参加的社会组织（占37%），通过居民代表大会（占37%），直接与党委和政府部门联系（占26%），通过人大或政协提交议案（占23%），通过网络平台表达（占21%），通过媒体反映（占20%），参加各类听证会、评议会、协调会等表达建议（占19%），通过其他社会组织反映（占7%），通过私人关系表达意见（占6%）；另外，还有受访者表示可以通过其他途径反映自己的意见，比如信访、上访等途径（见图8—21）。根据此题的调查结果可以显示居民选择反映意见的途径可谓是多种多样，相比而言，通过社会组织、居民代表大会、直接与党委和政府部门联系以及通过人大或政协提交议案是主要的表达意见渠道，说明社区社会组织已经在居民与政府之间构筑起交流沟通的纽带。

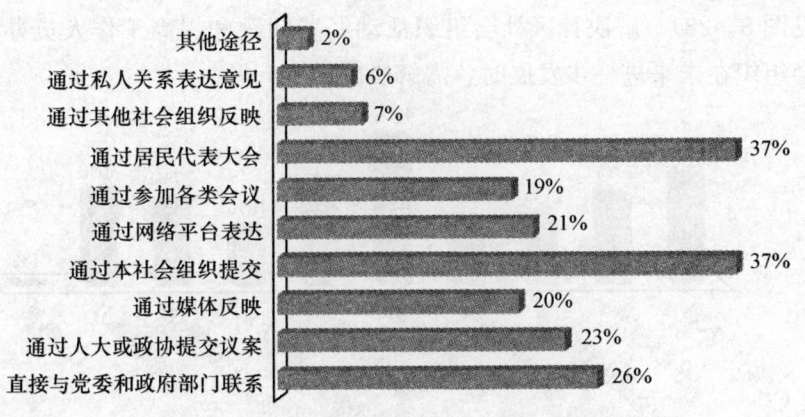

图8—21 居民反映意见和建议的途径选择

9. 对社区社会组织未来发展的前景：态度乐观

关于受访者对社区社会组织未来发展的前景所持的态度调查可知：绝大部分受访居民对社区社会组织在未来的发展前景表示出乐观的态度（见图8—22），其中：选择态度非常乐观的受访者占18%，选择比较乐观态度的受访者占62%，选择不太乐观的受访者占10%，选择非常不乐观的受访者只占2%，选择不清楚社区社会组织未来发展前景的受访者占3%。因此，总体来看，根据现阶段社区社会组织运行模式和管理现状，居民普遍认为社区社会组织在未来阶段能够得到良好发展。

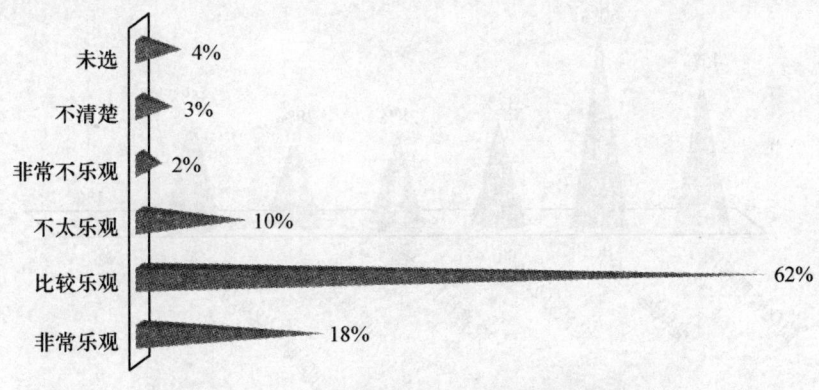

图8—22 对社区社会组织未来发展前景的态度

10. 社区社会组织进一步发展要解决的关键问题：解决经费和提高人员能力

受访者对社区社会组织进一步发展要解决的关键问题选择的结果是：解决经费问题，占49%；赋予更多自主权利，占35%；提高服务能力，占30%；加强党建工作，占29%；培养职业化管理队伍，占27%；加强社会监督，占26%；完善法律法规，占22%；理顺政府管理体制，占21%；加强政府日常工作指导力度，占

18%（见图8—23）。解决社区社会组织活动经费问题和提高工作人员办事能力是社区社会组织在未来进一步发展时急需解决的两大问题。

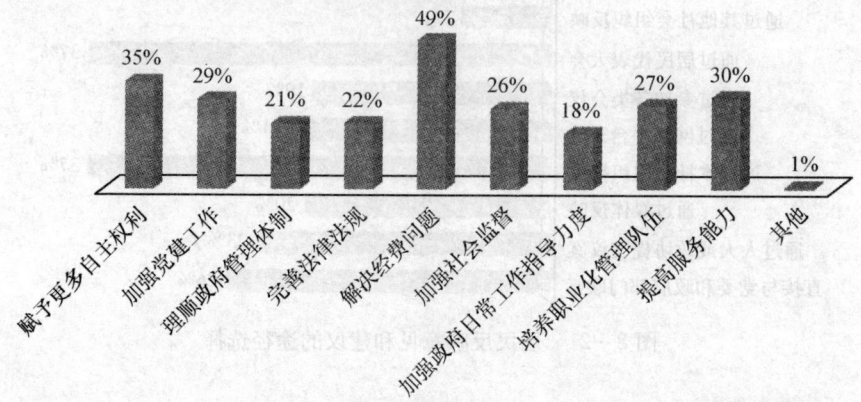

图8—23 社区社会组织进一步发展要解决的关键问题

11. 鼓励社区社会组织发展主要措施：提供活动经费列首位

受访者认为鼓励社区社会组织发展的主要措施中首当其冲者依然是提供活动经费，占60%；其后是简化管理程序，占45%；加强职业化队伍建设，占35%；提高办公条件，占32%；完善法律法规，占28%；加强监督协调，占28%等（见图8—24）。

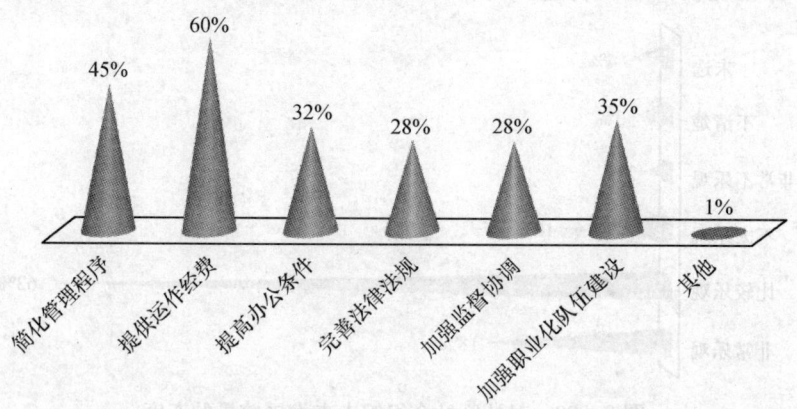

图8—24 鼓励社区社会组织发展的主要措施

12. 社区社会组织工作人员应具备的能力和素质：活动策划和组织能力、沟通协调能力和突发事件应对能力位居前三

受访者表示社区社会组织工作人员应当提高办事能力，对其能力要求的选择依次为：活动策划和组织能力，占63%；沟通协调能力，占51%；突发事件应对能力，占50%；信息综合分析和写作能力，占40%；信息技术运用能力，占27%；其他还有应当具有热心服务、奉献精神等（见图8—25）。

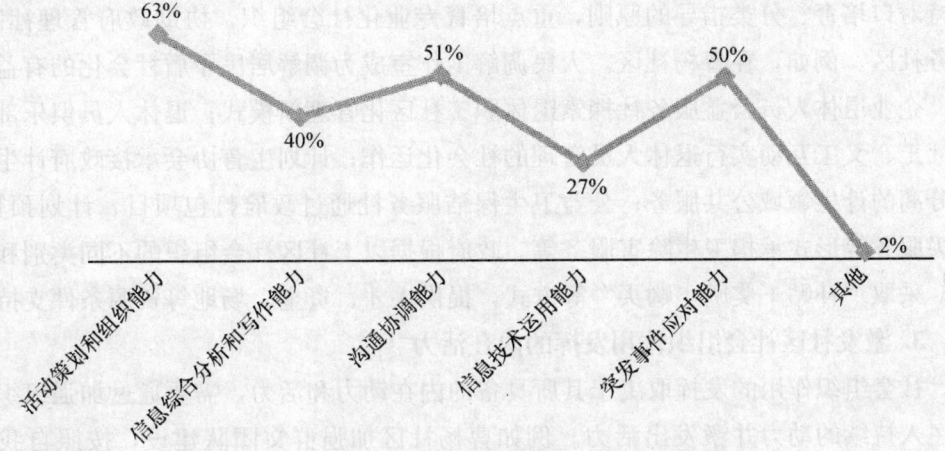

图8—25 社区社会组织工作人员应具备的能力和素质

（四）支持和伙伴：社区社会组织发展的生态

1. 形成促进社区社会组织发展的管理合力

社会组织在成长发展中，一方面因其民间性质较强而要求注重自身的独立；另一方面其发展能力相对较弱，特别是社区社会组织处于相对分散、弱小的状态，需要政府部门提供必要的服务和管理。但是，传统的政府行政管理体制条线分割的问题，难以适应社会组织横向发展的特点，必须根据社会组织的特点构建新型管理体制。普陀区按照"以民管民"的原则，建立新型的社区社会组织管理枢纽，例如，民办非企业性质的民间组织服务中心、准社团性质的创业者联合会、行业联谊会、群文团体联合会等，旨在动员和依靠社会力量，加强社区社会组织的培育发展和规范管理，引导和促进社区社会组织健康发展，密切社区社会组织之间的联系和信息交流，推进社区社会组织的自律与互律，扩大社区社会组织与其他组织之间的交往与合作，同时争取政府有关部门和社会各界的支持，在政府和社区社会组织之间发挥桥梁、纽带作用，并整合组织资源推进社区服务和民主自治建设。

2. 整合发挥社区社会组织作用的资源支持

培养社区社会组织的过程，也是制度创新的过程。相对于政府行政，社会组织的运行方式能够降低社会管理的成本；相对于市场调节，社会组织的调节方式能够更好地保证社会的公平正义。培养发展社区社会组织，单纯靠社会组织自身的力量是远远不够的,需要政府给予必要的支持和帮助。普陀区按照社区建设的新要求,着眼于社会组织自身发展的需要,以满足社区居民不断增长的多元化需求为目标,坚持对口培育、分类指导的原则,重点培育专业化社会组织,协助政府管理社区、服务社区。例如,在曹杨社区,人民调解工作室成为调解居民矛盾社会化的有益尝试;企业退休人员公益服务社探索退休职工社区化管理新模式;退休人员俱乐部通过社工、义工互动实行退休人员管理的社会化运作;计划生育协会承接政府计生部门分离的计生领域公共服务;公益卫生保洁服务社通过政府打包项目、计划预算、购买服务等形式承担卫生除害服务等。政府根据以上社区社会组织的不同类别和状况,采取"补贴+奖励+购买"等方式,提供人才、资金、场地等资源条件支持。

3. 激发社区社会组织作用发挥的内在活力

社会组织作用的发挥取决于其所具备的内在动力和活力,需要通过加强组织建设注入持续的动力并激发出活力。例如曹杨社区加强群文团队建设,按照自我组织、自我管理、自我教育、自我发展的"四自"原则,提出"四个抓":一是群文团队骨干抓指导,通过对群文团队骨干的政治和业务培训,提高骨干的政治素质和业务能力;二是群文团队活动抓提高,通过开展交流、培训、参观和参与社区文艺演出,不断提高活动质量;三是群文团队发展抓评比,对群文团队进行评比和交流,对活动开展好、质量高的群文团队给予表彰,在群文团队中形成比、学、赶、超的良好态势;四是群文团队效果抓展现,组织群文团队参加社区内外的展示活动,展现团队风采,注入新的动力,不断提高群文团队活动层次、反映群文团队建设成果。

4. 扩展社区社会组织顺畅运作的社会网络

我国社会内部存在强大的社会网络,以近缘亲属、邻里同乡、同门师兄为主,相同背景、相同环境、相同习俗孕育的相似的思维方式、价值观念、行为习惯使这种社会网络呈现出强大的凝聚力、牢固的团结性和强烈的排他性。在同一网络中,人们会基于共同的利益,采取统一的行动。任何问题都是集体的问题,某个人的观点往往很容易被其他人接受,一个人的号召往往就变成集体的共同行动,当看到某种行为有助于利益的实现,大家都会不约而同地跟风和追随。在现代社区管理中,这种社会网络仍然到处可见。虽然有时会由于各种原因拉开空间上的距离而有所稀释,但其对于网络中人们的影响力仍然存在。社区社会组织发挥传统社会网络的作用,通过了解一个群体中某些人的想法,可以掌握一个群体共同的利益诉求,利用同一网络中人们的趋同性和附和性,通过一部分人的带动,使整个群体一同参与,从而大大减轻工作量,起到事半功倍的效果。

5. 挖掘社区社会组织内在魅力的情感纽带

我国长期的农业传统社会注重以家族血缘为纽带，这里充满了亲情、邻里情、乡情等与自身联系最紧密、情感表现最朴实的元素。近代城市出现后，逐渐形成了一些固定的居住区域，这些居住区最初大多以籍贯、地域聚集起来自同一地方的老乡。在弄堂、胡同和大院，一代传一代，延续着传统社会彼此照应、关爱互助的浓浓"人情味"。直至20世纪80年代末、90年代初，旧城改造和住房改革拉开帷幕后，固有的生活圈子被打破，人们迁移至城市的各个角落，从"熟人社区"搬到"陌生人社区"或"公众社区"，过起了各管各的"独居"生活。然而城市里仍然可以看到一些带有"熟人社区"影子的新式小区。在普陀区的工人新村和城乡结合地区，一些农村宅基地被征地后，村民被统一安置在同一个新小区，原来的老邻居们还是住在一起，情感纽带依然维系着，对旧有生活的共同记忆和彼此间浓浓的乡情、邻里情感还保存着，他们对原来居住地的情感被转移到了新的小区，他们在农村生活中养成的一套自我管理、自我服务、自我教育的习惯方式也被带了过来，基于彼此熟识基础上的信任使得他们在公共事务上更容易形成共识和达成一致，因此，他们更热衷于参与社区事务，更愿意参加社区社会组织的活动。而在商品房小区，陌生的邻里和相对独立的隐私空间塑造了全新的"公众社区"，但人们心中对情感的寄托，对和睦邻里的渴望，对人际互动的需求仍然存在，构成社区社会组织引人入胜的魅力。

6. 培养社区社会组织精神气质的"群众领袖"

社区社会组织充分挖掘社区中蕴藏的丰富资源和宝贵的"民间智慧"，调动居民参与社区事务的积极性，激发他们组织活动、参与活动、推广活动的热情。有针对性地发掘和培养一批有广泛群众基础的居民为公众服务，提供各种平台让他们发挥聪明才智，展示特长潜能，运用社会资源，共同参与社区自治，逐渐成长为"群众领袖"。发挥"群众领袖"的凝聚力和影响力，借用"领袖们"在群众心目中的信任感和示范效应，带动周边的居民一起加入社区事业。根据居民实际需求，在"群众领袖"的带领下，成立各类志愿者团队，让互帮互助、奉献爱心、公益服务的力量在社区发扬壮大；举办各类喜闻乐见的活动，在活动中增进邻里感情，让有共同兴趣爱好的人找到组织、找到伙伴，加强团结协作，并把这种活动中的团结协作慢慢引用到社区事务的参与中来，使之成为一种习惯，在实践中学习、培育、提高自治能力。

7. 构筑规范社区社会组织发展的制度保障

社区社会组织由于其自身的自发性，在发展初期会出现不够规范的现象，其内部的组织结构、管理体制、决策程序、财务制度都不够健全；而且由于资金瓶颈的限制，无法正常地开展社会公共服务活动，有时甚至会出现利用社会组织的身份谋取自身利益的现象，这种"社会组织失灵"现象在相当程度上损害了社会组织的形象和声誉，因此，对社区社会组织进行多方面监督是十分必要的。普陀区根据社区社会组织发展的特点，通过党建领航、制度创新、载体构建等建立系统有效的监督机制，例如，社会组织重大活动报告制度、社会组织信息联络员制度、社会组织负责人培训制度、社会组织档案管理制度等，及时掌握社会组织发展动态信息，不仅有利于促进社会组织健康成长，从源头上匡正社会组织的公益性和公平性，而且有利于鼓励社会组织优胜劣汰，促进社会组织提高管理和服务水平。

四、主要结论

（一）以发展公益性社会组织为重点

公益性社会组织（public welfare organizations）一般是指向社会公众无偿或者以较优惠条件提供服务，从而使服务对象受益的社会组织。一方面，公益性社会组织以专业化服务能力满足居民多样化的需求，另一方面，公益性社会组织以公益为组织价值和追求目标，体现社会公平与正义。因此，在社区发展中大力扶持发展公益性社会组织，有利于充分发挥社会组织的优势，形成与经济社会发展相适应的，多样化、多层次提供社会公共产品和公共服务的运作模式，构建共建共享的和谐社区。

（二）以激发社会组织持续活力为目标

在社区管理和运作中，社会组织具有不可替代的优势。是否存在大量发育成熟、结构完善的社会组织，是衡量社区发展乃至社会发展程度的一个重要标志。培育和发展社会组织不仅仅是为了承接政府的一些职能，也不仅仅是为了弥补政府在公共服务供给方面的某些不足。培育和发展社会组织的主要目标是，通过自我完善、自我管理和自我服务，使社会组织真正实现自主自治，这不仅可以促进公共管理和公共服务能力的提升，而且对于维持社会稳定、促进社会和谐具有重要意义。

（三）以分类管理和分类扶持为途径

社区社会组织在不同发展阶段有其不同特点。在发展初期，社会组织的发育程度较低，需要政府的引导和推动，政府扮演社会组织发展主导者角色。政府要为社会组织的成长提供良好的环境和足够的空间，并在组织和管理上引导其自我管理和自我服务。在成长期，社会组织的规模和水平有了很大提高，政府逐渐弱化主导者角色，转而扮演社会组织支持者和保障者的角色。政府要为社会组织的进一步发展提供物资支持和平台支持，也要为其健康成长给予法律保障和制度保障。在成熟期，社会组织已经成为社会治理和社区治理的有效主体，政府已然成为社会组织的合作者，政府要与社会组织建立起良好的互动与合作，在合作共治中共同推动社会发展。

（四）以规范化和制度化建设为保障

规范化和制度化是任何组织保持长期健康发展的重要基础。社区社会组织必须注重规范化和制度化建设，其目的在于减少发展中的不确定性，保障社区社会组织的健康发育和成长。社区社会组织的内部治理结构更应该强调民主和公正，确保权利与义务的平衡。社区社会组织要按照自主办会、自我管理的原则，逐步完善治理结构，形成基本的运作机制。

结语　我国社会组织转型发展的未来走向

在现代社会，政府组织、市场组织和社会组织各有其能力优势和特定作用，三大组织各就其位、各司其职，并通过相互合作、良性互动，既发挥各自优势，又能够相互补充，形成界面清晰、优势互补的复合体，从而提高全社会公共管理和公共服务的整体能力。从这个意义上说，社会组织是现代社会制度结构的主要组成部分，社会组织发育的完善程度及其功能的发挥程度可以视作社会现代化发展的重要标志。

在社会组织转型发展中，制度环境是至关重要的制约因素。因此，社会组织与政府的关系在相当长的时期内是研究社会组织不容回避，也不能回避的核心主题。在社会转型加快的当下，尽管政府仍然是制度的主要供给者，但是，决定制度取向的力量已经呈现多元的态势，除政府之外，社会本身也对制度的建构起到重要作用。也就是说，制度创新存在自上而下与自下而上两个方向的作用过程。如果说，在改革发展初期以自上而下为主，政府发挥更加关键的作用，那么，现在社会主体力量已经有了很大的增长，已经积聚起了相当的资源，可以成为重要的动力来源在模式转换中发挥更加积极的作用。[1]

由于在持续的转型发展中社会组织已经集聚了一定的能动力量，因而在社会治理体系中，社会组织具有了对社会变革和制度变迁的主动影响和牵引的能力，政府与社会组织不仅是主体与主体的现代平等关系，而且还逐渐成为力量趋于相对均衡的竞合性主体关系，即在竞争性互动中达成有效的合作治理。[2] 也就是说，对于社会组织转型发展未来的演化方向及可能达到的作用程度，社会组织已经具有一定程度的主动性，可以在其自身持续完善的基础上，构建起与环境不断优化的互动关系。

---

[1] 邓莉雅，王金红. 中国NGO生存与发展的制约因素. 社会学研究，2004（2）
[2] 张良. 政社之间应为"竞合"关系. 上海人大，2010（7）

根据现代治理理论的观点，政府组织与社会组织之间应该形成互动合作的格局。一方面政府适度放权，使社会组织具有合理的发展空间；另一方面社会组织积极提升自主管理能力，强调发展的规范性，不断拓展合法性基础。在加快创新社会治理体系的新形势下，社会组织发展由"政府选择"走向"社会选择"的钥匙掌握在政府的手中，政府的主动行为是有限政府、责任政府、法治政府和服务政府观念的客观反映和必然要求。政府要从合作共赢的角度出发，为社会组织的健康成长创造良好环境，提供有利条件。要继续坚持"四分离"原则（即政企分离、政事分离、政社分离、管办分离），努力推进政府在社会管理事务操作中的有序退出，主动腾出更多的空间，激发社会组织活力，动员和集聚更广泛的社会力量参与社会现代化的大业。

在社会组织的政治合法性趋于明朗的局面下，为保证我国社会组织转型发展未来走向的可预见性，必须在以下几个方面予以特别关注。

一、内部治理：夯实社会组织持续发展的制度基础

内部治理结构是社会组织的核心部分，建立科学、严格、规范的内部治理机制，是社会组织生存和发展的基础。社会组织的内部治理结构更应该强调民主和公正，以保证社会组织引导、协调和规范其成员行为的作用。通过科学的治理结构建设，明晰理事会、监事会、秘书处的责权关系，保证在社会组织内实现权利与义务的相对平衡，做到管理工作的科学化、民主化和制度化，为社会组织持续发展奠定科学的制度基础和持续的内在动力。

（一）保证社会组织成员民主权利

制定社会组织章程，明确社会组织的民主选举、民主决策、民主管理和民主监督的运行机制，保证成员民主权利的行使，增强社会组织的独立性和自主性。

（二）通过竞聘优选社会组织领导

公开竞聘选举社会组织的领导人，包括会长（理事长）、副会长（副理事长）等，把有威望和凝聚力，乐于服务社会和会员的优秀人才选为社会组织领导。社会组织领导职位要设立任期限制。

（三）建立社会组织自律管理机制

首先是协商调节机制，按照民主协商原则，制定社会组织的"议事规则"，建立例会制度、信息沟通渠道、议事规则和程序等。其次是日常管理制度，特别是要建立和落实社会组织的经费管理和财务公开制度。最后是监督约束机制，社会组织领导要定期向政府管理部门和成员汇报工作情况，自觉接受监督；成员有责任遵守响应经民主协商确定的各项决定和建议；对违反章程的成员予以处罚。

二、能力建设：提升社会组织公信力的社会基础

能力建设是市场经济条件下关乎所有社会组织的重大课题。随着社会组织转型发展向纵深推进，社会组织对社会服务和奉献在得到社会公众广泛认可的同时，社会组织的能力水平和公信力状况也备受社会各界广泛关注。加强社会组织能力建设，是赢得社会公众更广泛、更有力、更长久支持，进而保证社会组织持续发展的客观要求。

一般而言，社会组织能力是指在既定政策法律制度框架下，社会组织的领导者或管理者配置和调整各种资源和力量，保持各项工作相互协调、有序运行，实现社会组织既定目标、发挥独特功能所需的条件。由此，也可以简单地说，社会组织能力建设就是引入、形成、创新这些条件的过程。

（一）明确的组织使命和责任

社会组织是以公益为其最为重要的理念和价值，同时，具有参与公共服务和社会管理的职能。因此，社会组织的从业人员必须有崇高的信仰、有强烈的使命感、有较高的道德标准和行为约束。社会组织必须要树立明确的组织使命、发展愿景和核心价值观。

（二）完善的组织制度体系

完善的管理制度是社会组织开展工作的依据，是规范社会组织及其工作人员的行为准绳。抓好社会组织制度建设要做好三方面工作：制定全面科学的管理制度，加强制度执行的监督检查，及时修订组织管理制度。

（三）多样化的监督形式

多样化的监督形式包括组织监督、审计监督（即财务监督）、捐赠人监督、公众监督和自我监督。其中，特别要形成四个方面的监督机制。（1）政府主管部门监督：政府登记管理部门通过年度检查、定期评估等方式对社会组织进行监督。（2）联合自治组织监督：由社会组织组成的联合会等自治组织对其成员的监督、评估。（3）捐赠者监督：社会组织的捐赠人借助不同的手段和渠道对社会组织捐赠接收情况、捐赠落实情况以及其他方面工作进行监督。（4）公众监督（媒体监督）：新闻媒体反映社会组织工作宗旨、状态以及存在的问题，帮助社会公众了解社会组织的真实状态，从而使公众行使质询权。

（四）完备的信息披露机制

充分的信息披露是社会组织提升公信力的必然要求。社会组织的信息披露可以采取常规发布与专项发布相结合，主动发布与接受质询相结合，机构网站与新闻媒体相结合的方法。社会组织要做到有规范的信息发布制度，常规的信息发布平台，具有专业水平、热心公益的监督者队伍。

（五）有效的组织运营能力

社会组织运营能力是社会组织筹募能力、宣传能力、捐赠落实能力、项目策划能力、组织服务能力的有效结合。社会组织要十分重视和抓好组织运营能力建设，保持上述各个方面能力的协调互动。

三、推动策略：注入社会组织健康发展的优质资源

（一）不断创造社会组织成长发展的良好环境

政府要从真心实意支持社会组织发展的角度，为社会组织成长发展提供制度性和资源性支持。

1. 降低社会组织准入门槛

首先是放宽限制。根据社会组织的不同类型，适当放宽对社会组织，特别是公益性社会组织在规模、资金、场地、人员等方面的限制性条件。其次是简化手续。

简化社会组织的登记手续和环节；进一步向社区放权，对社区公益性社会组织采用"备案制"。最后是给予补贴。政府部门在社会组织登记费用、运作经费、购房租房、会计代理、人才引进等方面给予必要的经费补贴。

2. 加大购买社会组织服务力度

政府部门要通过加大购买社会组织服务的力度，为社会组织作用发挥提供资源要素支持。首先，完善政府购买社会组织服务的公共财政体系。在政府财政预算中列入购买社会组织服务项目，保证购买社会组织服务的财政资金的稳定。其次，建立政府购买社会组织服务的运作机制。政府部门通过项目化运作方式提出年度购买服务项目清单，并编制相应预算；通过公开招标、定向委托确定提供服务的社会组织；社会组织通过竞标或受托方式获得项目资金，提供面向社会公众、社区居民或其他特定对象的服务。最后，实施政府购买社会组织服务的绩效评估。政府部门委托第三方根据项目预算进行绩效评估，以进一步提高政府购买服务的效益。

3. 建立社会组织培育孵化基地

社会组织培育孵化基地是政府为社会组织创建者搭建的制度性、智力化的服务平台，为新创办的社会组织提供有利于其成长发展的良好环境的公益性服务。社会组织培育孵化基地通过强化管理技能、项目运作等方面专业知识和实务的培训，提升社会组织的专业水平和综合能力。

（二）大力拓展社会组织发挥作用的有效空间

随着创新社会治理体系目标的确立，进一步加快政府职能转变已是大势所趋，必须要有明确目标和步骤。

1. 加快政府职能实质转变

政府职能转变要落在实处，要在转变职能过程中确定将更多的社会事务交给社会组织。确定移交事务的范围，如将微观层面的公共管理操作性事务移交公益性社会组织；将社区层面的公共服务性事务移交社区社会组织等。确定移交事务的安排，政府部门要确定向社会组织移交事务的计划，包括具体的时间表和路线图。

2. 明确社会组织职能配置

根据不同类型社会组织的特点明确具体职能。首先，政务类组织承接社会管理操作性事务。政务类组织主要承担政府社会管理的操作事务，要对功能相近的政务类组织进行整合，提高一体化服务程度和效率。其次，服务类组织承担公共服务的具体供给事务。要通过政府购买服务等方式支持服务类组织，鼓励其多样化、专业化发展。最后，自治类组织落实居民自治事务。要通过立法形式对自治类组织加强引导和管理，确保居民各项权利的行使和切身利益的落实。

3. 扩大社区居民参与社会组织

把社区社会组织作为组织化的运作机制，把居民的个体行为转化为集体行动。社区议事机构集中听取不同利益人群的意见和建议；社区协调机制协调和解决社区居民之间的矛盾纠纷；社区评议机制使社区居民对社区管理和社区服务的监督制度化、规范化。

（三）努力搭建社会组织管理服务的功能平台

政府部门要整合相关管理资源，创新和搭建适合于社会组织的管理服务新型平台。

1. 推进社会组织枢纽型管理和服务平台建设

以人民团体、联合会等为平台，逐步形成结构合理、运行高效、规范有序的社会组织枢纽型管理和服务平台，加强社会组织之间的联系和协调，协助政府承担引领、管理和服务工作。

2. 强化政府部门对社会组织的监督管理

政府部门对社会组织的监管工作要突出及时性、动态性的要求。首先，建立和完善适用于社会组织的年度检查制度、重大活动和重要变化报告制度。其次，通过财政支持的附加条件对社会组织的任务及管理方式进行引导。再次，建立科学的社会组织绩效评估指标体系，借助"第三方"评估的优势，反映出社会组织作用的真实效果。最后，形成社会组织退出机制，对于违反法律法规的社会组织要有强制性的退出制度安排，对于愿景达成或价值退化的社会组织要有合理化的退出通道设计。

参考文献

1. 包雅均."量体裁衣"机制与制度创新——成都市残疾人联合会创新服务机制的案例分析.成都大学学报(社会科学版),2007(1)
2. 蔡禾,周林刚,等.关注弱势城市残疾人群体研究.北京:社会科学文献出版社,2008
3. 曹沛霖.政府与市场.杭州:浙江人民出版社,1998
4. 陈昌柏.非营利机构管理.北京:团结出版社,2000
5. 陈华.吸纳与合作:非政府组织与中国社会管理.北京:社会科学文献出版社,2011
6. 陈金罗.社团立法和社团管理.北京:法律出版社,1997
7. 陈伟东,李雪萍.社区行政化:不经济的社会重组机制.中州学刊,2005(2)
8. 程惜武.非营利组织治理机制研究.北京:中国人民大学出版社,2008
9. 崔玉开."枢纽型"社会组织:背景、概念与意义.甘肃理论学刊,2010(5)
10. 戴维·赫尔德.民主的模式.北京:中央编译出版社,1998
11. 邓国胜.非营利组织评估.北京:社会科学文献出版社,2001
12. 邓莉雅,王金红.中国NGO生存与发展的制约因素.社会学研究,2004(2)
13. 董婷婷.私营企业劳资矛盾协调机制研究:[学位论文].长春:长春理工大学,2009
14. 高丙中.社会团体的合法性问题.中国社会科学,2000(2)
15. 高红,朴贞子.我国社会组织政策参与及其制度分析.中国行政管理,2012(1)
16. 葛月凤.促进上海行业协会改革与发展研究.上海企业,2003(4)
17. 龚咏梅.社团与政府的关系.北京:社会科学文献出版社,2007

18. 郭圣莉. 城市社会重构与国家政权建设. 天津：天津人民出版社，2006
19. 韩俊. 公民社会：善治与民间组织发展. 见：卢汉龙主编. 社会建设与社会治理. 北京：社会科学文献出版社，2006
20. 何海兵. 和谐社区：上海和谐社区建设报告. 上海：学林出版社，2010
21. 何海兵. 我国城市基层社会管理体制的变迁：从单位制、街居制到社区制. 管理世界，2003（6）
22. 何增科. 公民社会与第三部门. 北京：社会科学文献出版社，2000
23. 侯润天. 发挥枢纽型组织作用促进社会组织发展. 学会，2011（5）
24. 黄粹. 总体性社会中社团组织发展特征浅析. 辽宁行政学院学报，2011（8）
25. 黄浩明. 非营利组织战略管理. 北京：中国人民大学出版社，2003
26. 黄丽. 国外大都市区治理模式. 南京：东南大学出版社，2003
27. 黄晓军. 目前行业协会发展存在的问题及对策. 改革与开放，2002（12）
28. 黄晓勇. 中国民间组织报告（2011—2012）. 北京：社会科学文献出版社，2012
29. 贾西津，沈恒超，胡文安，等. 转型时期的行业协会：角色、功能与管理体制. 北京：社会科学文献出版社，2004
30. 贾西津. 第三次改革——中国非营利部门战略研究. 北京：清华大学出版社，2005
31. 康晓光，等. 依附式发展的第三部门. 北京：社会科学文献出版社，2011
32. 孔云龙，李美云. 中介组织的发展特点及对策研究——以广州市为例. 商业经济文荟，2003（6）
33. 黎军. 行业组织的行政法问题研究. 北京：北京大学出版社，2002
34. 李汉林. 变迁中的中国单位制度. 社会，2008（3）
35. 李慧凤，许义平. 社区合作治理的实证研究. 北京：中国社会出版社，2009
36. 李培林. 社会生活支持网络：从单位到社区的转变. 江苏社会科学，2001（1）
37. 李亚平，于海. 第三域的兴起——西方志愿工作及其志愿组织理论文选. 上海：复旦大学出版社，1998
38. 李珍刚. 当代中国政府与非营利组织互动关系研究. 北京：中国社会科学出版社，2004

39. 梁国健. 第三部门在社区管理中的作用. 大江周刊（论坛），2010（5）

40. 梁明主编. 科协工作理论研究. 北京：中国科学技术出版社，2011

41. 刘澄. 沟通与合作：工青妇组织"桥梁"作用新探. 中国社会发展战略，2005（2）

42. 刘建军，陈超群主编. 执政的逻辑：政党、国家与政治（复旦政治学评论第3辑）. 上海：上海辞书出版社，2005

43. 刘金祥主编. 走向和谐：上海金桥开发区构建和谐劳动关系实践与探索. 北京：中国劳动社会保障出版社，2013

44. 刘敏，鲍仁国. 残疾人社会保障问题探析——以江苏省为例. 南京人口管理干部学院学报，2009（1）

45. 刘为民. 法团主义与中国政治转型的新视角. 理论与改革，2005（4）

46. 刘祖云，毛小平. 香港与内地残障群体社会支持方式比较. 中南民族大学学报（人文社会科学版），2010（5）

47. 娄成武，郑文范，司晓悦. 公共事业管理学. 第二版. 北京：高等教育出版社，2008

48. 鲁篱. 行业协会经济自治权研究. 北京：法律出版社，2003

49. 马伊里主编. 上海行业协会改革发展实录. 上海：华东理工大学出版社，2012

50. 苗丽静. 非营利组织管理学. 大连：东北财经大学出版社，2006

51. 穆方平. 中国国家与社会关系范式的转换——从市民社会到法团主义. 理论界，2011（1）

52. 倪先敏. 公民社会的兴起与中国共产党执政合法性的构建. 学术论坛，2006（11）

53. 丘海雄，吴军民. 行业协会研究综述：经验与课题. 见：高丙中，袁瑞军. 中国公民社会发展蓝皮书. 北京：北京大学出版社，2008

54. 上海市科协编著. 上海市科技学会发展报告（2012）. 上海：上海科学普及出版社，2012

55. 沈爱民. 从"三主一家"到"三个服务". 科协论坛，2005（2）

56. 孙立平. "自由流动资源"与"自由活动空间"——论改革过程中中国社会结构的变迁. 探索，1993（1）

57. 孙立平. 转型与断裂：改革以来中国社会结构的变迁. 北京：清华大学出版社，2004

58. 唐兴霖，吴志军，聂勇浩. 国家与社会之间——论社会中介组织对中国社会转型的影响. 天津行政学院学报，2002（2）

59. 田凯. 非协调约束与组织运作——中国慈善组织与政府关系的个案研究. 北京：商务印书馆，2004

60. 田凯. 西方非营利组织理论述评. 中国行政管理，2003（6）

61. 田玉荣. 非政府组织与社区发展. 北京：社会科学文献出版社，2010

62. 万军，张希. 推进"枢纽型"社会组织管理体系建设的几点思考. 社团管理研究，2009（9）

63. 王名，刘国翰，何建宇. 中国社团改革：从政府选择到社会选择. 北京：社会科学文献出版社，2001

64. 王名，孙伟林. 我国社会组织发展的趋势和特点. 中国非营利评论，2010（1）

65. 王名. 非营利组织管理概论. 北京：中国人民大学出版社，2002

66. 王名. 社会组织概论. 北京：中国社会出版社，2010

67. 王名. 中国民间组织30年——走向公民社会. 北京：社会科学文献出版社，2008

68. 王浦劬. 政府向社会组织购买公共服务研究：中国与全球经验分析. 北京：北京大学出版社，2010

69. 王绍光，何建余. 中国的社团革命：勾勒中国人的结社版图. 浙江学刊，2004（11）

70. 王绍光. 多元与统一——第三部门国际比较研究. 杭州：浙江人民出版社，1999

71. 王思斌. 社会学教程. 简明版. 北京：北京大学出版社，2012

72. 王颖. 社会中间层——改革与中国的社团组织. 北京：中国发展出版社，1993

73. 魏娜. 我国城市社区治理模式：发展演变与制度创新. 中国人民大学学报，2003（1）

74. 吴锦良. 政府改革与第三部门发展. 北京：中国社会科学出版社，2001

75. 吴军. 社会组织：功能定位、运作机制和发展取向——基于上海浦东新区潍坊社区的分析. 理论月刊，2010（12）

76. 吴忠泽. 社团管理工作. 北京：中国社会出版社，1996

77. 吴宗祥. 行业协会治理机制的制度需求和制度供给. 学会，2003（7）

78. 谢海定. 中国民间组织的合法性困境. 法学研究, 2004 (2)

79. 谢京辉, 等. 上海行业协会改革与发展: 实践与经验. 上海: 上海社会科学院出版社, 2009

80. 徐邦友. 社会变迁与政府行政模式转型. 浙江学刊, 1999 (5)

81. 徐家良. 互益性组织: 中国行业协会研究. 北京: 北京师范大学出版社, 2010

82. 徐家良. 社会团体导论. 北京: 中国社会出版社, 2011

83. 徐家良. 双重赋权: 中国行业协会的基本特征. 天津行政学院学报, 2003 (1)

84. 徐永祥. 社区发展论. 上海: 华东理工大学出版社, 2001

85. 杨贵华. 自组织: 社区能力建设的新视域. 北京: 社会科学文献出版社 2010

86. 杨家宁. 略论"枢纽型"社会组织工作体系建设. 中共珠海市委党校珠海市行政学院学报, 2012 (3)

87. 杨丽. "枢纽型"社会组织研究——以北京市为例. 学会, 2012 (3)

88. 杨强. 从权利到利益: 我国劳动争议的新特点及其应对. 中国劳动关系学院学报, 2010 (6)

89. 杨团. 北京市民办残疾人康复服务机构研究报告. 见: 宓小雄, 阎明主编. 中国社会政策研究十年·研究报告选 (1999—2008). 北京: 社会科学文献出版社, 2009

90. 于显洋. 组织社会学. 第二版. 北京: 中国人民大学出版社, 2009

91. 余晖. 行业协会及其在中国的发展: 理论与案例. 北京: 经济管理出版社, 2002

92. 俞可平. 增量民主与善治——转变中的中国政治. 北京: 社会科学文献出版社, 2003

93. 俞可平. 治理与善治. 北京: 社会科学文献出版社, 2000

94. 俞可平. 经济全球化与治理的变迁. 哲学研究, 2000 (10)

95. 俞可平. 中国公民社会的兴起与治理的变迁. 北京: 社会科学文献出版社, 2002

96. 郁建兴, 徐越倩, 江华. 温州商会的例外与不例外——中国公民社会的发展与挑战. 浙江大学学报 (人文社会科学版), 2007 (6)

97. 郁建兴, 等. 民间商会与地方政府——基于浙江省温州市的研究. 北京:

经济科学出版社，2006

98. 郁建兴，江华，周俊. 在参与中成长的中国公民社会——基于浙江温州商会的研究. 杭州：浙江大学出版社，2008

99. 郁建兴，黄红华，等. 在政府与企业之间——以温州商会为研究对象. 杭州：浙江人民出版社，2004

100. 张建东，高建奕. 西方政府失灵理论综述. 云南行政学院学报，2006（5）

101. 张静. 法团主义. 北京：中国社会科学出版社，1998

102. 张康之. 公共管理：社会治理中的一场革命. 北京行政学院学报，2004（1）

103. 张良. 公共管理学. 第二版. 上海：华东理工大学出版社，2005

104. 张良. 政社之间应为"竞合"关系. 上海人大月刊，2010（7）

105. 张冉. 现代行业协会组织能力. 上海：上海财经大学出版社，2009

106. 张冉. 我国行业协会组织治理研究. 华中科技大学学报，2007（6）

107. 张小松，胡志晖，叶霞飞. 城市轨道交通开发利益影响范围研究. 同济大学学报（自然科学版），2005（8）

108. 赵光勇. 政府改革：制度创新与参与式治理. 杭州：浙江大学出版社，2013

109. 赵建国. 政府经济学. 第二版. 大连：东北财经大学出版社，2011

110. 郑功成. 中国残疾人事业发展报告. 北京：人民出版社，2011

111. 郑祝君. 劳动争议的二元结构与我国劳动争议处理制度的重构. 法学，2012（1）

112. 周红云. 社会资本与社会治理. 北京：中国社会出版社，2010

113. 周沛. 残疾人社会福利体系研究. 江苏社会科学，2010（5）

114. 朱小平，程昔武. "治理变革"中的非营利组织治理研究评述. 审计与经济研究，2007（1）

后 记

本书完稿之时，欣逢党的十八届三中全会通过的《中共中央关于全面深化改革若干重大问题的决定》正式公布。在创新社会治理体系部分明确提出要求"激活社会组织活力"，预示着社会组织发展进入大好春天里。

在我看来，加快社会建设步伐、提升社会治理水平必须解决社会组织"主体缺位"的状况，即回答社会组织"哪里来"的问题。这一问题的答案只能深入到社会实践中去探寻。2010年后，我受上海相关部门委托承担了一系列调研项目，深入社会组织转型发展探索和实践的现场去观察和体验，在与社会组织工作人员的交谈和讨论中引发更为切实的思考。本书即为这些调研、观察和思考的成果。

构成本书主体内容的调研项目包括：（1）上海市社团管理局委托项目"上海行业协会调研"（2010年）。（2）上海市残疾人联合会委托项目"社会转型期残疾人工作面临的挑战及上海市残联代表和维护残疾人权益的新探索"（2010年）。（3）上海市科协委托项目"新时期推进科协建家上新水平对策研究"（2010年）。（4）上海市普陀区委办委托项目"社会组织在维护社会和谐稳定中作用的调研"（2011年）。（5）上海金桥开发区工会联合会委托项目"上海金桥开发区构建和谐劳动关系实践与探索"（2012年）。为了记录对上海社会组织转型发展思考的过程，本书除对少量文字做了技术性修改之外，保留了上述调研报告主体部分的原貌。由于原来是单独的调研报告，出于研究的逻辑需要，有些同样的资料在使用上会出现重复，还望同仁和读者谅解。

在近年来围绕社会组织转型发展所做的实地调研和理论研究过程中，得到许多专家学者的指导和帮助，他们是：上海市社团管理局社会团体管理处处长吴洁民、上海市科协调宣部原部长何继红、上海市残联办公室调研员陆卫平、上海金桥开发区工会联合会主席吴慧芳、上海立法研究所副所长郑辉；上海市社科院王振研究员、华东理工大学徐永祥教授、上海交通大学徐家良教授、复旦大学唐亚林教授、同济大学朱国华教授、华东理工大学刘金祥教授、华东理工大学郭圣莉教授、华东师范大学张冉博士；上海市生物医药行业协会执行会长兼秘书长陈少雄、上海市人才服务行业协会秘书长朱庆阳、上海市建筑施工行业协会副会长高志海、上海建设工程检测行业协会秘书长韩跃红等,在他们身上真切地感受到艰辛的实践探索和深刻的理论思考。

我的年轻同事——华东理工大学社会与公共管理学院的吴强玲博士、黄忠怀博士、刘燕博士、刘晓亮博士、俞楠博士、盖葳博士、李琼博士等,怀着对推动我国公共管理学科发展的热诚,相互切磋、共同探讨,在他们身上真切感受到博学的智慧和思想的力量。

我的学生——华东理工大学行政管理专业研究生和MPA研究生姚家宽、周英、王寅申、葛玲琳、刘文慧、郑丽君、周全华、陈锡璐、姜琦、吕贝克、王尚、常慧玲、朱芳、薛鑫鑫、刘蓉、张胡佳、陈菲及浙江大学行政管理专业研究生傅莹等,带着对未来学术之路的憧憬,分别参与了不同项目的调研工作,在他们身上真切感受到青春的朝气和乐观的精神。

本书参考了国内众多学者的研究成果,在此一并表示感谢。如有遗珠,敬请谅解。

张 良
2013年12月22日于上海梅陇